Never Enough:

「ほどほど」にできない子どもたち
達成中毒

ジェニファー・ウォレス

信藤玲子 訳

早川書房

When Achievement Culture Becomes Toxic—and What We Can Do About It

Jennifer B. Wallace

「ほどほど」にできない子どもたち

――達成中毒

NEVER ENOUGH

When Achievement Culture Becomes Toxic—
and What We Can Do About It

by

Jennifer Breheny Wallace

Translated by
Reiko Nobuto
First published 2024 in Japan by
Hayakawa Publishing, Inc.
This book is published in Japan by
arrangement with
MATTERING LLC
c/o United Talent Agency, LLC, New York
through Tuttle-Mori Agency, Inc., Tokyo.

装幀／杉山健太郎

ウィリアム、キャロライン、ジェイムズ、そしてすべての子どもたちへ――

目次

訳注は〔 〕で示した。

はじめに

この本のインタビューには個人情報が含まれているため、名前および身元が判別できる詳細の一部を変えている。その場合、姓ではなく名のみを記している。姓名が記載されている人物についてはすべて明確な同意を得ている。

序章　目を閉じて走る子どもたち

この本の取材をはじめてまもなくモリーに会った。ワシントン州の高校に通う十一年生〔日本の高校二年生に相当〕だ。モリーは口を開くやいなや、APクラス〔高校で提供される大学レベルのクラス〕を受講するクラスメートの大半は、学んだことを頭の隅々まで詰めこむために夜中の三時に寝る、もしくは起きるのだと語った。自分については「夜は苦手なの」とばつが悪そうに打ち明けて、たいていは「十二時ごろに」寝てしまい、時おり五時くらいに早起きして試験勉強やレポートの仕上げをすると続けた。学校の選抜チームに所属する陸上選手でもあるというのに、たった五時間の睡眠でどうやってスタミナを保っているのかと尋ねると、モリーは高く結んだポニーテールをぎゅっと引っぱり、冗談でもなんでもない口調でこう言った。「そんなときは練習でトラックを走りながら目を閉じているの」

あれから三年経ったいまも、このやりとりが頭から離れない。目を閉じて同じ場所をぐるぐると走る子どもの姿は、いまを生きる多くの十代が教室や運動場や深夜の寝室で向きあっている新しい日常《ニューノーマル》を痛烈に物語っている。モリーのような子どもが暮らす環境では、ここ数十年のあいだに、幼いうちから成功を目指す早期エリート教育が台頭した。その結果、まるで一分一秒すらも惜しむかのように子どもの生活を管理して、能力を最大限に引き出そうという動きが盛んになった。学業、運動、課外活動は、競争がどんどん激しくなり、おとなが前のめりになって高い賭け金を注ぎこむ戦いになった。子どもは自分のために整備されたコースをひたすら走るだけで、じゅうぶんな休憩をとることもなければ、そもそもこんなレースを走りたかったのだろうかと考える余裕も与えられない。

この風潮には代償が伴っている。何十年も前から、子どもが貧困や身近な暴力にさらされる逆境で育った場合、健康や幸福に対するリスクがどれくらい増えるのかという調査が実施されてきた。二〇一九年、アメリカを代表する発達科学の研究者たちは全国的な報告書を発表し、アメリカでもっとも「危機にある」子どものなかに驚くべき一群を新たに加えた[1]。報告書には、研究者が言うところの「成績優秀校」——一般的な意味では、共通テストで高スコアをとる生徒が通う公立や私立の進学校——の生徒は、「適応障害を発症する割合が相対的に高く、学業および課外活動で優秀な成績を収めなければならないというプレッシャーを長期にわたって感じ続けていることに関係していると思われる」と記されている。アメリカの生徒の三人に一人が優秀であれという過剰なプレッシャーにさらされているおそれがあると計算する研究者もいる[2]。

この十年ものあいだ、私は現代の家庭を取材している。優秀であれというプレッシャーと「危機にある」子どもの新たな一群にまつわる研究が進んでいる旨の記事をワシントン・ポスト紙に執筆すると、たちまち話題を呼んだ。見知らぬ読者は詳しい情報を知るために検索して私のウェブサイトにたどりつき、友人たちは子どもの学校のロビーの掲示板やニュースレターのリンク先で記事を読んだとメールで教えてくれた。親のみならず、教師や校長やコーチも記事をまわし読んだ。気がつけば、私は白熱する議論の渦中に身を投じていた。この議論の皮切りとなったのは、二〇〇六年に心理学者のマデリーン・レヴィンが出版した *The Price of Privilege*（特権の対価）である。時代を先取りしたその本のなかで、レヴィンは面談した成績優秀な生徒たちが抱える空虚、不安、鬱について述べている。そしていま、レヴィンの体験を裏づけるデータが出そろった。このなんとも複雑で悩ましい逆説はまぎれもない現実だった。幸福度という明確な指標によって、あらゆる機会に恵まれた生徒の方がミドルクラスの生徒よりも困難な未来に至る可能性が高いと統計的に示されたのだ。

成績優秀な生徒の幸福度について心配するのは気がひけるだけではなく、馬鹿げているようにすら思える。なにしろ優秀な生徒の多くは住む場所や医療の不安もなく、悩みを軽くするためにお金を払う余裕もあるのだから。そういった家庭に注意を払う必要があるのだろうか。世界には数多の災難があるというのに、アメリカの上位二〇パーセントに属する子どもの苦しみが重要だろうか。生活に困窮して空腹や暴力や差別にさらされている子どもの方が、進学校の生徒よりも逆境に苦しんでいることはまちがいない。疑うまでもない。しかし、まさにそんな疑問を口にしたとき、研究者のスニヤ・ルーサーはこう言った。「苦しみを秤《はかり》に載せることは誰にもできません。ひとりひとりが苦しむ子どもであり、どちらの子どもも環境を選べないのです」

思春期の過酷な苦しみの背景には、子どもにとって成功することの意味の変化があり、それが苦しみの直接的な要因にもなっている。いま私たちは、真の意味で国家の危機に瀕している。子どものあいだにストレス、不安、鬱が蔓延する悲惨な光景がおとなの目の前に突きつけられているのだ。このあまりに痛ましい現状について、二〇二一年に米国公衆衛生局長官のヴィヴェック・マーシー医学博士は公衆衛生の臨時勧告書を発表した。「最近の若年層を対象とする全国規模の調査結果によると、なんらかのメンタルヘルスの問題を抱える子どもが驚くべき割合で増えている。二〇一九年には高校生の三人に一人、女子生徒においては二人に一人が悲しみや絶望といった感情から逃れられず、全体としては二〇〇九年から四〇パーセント増えている」[3]。マーシー博士によると、子どものメンタルヘルスを形成する要素は数多く、個々の遺伝子が作用する場合もあれば、社会がもたらす圧力の強まりが影響をおよぼす場合もある。そういった圧力のなかには、メディアやポピュラーカルチャーが送りつけるメッセージがあり、それによって「自分はみっともない、人気がない、頭が悪い、お金持ちじゃないと思いこみ、自尊心が蝕まれる」。問題の核心はあきらかだ。たくさんの子どもが日常にあふれる有害なストレスに苦しめられている。同じ時代を生きるおとなとして、私たちは手を打たなければならない。

ジャーナリストとして、三人の思春期の子どもを持つ母親として、この問題を掘り下げなければならない。そう思った私は、二〇二〇年になってすぐにハーバード教育大学院の研究者の助けを借りて、この種の調査で初となる全国規模の子育てアンケートを実施した[4]。子どもと親がさらされているプレッシャーとその原因を把握したかったのだ。この調査は親の急所に刺さった。あちこちの子育てサイトやフェイスブックのフィードで話の種になった。数日のうちに、全国で六〇〇〇人を超える親が回答した。

優秀であれというプレッシャーは、ごく一部の特別なコミュニティの問題ではない。東海岸から西海岸までアメリカじゅうの家庭を支配している。親たちはみな次々に自らの経験を打ち明け、これまで誰もが感じながらも口にできなかったことを堂々と語る機会を与えてくれたと感謝の言葉を述べた。アンケートでは、以下のような項目に同意できるかどうかを尋ねた。

「名門大学に入ることは将来の幸せにつながる重要な要因であるという考えに、まわりの親はおおむね賛同している」（七三パーセントの親が同意[5]）

「自分の子育ては子どもの学業の成果に反映されると周囲の人は考えている」（八三パーセントの親が同意[6]）

「現代の思春期のあり方が自分の子どもにとって過度なストレスにならないように願っている」（八七パーセントの親が同意[7]）

こういった思いをおもてに出すことが、現状を解体する最初の一歩になるかもしれない。そんな手ごたえを感じはじめた。アンケートの末尾に、この本のために話を聴かせてくれる人はメールを送ってほしいと記したところ、何百人もの親からメールが届いた。それからの三年間、アメリカの隅から隅まで足を運んで、親や子どもとじっくり対話した。オハイオ州クリーブランド、メイン州ヤーマス、ワイオミング州ジャクソン、ワシントン州マーサーアイランド、カリフォルニア州ロサンゼルス、コネチカット州ウィルトンと飛びまわった。

私が話を聴いた親のほとんど全員が大学を卒業して働いていた。それなのに、この本に登場する家庭はバラエティに富んでいる。人種も民族もちがう。異性愛カップルもいれば、同性愛カップルもいる。リベラル派もいれば、保守派もいる。シングルファーザーもいれば、専業主婦もいる。都会で暮らす者もいれば、郊外や地方の小さな町に住んでいる者もいる。肩書きも教師、看護師、弁護士、PTA会長、銀行員、心理士などさまざまだ。だが背景がどれだけ異なっていても、どの家庭もこの一筋縄ではいかない成果主義の社会で舵を取ろうと奮闘していた。

そのあとに、優秀であれというプレッシャーをかけられる現代の風潮のなかでも、充実した生活を送っている子どもの調査に取りかかった。どうやって緊張をやわらげて日々のストレスに対処しているのか。どういう考え方やふるまいを示しているのか。そのような子どもの親は家庭でなにを心がけているのか。そのような子どもにとって、学校はどういう場所なのか。心身の健康と優秀な成績を両立させている子どもに共通する要素があるとすれば、いったいどういうものなのか。PTAのミーティングのあとにグループでインタビューをおこなったり、〈大人の女子会〉でマルガリータ片手に語りあったりしたときもあるが、たいていは親や子どもと一対一で話した。コーヒーショップで、相手の家のダイニングテーブルで、相手の職場で、送り迎えのあいまの車内で、さらにはズームでも。インタビューを終えて家に帰ってからもやりとりし、「先日の話の内容について、あれからさらに考えたのですが……」とはじまる長いメールで問題の本質に気づかされることも少なくなかった。この本を書いているあいだも多くの家庭と連絡をとり、何人もの子どもたちが高校から大学に進学するのを見守った。

今回の調査とそこから生まれたつながりは、書くべき材料をふんだんに授けてくれた。個人的な物語としても、物語の狭間から浮かびあがる図式としても。調査から見えてきたものに、私は打ちのめされた。冷水を浴びせられたような心持ちになった。いま子どもたちは自分の価値は成果によって左右されるという考えに染まりつつあるのだ。心の奥底に潜む人間性ではなく、GPA〔学業成績平均値〕、ソーシャルメディアのフォロワー数、大学のブランド力によって価値が決まると考えるようになった。成功してはじめて、まわりのおとなにとって、友人たちにとって、もっと大きな世界にとって、自分は大切であると感じることができる。

ここで「大切《マタリング》」という言葉を使ったのには意味がある。一九八〇年代以降、いくつもの調査によって、自分が大切だと感じること――自分には価値があり、他人に価値を与えることができると感じること――が健康なメンタルを保つ秘訣であり、思春期とその後の人生を幸せに過ごす鍵になることがわかった。「大切である」ことは意義深く、かつ直感的に理解できる枠組みである。大切という枠組みによって、子どもがさらされているプレッシャーを解き明かし、子どもを守る方法を探ることができる。有益なだけでなく含蓄に富んでいる。子どもが大切であることとは、大金を払って家庭教師やコーチを雇ったり、ただでさえ余裕のないスケジュールにさらに課題を詰めこんだりすることを意味するものではない。むしろ、親、教師、コーチ、メンターといった私たちおとなに対して、まったく新しいレンズを与えるものだ。そのレンズを通じて子どもを見つめ、ひとりひとりの価値、可能性、社会における重要性を伝えることができる。

大切であることは、高い目標に挑むときの妨げになるものではない。自分が大切だと感じると、家庭、学校、地域の活動に前向きに取り組んで、すこやかに力を発揮できるようになる。今回の調査で、心身の健康と優秀な成績を両立させているのは、自分は大切だと強く感じている生徒だと判明した。大切であることは、私たちの発すべき言葉や伝えたいメッセージに浸透し、失敗への向きあい方に気づかせてくれる。ハムスターの車輪のような役目にうんざりしたおとなが、新たな——子どもが能力を発揮するのを免除するものでも、子どもの心身の健康を損なうものでもない——道を選択する手がかりになる。

調査をはじめたときは、子どもも親も心に秘めた思いを赤裸々に答えてくれないのではないかと危惧していた。だが、それは完全なまちがいだった。この三年間で、二〇〇人がそれぞれの人生に私を招き入れてくれた。感謝の念をけっして忘れはしない。インタビューを実施した生徒たちは私を信頼して驚くほど正直に自分の物語を語ってくれた。愛するわが子を自殺という形で失った家族からも話を聴いた。子どものために新しい針路をひらこうと試みているコミュニティからも話を聴いた。自分たちの過ちから学び、その過ちを分かちあって、あらゆる人が自分たちの痛みから学んでほしいと望んでいる親とも時間を共有した。この本の一頁ごとに私の学びが反映されている。この本を書いたのは読者のためであるが、自分自身のためでもある。いくつもの可能性のなかでたったひとつを選ぶように強いるこの社会で、健康な心身で目標を達成する子どもを育てたいという願いがあった。

私と同世代の親が抱える不安を、最前線で肩を並べて立っている者の視点から、ありのままに見つめるように心がけた。言うまでもなく、すべての親の体験を描き尽くす本は存在しない。優秀であれというプレッシャーの受けとめ方は、それぞれの背景と経験によって異なる。あらゆる角度から検証しているものの、社会学、歴史、公共政策を論じているわけではなく、学術的な処方や文献が扱うべき議論まで手を伸ばしているわけでもない。

この本の対象読者は、原則として、住む場所や子どもを通わせる学校を選ぶ余裕に恵まれた親と、日常の仕事で子どもと接するおとなである。たしかに、学校や課外活動やスポーツにおいて、恵まれた家庭の選択によって同等の資産を持たない家庭が手にする好機が奪われ、結果として社会の格差がさらに広がる場合がある。成果主義の社会と結びついた構造としてのレイシズム、疎外、差別、特権といった重要な問題については、さらに深く知りたい読者のために参考文献のリストを巻末に収録している。だが、本文ではこの種の問題を取りあげていない。

私の手持ちのカードをすべてテーブルに並べよう。私自身も進学校の卒業生だ。アイビーリーグ卒の白人の母親で、子どもたちを「成績優秀校」に通わせている。そんな特権を利用して、ぱっと見ただけでは気づかない問題に光を当て、解決策を照らし出すことがこの本の狙いである。優秀であれというプレッシャーについて論じるときの語り口が変わることを願っている。無益な犯人探しではなく、ひとつの家庭、学校、コミュニティよりも大きな力が働いて私たちを不幸にしているのだという認識が広まることを願っている。

この本では、はじめに現在に至った経緯と、この社会で高まる優秀であれというプレッシャーが子どもにどういう影響を与えているのかを検証する。そこから現実的な解決策を論じ、子どもに寄り添いながら実行する方法を解説する。そう、健康な心身で目標を達成する子どもを育てることが私たちの目的なのだから。本の最後では各分野を代表する専門家の知見と助言を集めて、個々の家庭の壁を越えて現状を変えるための方策を探る。優秀であれという有害なプレッシャーをやわらげるために、学校や地域コミュニティになにができるのかについても述べる。

今回の調査を通じて見えてきたものがある。子どもが抱える不安、鬱、孤独の増加を食いとめるために、家庭、教室、課外活動の場において、私たちおとなはいますぐ行動を起こす必要がある。そのためには考え方を転換しなければならない。この社会が絶え間なく送りこんでくる有害なメッセージからは逃れられないとつい思いこんでしまうが、身をかわさなければならない。私たちは子どもと共生するおとなとして、自らの心身を守るふるまいを教え、人生の浮き沈みに上手に対応できる能力を備えさせて、彼らをおとなの世界へ送り出そう。いつか私たちが寄り添って導くことが叶わなくなっても、たくましく生きていけるように。

第一章　なぜ現代の子どもは「危機にある」のか?

圧力鍋《プレッシャー・クッカー》に入れられた青春

アマンダは得意になってもおかしくなかった。学校の代表チームに選ばれた陸上選手であり、ディベートクラブの首席であり、優秀な高校をトップクラスの成績で卒業しようとしているのだから。そしていま、名門大学の入学許可証を早々に手にした。合格率が一〇パーセントに満たないエリート大学である。まる六年ものあいだ、この最後の瞬間を迎えることだけに照準を合わせて犠牲を払ってきたのだ。もうなにをやってもいい。見事に成し遂げたのだから。ところが胸に押し寄せてきたのは誇らしさではなかった。ショックと不安に襲われたのを覚えている。土曜日に入学許可証を受けとると、そのままスミノフウォッカのボトルを持って友達の家に行き、夜通しでパーティーをした——祝うためではなく、名づけることのできない静かな絶望を麻痺させるためであった。

アマンダが育ったのは、私がこの本の取材で訪れたアメリカ各地の数多くの郊外コミュニティを彷彿とさせる、ほどよく裕福な西海岸の小さな町だ。高い税金で維持される美しい町並み、ホワイトカラーの職業に就いて長時間労働に勤《いそ》しむ親、宿題にせっせと励み、スポーツ活動に週末を捧げる子どもたち。アマンダは学校が好きな子どもだった。「優等生」だったとアマンダは語る。勉強は楽しかった――七年生〔日本の中学一年生に相当〕になるまでは。「それ以降は大学に受かるためにこの課外活動に参加しろとか、あの授業を受けろとか周囲から口出しされるようになって、なるだけ高いレベルの大学に入るためには早くから準備しないといけないと毎日追いたてられました」

四年間の長い高校生活のあいだ、アマンダのスケジュールはつねに予定で埋まっていた。一年じゅうスポーツに打ちこみ、放課後は地域の恵まれない人たちを支援する活動に参加して、そのうえ優等《オナー》クラスとAPクラスの授業を限界までぎっしり詰めこんでいた。アマンダの両親は昔から子どもたちに勤勉であれと叩きこんでいた。父親はテック系の会社に勤める企業弁護士として一日に十二時間働き、母親はボランティアでPTAの指導係をいくつも担当していた。どんなときも家は完璧に整えられていた。アマンダの記憶によると、いつも客が訪れる際には大騒ぎが巻き起こった。なにひとつ落ちていることが許されなかった。なにもかも正しくなければならなかった。とりわけホリデーシーズンは深刻な事態に陥った。母親は何週間もかけて家を飾りつけて、おとぎ話のような思い出をこしらえようと奮闘した。家族旅行すらもその抜かりなさで綿密に計画された。偶然の要素が入りこむ隙はなかった。「両親がもっとも重視していたのは、生活のあらゆる場面で優れた結果を出すことでした」

アマンダの学校での成績については、両親は直接的な物言いをしないように心がけていた。そのかわり「やたらと遠まわしな言い方をするんです。『自分の力を出しきっていない』みたいな感じで」とアマンダは語る。Cがついた――あるいはBであっても――課題を持って帰った日には、家で待ち受けていたのは冷淡でよそよそしい沈黙だった。両親の言わんとするところは明白だった。たとえはっきり言葉にしていなくとも。「あなたはもっとできるはず」

アマンダの友人の大半も同じように感じていた。「私たちが暮らすコミュニティでは、成績も、見た目も、体重も、旅行先も、家の見映えも――なにもかも完璧に優れていなければいけません。しかも努力のあとは見せずに」。高校の授業は競争が激しく過酷だった。教師が生徒に期待していたのは優秀な成績であり、課外活動のコーチもその点は同じだった。

たいていの場合、アマンダはすべてやりこなせるように思えた――だが、突然つまずいた。高校最後の学年を目前にしたある日、大学の出願が近づいてプレッシャーが高まるなか、夜遅くまで勉強したあと、不安に襲われて横になっても眠れなかった。次の日はあまりに疲れていたので授業をさぼって音楽室に向かい、バッハやショパンを弾いて少しのあいだ気を紛らわせた。

当時は気づいていなかったが、アマンダは抑鬱状態に陥っていた。毎日の生活は隅から隅まで張りつめていて、ささやかなお楽しみはもちろん休憩する時間すらなかった。絶え間ないプレッシャーのせいで摂食障害が悪化し、拒食と過食のあいだを行き来した。「禁断の」食べものを口にするたびに――自分の部屋でこっそりクッキーやアイスクリームをむさぼって苦痛を麻痺させていた――自制心の欠如によってまたも理想から落ちこぼれてしまったと思いつめた。アマンダの自尊心は、体重計やテストが示す数字に合わせて上下した。「家でも学校でもネットの世界でも完璧なイメージを維持しないといけない、そういつも思っていました。だからほとんど誰とも心を開いて話せませんでした。とくに両親とは」とアマンダは言った。「あの頃はとても孤独でした」

アマンダのメンタルヘルスの問題は誰にも察知されることはなかった。さまざまな困難に見舞われても、オールAの成績表を家に持ち帰っていたからだ。週末は束の間の休息をもたらした。「私も友達も、平日は休む間もなく勉強や課外活動に励んでいるのだから、週末くらいは羽目を外しても構わないと感じていました」。記憶を失うまで酒を飲むこともあった。アマンダによると、この町の親と子どもの一部には、学校でよい成績を収めているかぎり週末はなにをしてもよいという暗黙の了解があり、なかには酒を差し入れて自らも飲み会に参加する親もいるらしい。だがアマンダの両親の見解は異なっていた。「うちの親は友達と遊ぶのは時間の無駄だと考えていたので、出かけるときはいつも言い争いになりました。なにより大事なのは努力して成功することで、それ以外は、たとえ友情でも、二の次だとみなしていました」

大学に入学する頃になると、アマンダは「徹底的に学び、徹底的に遊ぶ」の精神を信奉していた。大学では高校よりもさらに競争が激化した。オールAの成績を維持するために四苦八苦した。摂食障害がさらに悪化し、酒を飲む量が増えた。理想からかけ離れてしまった恥ずかしさから逃れるためにドラッグにも手を出した。両親のプレッシャーの矛先は成績からサマー・インターンシップへ向かった。大学を卒業すると、アマンダは憧れの広告業界の職を手にして、サンフランシスコの素敵なアパートメントへ引っ越した。心が躍った。

しかしおなじみの焦燥――もっと成果を出さなければいけない、もっと高い目標に到達しないといけない、同期のなかで誰よりも優れていなければならない――がアマンダを襲った。「四六時中働いたおかげで昇進しました。でも仕事と生活のバランスをとって、ストレスに健全に対処する方法はまったく身につけられませんでした」。それどころか、かつての不健康な習慣が蘇った。ある晩、友人たちと大量に酒を飲んでコカインを吸ったあと、アパートメントの前で歩道の縁石に座って自殺しようかと考えた。「もうこれ以上無理って感じで、やけっぱちな気分になりました」とアマンダは思い起こす。「とことんまで疲れきって、とにかく人生を終わらせたかった」

アマンダの鬱は深まり、仕事のある平日も酒を飲むようになった。ある日の夜、車で帰る途中に警察に止められて、飲酒運転で起訴された。酒とドラッグの過剰摂取を十年近く続けた末に捕まったのだ。自分の問題に向きあうべきときが訪れた。両親も娘の現実を認めざるをえなかった。すべてを手にしていたはずの娘が底知れぬ空虚を内面に抱えていたことを。

アマンダはリハビリセンターに入った。この二年、酒にも薬にも手を出していない。セラピストに診てもらい、二十年ものあいだ背負ってきた期待という重荷をゆっくりおろしつつある。「生まれてからずっと完璧であるべきだと思っていました。完璧でなければ誰からも愛されないって」。心の奥底に刻みこまれた思考回路から完全に逃れることはできないかもしれない。「それでもまだ成し遂げたい。目標を達成したい。でもいまは、結果を出していないからといって自分をあれほどまでに厳しく罰しないように努めています」

「危機にある」子どもたちとは?

スニヤ・ルーサーは、アメリカにおける十代の子どもの生活実態調査に着手した当初、貧しい地域で暮らす子どもの困難に関心を寄せていた。一九九〇年代、イェール大学の研究者であったルーサーは、貧困、犯罪、薬物濫用によって苦しい生活を強いられた子どものグループを追跡した調査結果を取りまとめた。[1] 比較のための対照群として、近隣の裕福なコミュニティで暮らす十代の子どもを設定し、同じ質問項目を使って、抑鬱状態、違法行為、ドラッグやアルコールの使用の割合を調査した。

すると驚くべき事実が判明した。多くの項目において、郊外在住のアッパーミドル層の子どもの方がより深刻な状況に陥っていたのだ。裕福な子どもがアルコール、マリファナ、ハードドラッグを使用する割合は十代の平均値を大きく上回り、貧しい地域の子どもよりも高かった。なかでも郊外在住の女子は鬱病を患っている割合がとびぬけて高かった。不安障害に悩まされている割合は、両方のジェンダーにおいて標準よりもわずかに高かった。この調査結果を目にしたルーサーはすぐには納得できなかった。他の研究者たちは単なるまちがいだろうと考えた。「はじめのうちは、あらゆる機会に恵まれてすべてを手にした子どもが、アメリカの平均的な子どもよりも苦しんでいるおそれがあると主張すると反発を買いました。まして貧しい地域の子どもよりも深刻な状況に陥っているなんて」。世間の人々はこの結果を受けいれられなかった。アメリカ人は裕福であることと幸福を等しいものとみなしているからだとルーサーは説明する。もしくは少なくとも裕福であれば、さまざまな困難から子どもを守ることができると考えているからだと。

この先駆的な調査から数年を経て、ルーサーと他の研究者たちは、子どもが不安障害、鬱病、薬物濫用の「危機にある」要因は、アッパーミドル層の家庭で育つことではなく、プレッシャーに絶えずさらされる環境で育つことにあると突きとめた。[2] 二〇一八年にロバート・ウッド・ジョンソン財団

（ＲＷＪＦ）は公衆衛生政策の優秀な研究者一同による報告書を作成し、思春期の子どもが心身の健康を損なう要因の上位を占めるものを発表した。[3] そこには、貧困、トラウマ、差別と並んで、「優秀であれという過剰なプレッシャー」があった。ＲＷＪＦの報告書には、「家庭や学校、あるいはその両方の環境において、優秀であれ、もしくは一番になれという過剰なプレッシャーが生じると、子どもにきわめて有害な影響――強いストレスや不安に加えてアルコールやドラッグの摂取と依存――をおよぼしかねない。裕福なコミュニティで頻繁に見受けられる事態だが、すべての階層で起こりうる」と記されている。[4] 疎外されている子どもは――その理由が人種、階層、民族、アイデンティティのどれであっても――さらに手強いストレスが重なり、充実した生活を送ることがいっそう困難になる。

いわゆる進学校、標準テストの平均値が全国の上位二五パーセントに入る学校のあるコミュニティは、たいていの場合、収入が全国の上位二〇から二五パーセント以内に入る家庭が大多数を占めている。地方にもよるが、およそ年収一三万ドルだ。もちろん、そのような学校や地域には収入が上位二五パーセントに入らない家庭も存在するが、高所得でなくとも、そういった家庭の子どもは優秀であれというプレッシャーに絶えずさらされるおそれがある。つまり、子どもの成長を妨げて心身の健康を破壊する要因は、家庭の収入ではなく子どもが育つ環境なのだ。私が取材した成績優秀な学生の多くは、さまざまな強みがあるにもかかわらず、不安、鬱、孤独に悩んでいると語った。ある学生は、「高校でひどい鬱に陥って、高校生活の大半はひたすら耐えるだけで精一杯でした。その理由のひとつは、高校もまわりの友達も、成績や結果ばかり求める嫌ったらしい考え方に染まっていたからです」と説明した。[5]

スタンフォード大学と提携する研究団体〈チャレンジ・サクセス〉が全国四万三〇〇〇人の生徒を対象として実施した調査によって、大学入学について「しょっちゅう、もしくはいつも気に病んでいる」高校生は全体の三分の二を超えることがわかった。[6] 成功とはこういうものだと信じて疑わない優秀な生徒ばかりのコミュニティに所属して、リーダーの地位、代表チームの選抜、ますます狭き門となる難関大学への入学許可証をめぐって仲間と競争すれば、身にあまる期待を背負って成長することになる。

大学に入れば、メンタルヘルスの悩みが解決するのではないかと思うかもしれない。だが、どうやらそうとはかぎらない。新型コロナウイルス感染症のパンデミックが悲惨な影響をもたらす前からすでに、大学生活でのメンタルヘルスの問題について懸念が広がっていた。パンデミック以前の調査によると、大学生の五人に三人が極度の不安を経験し、過去一年以内に五人に二人が鬱のためなにもできない状態に陥っていた。[7] 二〇二〇年、ハーバード大学の研究チームが十五カ月にわたって調査した結果、ハーバード大学の学生が感じている苦しみは、「ストレス、過剰な勉強による疲労、同級生から落ちこぼれないかという不安を強く感じながらも、健全に対処する力を確保できないことから生じている。課外活動も、気分を解放して癒しを与えるものではなく、多くの場合、新たな競争とストレスの種になる」と判明した。[8] 高校ではじまった事態は大学に入っても続いている。

原因はなんであれ、過剰なストレスは子どもの身体に長期的な不調をもたらすリスクを高める。人間は危機を察知すると、体内でアドレナリンやコルチゾールといったホルモンを分泌して一時的に緊張を高める。差し迫った危機が過ぎると、身体はもとの状態に回復するように設計されている。慢性の心理ストレス、言わば心が完全に休まらない状態に対応できるようには設計されていない。つねに緊張しながら生活していると、緊張に付随する神経化学物質とホルモンの分泌が止まらなくなり、それによって短期と長期の両方において身体が蝕まれる。心臓疾患、がん、肺や肝臓の慢性疾患、糖尿病、脳卒中が誘発される。薬物濫用も健康を損ねるリスクを高め、その影響は成人になってからも続くと考えられている。進学校の卒業生が二十六歳になるまでに薬物依存で苦しむ可能性は、中程度の学校の卒業生よりも二倍から三倍高いという調査結果もある。[9]

「現代の若者を批判する人たちは、彼らが過保護で甘やかされていると口にしますが、私はまったく正反対だと考えています。彼らは、もっともっとできるはずだという期待に押しつぶされそうになっています」とルーサーは語る。現代の子どもはいわば金メッキをした圧力鍋《プレッシャー・クッカー》のなかで青春を費やしているのだ――外側はきらきら輝いているが、内側では自分を罰している。ひとつ勝利を手にすると、さらに高い目標が設定される。もっと難度の高い授業、もっと過酷なトーナメントといった具合に。スポーツや楽器の演奏など本来ならストレスを解消するはずの楽しい課外活動も、人生の経歴書を埋めるための手段になってしまった。若い世代との会話を通じて、このようなプレッシャーがいかに有害であるかがはっきりと見えてきた。ニューヨーク在住のある学生は、小学三年生のときに教室でわっと泣き出したことをふり返った。算数の授業でCをとったせいで、ハーバードに進学して「よい人生を送る」可能性が永遠に失われたと思ったのだ。

子どもを案じるがゆえに、私たちおとながプレッシャーを強めてしまうこともある。この三十年で社会はいっそう不確かなものになり、競争がさらに過酷になった。よって、将来の幸せにつながるもっとも確実で安全な道は、子どもの頃から成功すること――よい成績、勝利のトロフィー、立派な経歴書を手に入れること――という信念に親は大金を賭けるようになった。この賭けによって、子どもの暮らし、家庭の優先事項、日常生活のリズムは定義し直されることになってしまった。起きている時間のすべてを費して子どもの人生を最大限に活用しようとする親を異常だ、やり過ぎだと非難することはたやすい。だがアメリカ各地のコミュニティで、高くなる一方の目標にどこまでついていくべきか答えを出せずに苦しんでいる親が無数に存在する。

親としての本能に基づいて、私たちは子どものために正しいおこないをする。しかし、どこで「正しい」の域を超えるのか。子どものスポーツに費やすお金が一家の収入の一〇パーセントを超えたときだろうか。子どもが授業についていけないからではなく、クラスメートに差をつけたいから数学の個人教師を雇ったときだろうか。SAT〔大学進学適性試験〕で時間を延長してもらうために怪しげな診断書をもらってきたときだろうか。ウォール・ストリート・ジャーナル紙の記事によると、コネチカット州のウェストンやマサチューセッツ州のニュートンでは、二五パーセントから三〇パーセントの生徒が学習障害と診断されて、テストの時間延長が認められたそうだ[10]（低収入者層が多い地域で、同様の診断を受ける生徒の割合は一・六パーセントであるという事実と比較しよう[11]）。そういった地域に住んでいたならば、親としてなにをすべきだろうか。「うまくやった」親は、子どもにとってほんとうによかったのかと悩むことになる。そういう策を講じない、または講じる余裕のない親も、わが子が不利になる不公平な勝負をどうやって乗り切ればよいのかと悩むことになる。

私自身もまた親として、優秀であってほしいという落とし穴に足をとられている。毎日のように子どもたちが誇らしくて胸がいっぱいになる。それぞれがかけがえのない個性を持ち、なおも成長を続けていることに驚異の念を抱いている。子どもたちが、喜びや幸せ、目的を見つけるためならば、自分のすべてを捧げるだろう。けれども不安に打ちのめされる日もある。まるで時計のように正確に、毎年、年度末の八月になると恐怖が胸に押し寄せる。次年度の放課後におこなうスポーツや課外活動のスケジュールを組んでいる瞬間だ。子どもたちに適切な活動やスポーツを選んでいるだろうか。ほかにもっとふさわしいものがあるのでは。子どもたちが忙しくなり過ぎないだろうか。暇になるのではないか。子どもたちにじゅうぶん手をかけているだろうか。やり過ぎなのか?

一番上のウィリアムが六年生になったとき、どういうわけだかウィリアムの「情熱」を探す時間がなくなりつつあると思いこんでしまった。まわりの親の大半は、子どもを類まれな存在に駆りたてるものをすでに把握しているように感じたのだ。バイオリンの神童、サッカーの星、将来有望なチェスの名人といったように。三年生で学校対抗のスクラブル〔文字を組み合わせて単語を作るゲーム〕大会に参加した子どもたちの話も耳にした。知りあいの男の子は古代の人工遺物にあまりに夢中になったため、母親は夏休みに遺跡発掘へ行かせたらしい。私は三人の子どもたちの隠れた才能や興味に気づいていないのではなかろうか。

ウィリアムはかねがね建築と設計に強い興味を抱いていた。幼い頃は積み木でギリシア神殿を真似た建物を作り、「都市」を築いて寝室の床を埋めつくした。大きくなると、午後の時間はずっとレゴで新世界を生み出す空想にふけっていた。家族旅行の際には、どの町を訪れてもひたすら上を向いて、めずらしい外観の建物を見つけるたびに指をさした。この情熱をはぐくむことが私の義務ではないだろうか。

親としての熱にうかされて、ニューヨークにある建築とデザインの教室をグーグルで検索した。そして比喩としてだけでなく文字どおり、上から順番にあたっていった。最初に電話したのはクーパー・ヒューイット・スミスソニアン国立デザイン博物館だった。アッパーイーストサイドのミュージアムマイルに鎮座し、鉄鋼王として有名なアンドリュー・カーネギーの邸宅を改装した博物館だ。六年生が参加できる教室はございますかと懇願するような口調で尋ねると、いいえ、ございませんと返された。その声にはかすかな含み笑いが混じっていた。次の段に移った。建築の入門講座を開講している学校からは、息子がＣＡＤ（コンピューターでデザインするためのソフトウェアであり、建築家や発明家やエンジニアが橋や高層ビルやロケットやあれこれを設計する際に使われる）についての基礎知識を持っているかと問われた。いいえ、これから学ぶと答えた。

不屈の精神で探し続けた。ついにこれだという講座を見つけた。電話をかけると、年上の高校生や大学生を対象とする夜間建築講座の説明会に息子が参加し、私も付き添いとして横に座るのならば受講を認めると告げられた。喜び勇んでウィリアムに伝えると、ウィリアムは私の目をまっすぐ見つめてこう言った。

「母さん、ぼくは建築が大好きなんだ。頼むから、ぼくのためにぶち壊しにしないで」

過去の世代においては、わが家のように大卒の両親が共働きしていれば、たとえ当面は金銭的な余裕がなくとも、基本的に家庭の状態は上向きになると考えられていた。ところが、子どもを「落ちこぼれ」にしてはならないという親の不安は、私だけが感じている奇妙な思いこみではないことがわかってきた。この不安は新しい風潮の兆しなのだ。この風潮は、おもに私たちのように大卒で働く親が大半を占めるコミュニティから生まれ、現代社会に広がり続けている。私たちが子どものとき、両親は頑張れと励ましてくれたり、ランニングシューズを買ってくれたりしただろう。けれどもたいていは子どもの成功を端から見守っていた。ところが、現代の多くの親は子どもを成功者にする務めを担っていると感じている。必要であれば背中を押して、仲間のトップに立たせようとする。そしてこの風潮には代償が伴う。[12] 親と子どもの両方に対して。

周囲から圧力をかけられると、人間性が奪われたような気分に陥ることもある。ニューヨークのブルックリンで公立の進学校に通っている十二年生の生徒が、学校新聞の記事として書いたコラムを送ってくれた。そこには「ぼくたちの多くは〝社会的な地位〟の損失や大学進学の失敗を避けるために、偽りの情熱と偽りの人格に頼らざるをえない」と綴られていた。彼の言うところでは、突出しなければならないというプレッシャーは現代の高校生に皮肉な効果をもたらしている。名門大学からの関心を得るために、自分ではない何者かになって熱意があるふりをしなければならないのである。生徒はよい成績や誉め言葉を求めて消耗し、本分である学問に心からの興味を持てずに不満を抱えながら学業に向かう。「おとなは子どもの真の姿を知りたいと望んでいるにもかかわらず、ぼくたちを偽りの自分に仕立てあげる」と結んでいる。

心理学者のエリク・エリクソンが指摘したように、青年期でもっとも重要な課題は自分のアイデンティティを確立することである。しかし思春期の子どもが優秀もしくは完璧でなければ自分は愛されないと思いこめば、アイデンティティの確立が危うくなる。どういう自分であるべきか、自分にはどれくらい価値があるのかを知るために、他者に過剰に頼るようになる。そこで個人の価値とは仲間より優れているかどうかの一点にかかっていると子どもが感じると、内的な意義や目的を掘り下げることが不可能になるだろう。そして達成感が得られずに燃え尽きて冷笑を身につける。

この過酷なレースにうんざりしているのは生徒だけではない。私が取材した数多くの親もまた、競争をあおる社会の規範に絡めとられていると感じている。調査した六〇〇〇人を超える親の八〇パーセントという圧倒的多数が、自分たちが所属するコミュニティの子どもは「優秀であれという過剰なプレッシャー」にさらされていると認めている。そのプレッシャーの源について、八〇パーセントを超える親が最大の要因と考えているのは、まわりの親であった。ある親は「私たちが暮らす地域では、あらゆる面で競争があります。多くの親は自らの意志で、あるいは必要にかられて、自分の子どもを〝一番〟にするために資産を際限なく注ぎこむのです。子どもが家に帰って、まわりのみんながやっていること、食べているもの、着ている服、参加している活動、休暇の旅行先などについて話すと、親は子どもが取り残されないように同じ機会を与えなければならないと考えるのです。まわりのみんなが経験しているのだから。現代の子どもはこういう世界に生きているのです」と語った。

そんな親たちに、子どもにもっとも望むものをランク付けしてもらった。[13] 幸せ、成功、目的意識、社会の一員としての思いやり。さらに、まわりの親はなにを優先していると思うかと質問した。八〇パーセント近くの親は、まわりの親の優先事項の一位か二位に「学業と仕事の成功」が入っていると答えた。しかし、自分の優先事項の一位か二位に「学業と仕事の成功」を入れた親はわずか一五パーセントだった。このちがいに親の競争心があらわれているのではないだろうか。多くの親が子どもにのしかかるプレッシャーを案じてストレスを感じているが、その一方で誰ひとりとしてレースからまっさきに脱落したくはない——そんな事態を考えることすらできない。

私が調べたかぎりでは、子どもへの最終的な望みとして、サッカーチームのキャプテン、オールAをとる優等生、オックスフォード大学の特待生を挙げる親は皆無だった。親が子どもに望むのは、豊かで実り多い幸せな人生をまっとうすること。ただそれだけだった。『タイガー・マザー』(朝日出版社　二〇一一年)の著者エイミー・チュアですら、「もし魔法のボタンを押して、子どもに幸福と成功のどちらかを授けられるのならば、瞬時に幸福を選びます」と語っている[14]。

だが魔法のボタンは存在しない。そのうえ、幸福への道とは「成功」を求めて高い金を賭けたドラッグレースであるという考えが主流になりつつある。親になると、送り迎えなどの諸般の段取りをするだけで誰よりも固い絆を誇る夫婦でさえも危機を迎えかねない。しかも、つねにすべてをこなせるわけではない。土曜と日曜がサッカーの試合、学校の課題、チェスの大会でトリプルブッキングになることもある。冷たい雨に打たれながらサイドラインに立ってサッカーの試合を見守り、周囲を見まわして不思議に思う。**みんな何人もの子どもを抱えているというのに、毎週、毎月、毎年、どうやって乗りきっているのか。そもそも、どうしてこんなことをしなくてはならないのか。**

プレッシャーは至るところに存在する

「子どもが感じるあらゆるプレッシャーがどこから生じているのかと親に訊かれると、私は訊き返すんです」。ルーサーはこの話を好んで語る。「プレッシャーのないところなんてどこにあるのか、と」。かつては子どもを守る支えになった結びつき――親やコーチや教師や仲間との絆――が、いまやプレッシャーの生じる要因のひとつになったとルーサーは指摘する。それぞれの個人に責任があるわけではない。教師、学校の管理者、コーチといったおとなもまた、責任ある仕事に就いたからには奮起して自らの分野でトップになって成功しなければならないというプレッシャーを感じているとルーサーは語る。

例としてコーチに目を向けよう。子どものスポーツ業界はいまや二〇〇億ドルの市場となって競争が過熱している。スポーツで大学を志望する者を確保すべく、子どもがごく幼いうちから、肉体の酷使によって怪我のリスクが上がることもかえりみず、ひとつのスポーツに年間を通じて専念することを奨励している。[15] コーチはいまやその一端を担っている。二〇万人を超えるニュージャージー州の若年層のスポーツ選手を代表して発表された意見書で、選手である生徒たちは過大なストレスとなっている練習量を見直してほしいと高校のコーチに懇願した。生徒たちの要望は痛ましいほど単純なものだった。スポーツシーズンのあいだも週に一日はかならず休みをもらい、体力を回復させて「眠る」「宿題を片付ける」「家族と過ごす」ことを望んでいた。[16]

一方、公立の学校は進学校ランキングでの順位が学区の住宅価格に影響をおよぼすため、学校の管理職にある者は州全体における順位を維持しないといけないというプレッシャーを感じている。そんな焦燥が生徒へのプレッシャーとなって滴り落ちる。ニューヨーク州のエルウッドにあるハーレーアヴェニュー・プライマリースクールの校長は、親に宛てた手紙でまさにそのことを述べている。幼稚園のお遊戯会が中止になったことを通知し、その理由は「単純」なものだと記して、「私たちの使命は、大学や就業に向けた準備として、子どもの将来において価値のある能力を身につけさせることです。そのためには、読む力、書く力、協働する力、問題を解決する力を強化することがもっとも有効な手段なのです」と綴っている。[17] つまりお遊戯会は無駄で、教師は就業の準備にもっと時間をかけるべきである――五歳児に。

私立の学校も同様に、学校の管理職者は学校のブランドや市場価値を守るべく役員会や同窓会からプレッシャーをかけられ、さらに在学中の生徒にも学校のレベルを維持しなければならないというプレッシャーがのしかかる。ただでさえ高校の首席や名門大学の入学をめぐる争いが至るところで激しさを増していくというのに。心理学者のデイヴィッド・グリーソンは著書 ***At What Cost?: Defending Adolescent Development in Fiercely Competitive Schools***（なにを犠牲にするのか？　超進学校に通う思春期の子どもの発育を守る方法）で、ある学校長からこんなふうに打ち明けられたと書いている。「現実問題として、私たちが譲歩して生徒の発育に適したスケジュールを組めば、生徒の健康とひきかえに学校の特色が犠牲になるでしょう。優秀さという強みを失い、なんの特色もない学校になります。なんの特色もない学校に誰が来たがるというのですか」[18]

消費者感覚が浸透するにつれて、子どもは投資であり期待される収益は早期に見積もらなければならないという考えが有力になった。長いあいだ大学は優秀な学生を、卒業証書で表彰したり、優等生《ディーンズ》名簿《リスト》に載せたり、ファイ・ベータ・カッパ〔アメリカ最古の学生友愛会〕のような学生友愛会の会員に選抜したりして認定してきた。高校にもナショナル・オナーソサエティ〔全米優等生協会〕がある。二〇〇八年、ナショナル・エレメンタリー・オナーソサエティが発足し、頭脳明晰で優秀な小学生を選抜するようになった。[19] スポーツはもともと競争がつきものであるため、頂点を目指せというプレッシャーから逃れられない。たとえば、現在では、バスケットボールの全国オールスターランキングは小学四年生の生徒も対象となり、プロを目指す強化トレーニングコースは六歳という幼い年齢からはじまる。音楽コンテスト、ダンスコンテスト、美術コンテスト、はては高校のバンド活動まで、魂を燃やすほどではないにせよ相当な労力を要するものになった。純粋な趣味を見つけることは至難の業になり、たとえマインクラフト、マウンテンバイク、マクラメ織りといったものであっても、優劣を競って消耗させられるものに一変しかねない。息子とふざけて「ルービックキューブ・コンテスト」を検索してみたこともある。案の定、実在していた。

びっしり詰めこまれたスケジュールは休息の時間をすべて吸いとり、その昔は友人や家族とのんびり過ごした放課後や週末も呑みこむ。誕生日パーティーは、朝から晩まで続くチェス大会や、州外でおこなわれるラクロスの遠征試合のために見送られる。以前、息子が曾祖母の九十歳の誕生日パーティーに出席するためにサッカーの試合を欠席したとき、トラベルチーム〔各地に遠征してトーナメントに参加するチーム〕のコーチから厳しく注意されたことを思い出す。アラスカ州在住の母親であるケイティから届いたメールには、この八年ものあいだ、サッカーのトーナメントのせいで子どもたちが親戚一同と休暇を過ごせずにいると書かれていた。「子どもたちは家族が集まってテーブルを囲んで、感謝祭の伝統的なごちそうを楽しむ喜びを知らないのです」

代表チームに選ばれた者、オールAに近い成績をとる者、みんなから「いいね！」をもらう者、「理想化された水準」に達している者――そういう人がほかの人よりも価値があると教えられて成長した子どもは、つねに自分の重要性と価値について疑問を抱くようになる。アマンダと両親にとって、彼女がじゅうぶん頑張っていると認めることなく、非現実的な目標を掲げてプレッシャーを積み重ねていった長い年月は、壊滅的な結果をもたらすことになった。アマンダの両親もセラピーを受けて、子どもたちに与えていたプレッシャーの責任を負うことにした。「両親は私たちとの関係を再構築しようと懸命に努力しています」とアマンダは言う。だが時間はかかるだろう。「親でありながら私を救えなかったと感じているのです」

親もプレッシャーを感じている

ニューヨークの郊外でふたりの息子を育てる母親であるキャサリンとは、共通の友人を介して知りあった。今回の子育て調査に関して、アンケートで取りあげた問題について詳しく話したいと連絡があった。私は子どもを学校へ送ったあと、ニューヨークからキャサリンの家まで車を走らせた。

キャサリンは玄関で私を温かく出迎えて居間へ案内してくれた。カウチに腰をかけてコーヒーテーブルに目をやると、クッキーの入ったトレイと紅茶を用意してくれていた。キャサリンはカウチのもう片方の端に座って深く息を吸った。紅茶をひとくちすすり、キャサリンは話し出した。「夫も私も息子が利口だとわかっていました」とキャサリンは茶色の目を細め、昔を思い出したかのように軽く笑みを浮かべた。「まわりの親のように、子どもたちに四六時中プレッシャーをかけることはありませんでした。どの課外活動がもっとも適しているか頭を悩ますことも、息子の才能を伸ばそうと躍起になることもありませんでした」。そのかわり、学校が終わると一緒にモノポリーで遊んだり、自転車で近所を走ったりして午後を過ごしていた。

キャサリンが住んでいる町にはオールド・コロニアル様式の美しい家が建ち並び、家と家のあいだには二エーカーもの敷地が広がっている。念入りに手入れされた芝生に据えられた特大サイズのサッカーゴールや私道に立てられたバスケットボールのかごは、送り迎えのために連なって町じゅうを走りまわるSUVと並んでこの町の見物《みもの》になっている。町を通り抜ける電車の音がかすかに聞こえると一時間が過ぎたことに気づく。だが大多数の家庭にとって、この町を離れない理由は風雅な趣ではない。この地区の学校だ。州全体の公立校のランキングにおいてほとんど毎回トップクラスに位置し、生徒たちを全国でも有数の名門大学へ送りこんでいる。

これまで私が取材した多くの親と同様に、キャサリンもふたりの子どもを育てるために自分のキャリアを中断した。地域の活動に積極的に参加し、ＰＴＡの役員や野外活動の監督といった任務にいつもまっさきに立候補した。キャサリンの話によると、長男が幼いうちは放任主義の子育てを実践していた。だが小学校を卒業する頃になると、息子の能力を発揮させるのが親の務めのように思えた。夫の出身校はイェール大学であり、息子から感じる将来性に着目するとイェール大学を目指すのも高望みではないと考えた。とはいえ、現在のイェール大学の合格率は四パーセントであり、[20]二五パーセントだった四十年前よりも入学のハードルは格段に上がっている。[21]息子にかける期待が高まるにつれて、子育ての方針を転換する必要が生じた。

「息子が言うには、ミドルスクール〔日本の中学に相当〕に通っていたある日、突然スイッチが切り替わったように感じたそうです。私はただ母親として接するだけではなく、すべての関心を息子の成績に向けるようになりました。それが息子にはとてつもなく耐えがたかったのです」。息子が高校に入ると、キャサリンは親としての責任がいっそう重くのしかかってくるのを感じた。高校生になると、優等クラスに子どもを通わせている母親はこれまで以上に子どもの才能を引き出すことに熱中し出したという。母親たちは、教室の外でも子どもの能力を高めようと手を尽くした。週末は勉強の予定で埋め、夏休みをとことんまで活用するために能力向上の合宿に申しこんだ。「親として正しいと思っていたことをじっくり考え直すようになりました。そうだ、息子の宿題をもっと管理した方がいいかもしれないとか、息子が勉強に集中できるように家の手伝いをやめさせようとか、息子がプールでのんびりするくらいならコンピューターの合宿に行かせようとか」。子どもを成功させるためにできるかぎりのことをしなければ、まわりの親から親の責任を問われて非難されるとキャサリンは言った。

キャサリンの話を聴きながら、わかるわかると頷いている自分がいた。「自分の子育てについて感じはじめた心配や不安が最大の関心事になってしまいました。息子の幸せよりも。悲しい話ですが」。十一年生になる頃には、息子との会話や触れあいのほとんどが成績や人学入学に関するものになっていた。キャサリンは絶えず不安に苦しめられた。一日の終わりには息子の顔を見るだけで喜びを感じることはなくなり、かわりにこんな声をかけた。**テストはどうだったの？　今度の週末はどんな宿題が出たの？　どうやって時間を作るつもり？　大学案内の印をつけた箇所をちゃんと読んでる？**

自分の不安をかき消すために息子の細部まで徹底的に管理しようとしました、とキャサリンはとたんに弱々しくなった声で言った。息子が心から欲していたものを与えてあげられなかった。息子は学校生活で生じる学業のプレッシャーから解放されたかったのだ。その真実にキャサリンが目を向けるためには完全な機能停止が必要だった。受験生のストレスが高じた末に、息子は「学校に行くのをやめて、ベッドから出るのもやめてしまいました。外界との関わりを完全に断ったのです。高校を卒業できるかどうかもわからない事態に陥りました」。キャサリンが大事にしてきた息子との親密な結びつきはもはや崩壊した。

キャサリンの息子は何度もセラピーに通って薬も服用した結果、どうにか遅れることなく高校を卒業し、隣の州にあるリベラルアーツカレッジ〔一般教養課程を主体とする大学〕に入学した。家から二時間かけて通学した。ところが、大学に通いはじめてすぐに鬱と不安が再び悪化した。息子は十二年生のときとまったく同じように対処した。一日じゅう自分の部屋でビデオゲームにふけって授業をさぼった。そして退学になった。息子の成功を願ってキャサリンがやってきたことがすべて裏目に出たのだ。

それからの二年間は苦闘の日々だったとキャサリンは語った。いま息子は二十代後半になり、経済学の学位を得て地元の大学を卒業しようとしている。仕事も決まっている。当時をふり返ってキャサリンは言った。自分がどういう人間になっていたのか、ほとんど気づかなかった。成績で頭がいっぱいになって、あやうく息子を壊すところだったなんて。

キャサリンの話を聴いているうちに、寄り添って慰めたい思いに駆られた。親は誰でも子どもの才能を開花させたいと願っている。その機会を逃さないのが私たちの務めではないだろうか。共感を察したキャサリンがにじり寄って私の両手を握った。そうしてひとりの母親からもうひとりの母親へ警告を発するかのように、私の目をまっすぐ見つめた。「息子が最大限の力を発揮できるように応援することが母親の務めだと思っていました」とキャサリンは言った。「山ほど後悔しています」

私の背筋に冷たいものが走った。ちょうど高校入学を目前に控えていたウィリアムに思いを馳せた。キャサリンが語った思いはどれも私の心にたしかに存在していた。不安、自分たちが手にしたものを息子にも与えたいという望み、子どもを導いて才能を開花させようという熱意。単なる願いではない。子どもが成功して意義のある人生をまっとうするために、できるかぎり環境を整えることが親の義務のように思える。キャサリンが指摘したとおり、自分たちだけがそう考えているわけではない。自分たちが全力で子どもを応援しなければ、周囲からも非難される。だがいつ背中を押して、いつ引きさがるべきなのか――高い目標に向けた健全な期待と過剰なプレッシャーとを区切るあやふやな線はどこにあるのか? キャサリンはいかにも好きにならずにいられない人物である。心やさしく愛情に満ちていて、親切で思慮深い。この寛大な女性は自らの最大の後悔と恥辱を分かちあうことで、わが家をはじめとする世間の家庭が同じ運命をたどらないように祈っているのだ。

第二章　名づけて、飼いならす[1]

親の不安の根底にあるものを解き明かす

金銭的な報酬を除くと、社会的行動の動機および推進力をもたらす要素のうち、もっとも重要なものは社会的地位だろう[2]

——ジョン・ハーサニ（経済学者、ノーベル経済学賞受賞）

記事の見出しを目にする前から、友人たちからのメッセージが怒濤のごとく押し寄せてきた。

びっくり！　信じられる⁉⁉⁉
嘘じゃなくて⁈⁉　スポーツの推薦入学も金で買えるってこと⁇
なんて恐ろしい世の中なの。

この驚きのニュースには、ネットフリックスの犯罪ノンフィクションドキュメンタリーになりそうな要素がすべて詰まっていた——事実、のちに映像化された。二〇一九年度の卒業予定者たちが不安な気持ちで大学からの通知を待っているなか、アメリカ合衆国司法省は全国の大学の裏口入学に関与した数十人を訴追したと発表した。[3]〈バーシティ・ブルース作戦〉と命名された捜査の結果、全米規模で親たちの訴追にいたり、そのなかには有名人やビジネスに成功した富裕層も多く含まれていた。訴追された親やその共犯者たちは、イェールやスタンフォード、南カリフォルニアといった名門大学に自分たちの子どもを確実に入学させるために、あらんかぎりの大金を注ぎこむという違法な策を講じたのだ。およそ二五〇〇万ドルもの金が動いたと考えられ、罪状のなかには、二十年もの禁錮刑に価するものもあった。

世間の反応は捕まった親たちへの嘲りに終始した。有名な俳優、投資家、著名人といった富も影響力も存分に持っている者たちが罪を犯したのだから。そういった面々ですらも、名門大学出身という経歴を子どもに与えるために法を犯してしまうのだ。『フルハウス』でおなじみのロリ・ロックリンとその夫は、入試コンサルタントの〝リック〟ことウィリアム・シンガーに五〇万ドル支払って、ふたりの娘のために南カリフォルニア大学のボートチームの推薦枠を手に入れようとした。娘たちはボートを漕いだこともないというのに。『デスパレートな妻たち』で人気を博したフェリシティ・ハフマンは、娘がＳＡＴで高いスコアを得るために、金を払って試験官に回答を修正してもらったという。報道によると、シンガーはハフマンの親としての不安につけこんで、娘について「卒業生の血縁者でもなく、スポーツ選手でもなく、大口献金者の子どもでもないのだから、大学に入学できる見込みはかなり厳しいと思われる。親が力添えをしなければ平等な条件で戦えないだろう」と示唆したらしい。

ハフマンは罪を認める声明を発し、不安のあまり追いつめられてしまったと告白した。「よい母親であろうと切羽つまったせいで、どんなことも娘に公平なチャンスを与えるための手段だと自分に言いきかせてしまいました」。この事件に巻きこまれた子どもの大半は、報じられてはじめて親の不正を知った。経緯を知ったハフマンの娘は打ちひしがれて、「どうして私を信じてくれなかったの？」と言った。[4]

〈バーシティ・ブルース作戦〉の騒動を、度を超した異常な事例として片付けたくなる誘惑に駆られる。だが正直なところ、罪を犯した親たちの焦燥は嫌になるほどありふれている。私が取材した親の多くは大学入学にまつわる不安で身をすり減らしていると告白した（とはいえ、どれだけ不安でも不法送金に手を染めたり、連邦政府から訴追されたりはしていないが）。中西部に住む親は個人教師を雇ってミドルスクールの数学を子どもに教えさせるつもりだと語った。子どもの成績が悪いからではなく、七年生で数学の上級コースに確実に受かることが目標なのだ。ゆくゆくは、高校の最終学年である十二年生で、数学の最難関クラスであるAP微分積分BCに進み、どうにかして一流大学の工学科に入学させたい。別の親は、娘の次年度の成績を上げるために、夏期に開講する化学のAPクラスに通わせることを検討していた。ある両親は、サッカーに興味を失った息子にお小遣いをちらつかせて続けさせた。十一年生でスポーツをやめると、大学出願時の内申点が悪くなるからである。その両親は母親の出身校であるアマースト大学に息子を入れることを切望していたのだ。また別の母親は、娘が志望する大学の選抜過程のあいだはプロザック〔抗鬱剤〕を飲んで不安をやわらげていると語った。

この苦悩は上位一パーセントの者だけにかぎった話でも、超難関大学を志望する者だけの問題でもない。子どものGPAや課外活動に懸命になる理由は、名門校に合格することを目指しているからではなく、成績優秀であることが奨学金につながるからだと語った親たちもいた。ある母親は「夫と私と子どもたちの最大のストレスになっているのは、大学の学費が高過ぎることです」とアンケートに記した。彼女の回答によると、私立大学の学費が途方もなく高くなり、より多くの家庭が公立大学を志望するようになったため、手頃な学費の州立大学に入るための競争がいっそう激しくなった。これらすべての要因によって子どもにのしかかる学業のプレッシャー、スポーツのプレッシャー、仲間同士のプレッシャーがいっそう大きくなり、一方で親は課外活動、個人教師、大学訪問の費用に悩まされるようになった。「終わりが見えません」と綴られていた。

大学をめぐる熱狂は、プレキンダー〔幼稚園に入学する前の期間〕にまで影響をおよぼしている。ニューヨークの一部の家庭は、子どもを「優秀な」幼稚園に入れるためにコンサルタントを雇う必要を感じている。「優秀な」幼稚園に入ると「優秀な」中等学校に入る準備が整い、「優秀な」中等学校に入ると「優秀な」高校に送りこまれ……以下略。ブルックリンに暮らす二児の母親は、生後八週目の子どもを預ける候補先の保育園を見学した際に、名門大学のペナントがベビーベッドのまわりの壁に飾られているのを目にしたと語った。園長にペナントについて尋ねると、「わが園の保育は非常に高い水準を誇っています」と返ってきたそうだ。

この種のストレスは伝染する。以前、学校の資金調達のためのパーティーで初対面の女性と同席した。彼女はテーブルを挟んで私の向かい側に座り、息子をペンシルベニア大学に行かせるためにどれだけ骨を折ったかという話で場を盛りあげた。失態を犯さぬように高校に入る前の八年生から入試カウンセラーを雇ったそうだ。「高校に入るまで待っていては駄目」と彼女は警告して、子どもの「強み」、群れから抜きん出た存在になる能力を見つけないといけないと熱弁した。ナチュラリストの卵だとしたら？　それなら自然保護団体にボランティアに行かせたり、地元の川の水質汚染について議会に陳情を送らせたり、学校で海洋調査団を組ませたりすればよい。

この会話のせいで私の頭は不安でいっぱいになり、その晩は眠れないまま子どもたちの強み、いや、むしろその欠落について思い悩んだ。末っ子のジェイムズはギリシア神話に興味を持っていて、オリンポスの神々の名前と神話をすべて覚えている。それがなんらかの頭角のあらわれだろうか。やがて私の思考は暴走しはじめた。もしかしたらジェイムズは古典学者の卵かもしれない。ジェイムズは物語を語るのも書くのもとびきり上手だ。まずは自分で現代の神話を執筆して出版するのはどうだろうか。高校に入ったら古典文学のクラブを率いて、ラテン語とギリシア語を学んで強みを伸ばすことができるかもしれない。

そこで我に返った。ジェイムズは九歳なのだ。馬鹿げている。

〈バーシティ・ブルース作戦〉の見出しを目にしてから半年過ぎた頃、友人の息子の十歳の誕生日パーティーに出席した。友人夫婦は体育館を借りていた。子どもたちがドッジボールで遊んでいるのを見ながら、孫の誕生日を祝うために郊外からやってきた少年の祖父と話をした。仕事について訊かれたので、優秀であれというプレッシャーについて本を書いているところだと答えた。「ハウツー本かい？」と祖父は尋ねた。「あれか、子どもをよい大学に入れるためにどうやってプレッシャーをかけるべきか指南しているのか」

その質問はなかば冗談に過ぎなかったが、自分が子育てしていた時代と比べて、現代の子育てがいかにストレスフルかと話しているうちに祖父は真剣な口調になった。一緒に見学していた少年の父親も話に加わり、私にこんな課題を投げかけた。「きみの本に望むのは、親は自分の果たせなかった夢を子どもに託すなんていう固定観念をなぞるのではなくて、現代の親がみな駆りたてられている理由の根底を解き明かすことだ」

ステータスを失う不安の根底にあるものは

不愉快な真実を告げよう。人間の脳は社会的地位《ステータス》を重視する。[5] この真実の由来は人類の最古の祖先にまでさかのぼる。共同体で生活するうえでは、地位が高くなればなるほど、まっさきに食べ物を口にし、まっさきに寝るところを確保し、まっさきにつがいの相手を見つけるといった重要な利益を得る機会に恵まれたからである。これによって長期にわたる栄華が確立されて子孫にも引き継がれる。こうして人間の心には他者よりも上に立ちたいという欲望が深く根づき、いまもなお人形遣いのように私たちの糸を操っている。

現代社会でステータスを求める欲望が発動するのは、学校の休み時間に発生するグループ分けで人気の高い子から順にメンバーに選ばれるときである。ほかには恋人探しの場面や、服装や仕事や人脈でステータスを誇示するカクテルパーティーも欲望が渦巻いている。インスタグラムなどのソーシャルメディアはこういったステータスへの情熱をたくみに利用し、ユーザーのなかにはとりつかれたように完璧なイメージを作りこんで、より多くの「いいね！」とフォロワーを獲得しようとする者もいる。社会における序列は人間の心に深く刻みこまれているが、全員が同じ手法でステータスをひけらかすわけではない。隣人は高級車を運転することに夢中になっているが、あなたはＰＴＡ会長の地位に就くことに執着しているかもしれない。「ステータスにこだわるべきではないと、言うことはたやすい。しかし、もし『ステータスなんて気にしない』という者を部屋に集めたならば、たちまち『どれくらいステータスを気にしないか』という尺度でその場の序列ができあがるだろう」とロレッタ・ブルーニングは ***I, Mammal***（哺乳類としての私たち）で述べている。[6]

私たちは容易に取りかえることができない古びた脳の配線のまま、現代社会を生きているとブルーニングは私に説明した。人間の本能は生存と再生産を確実なものにするために体系的に設計されている。意識的であれ無意識であれ、親がどれくらいステータスに敏感であるかということが子どもの育て方を決定する。私たちは、どれほど小さくともステータスをあらわすものには大きな関心を寄せる。子どもが仲間よりほんの少しでも上にいるのか、もしくは下にいるのかを示すものはどんなものでも見逃さない。たとえささやかな上昇であっても――息子が勝利のゴールを決めたとか、娘が学校の劇で主役を演じたとか――ドーパミン、セロトニン、オキシトシン、エンドルフィンといった快楽物質が分泌されて生物として報酬を得る。反対に、再生産に不利なことに関わっていると脳が判断すれば――「ステータスの凋落《ちょうらく》」という事態に陥れば――不安とストレスが生じるという。脳は人間を罰して、痛みに対する感受性を高めるコルチゾールなどの神経化学物質を分泌する。だからステータスが落ちると痛みを感じるのだ――インスタグラムの投稿に「いいね！」がつかないときにせよ、子どもがミシガン大学に不合格になったときにせよ。ステータスの凋落によって激しい痛みが生じると、痛みを止めるだけのために、どれだけ長い目で見てもなんの得にもならない言動におよぶこともある。サッカー場のサイドラインで子どものコーチと言い争ったりするのだ。「親が明確に認識していなくとも、子どものステータスを上げたり維持しようとしたりするのは、再生産の成功のための基本形態なのです」とブルーニングは語る。

ニューヨークの活気に満ちたレストランで、リチャード・ワイズボードと語らった。ワイズボードはハーバード教育大学院に所属する心理学者であり、常日頃から私の記事に情報を授けてくれる人物である。どうして親は大学の入学許可証のためという名目で極端な行動に走るのかと質問すると、ワイズボードは軽く笑った。「もちろん行き過ぎた親たちを非難するのは簡単だ。ミドルスクールに通っている子どもにSAT対策の個人教師をつけたり、子どもの大学出願時の内申点を上げるためにNPOを立ちあげたりする親をね。だが、ほんとうの問題は別のところにある」。ワイズボードがなにより心配しているのは、子どもとの結びつきがすべて成績に関するものになっている親である。たとえ口に出していなくとも、親がもっとも重視しているのは成績であることが、いわゆる「隠れたカリキュラム」として子どもに伝わる。簡単に言うと、努力したかどうかだけが大事だと子どもに説きながら、みんなはテストで何点とったのかと尋ねるようなものだ。あるいは名門大学に入学できるかどうかは重要ではないと説きながら、ブラウン大学に入ったいとこをすばらしいと称賛するようなものとも言える。ワイズボードが続けて発した台詞を聞いた瞬間、私は腑に落ちた。真の問題は、現代の多くの親にとって、優秀な成績が、予測不能な将来のための救命ボートに見えていることだ、と。

アメリカでは、私たちは能力主義《メリトクラシー》の社会に生きていると教えられる。成功は努力と能力によって手に入れられるという考え方である。そこにほんの少しの運が加わると、誰でも成功の梯子《はしご》をのぼることができるとアメリカの神話が約束している。魅力的な約束だ——とくに、最初から梯子を数段のぼったところにいる、恵まれた環境で育った白人にとっては。言うまでもなく、あらゆる序列がそうであるように、最上段にはほんの数人分のスペースしかない。だからこそ、ステータスを求める親は不安をかきたてられるのだ。

ステータスについて考えるときに、理科の課題を期限までに終わらせるために睡眠時間を削って手伝っている母親や、子どもの強みを引き出せるかもしれないと個人レッスンを必死で検索している母親を思い浮かべることはないだろう。けれども、そのようなふるまいこそが、研究者であるメリッサ・ミルケとキャサリン・ワーナーが「ステータス防御」と呼ぶ活動の典型なのである。この用語は、自分の子孫の地位が同世代のなかで低下しないように、何十年にもわたる手立てを講じることを指している。ミルケの説明によると、防御活動には、子どもの将来の可能性と手に入れる幸せをより大きなものにするために、最適な学校の活動や趣味を探して社会的・情動的スキルを伸ばそうと入念に計画する親の毎日の労苦も含まれる。

防御活動は基本的に母親の役目とみなされる。子どもが成功するためにそれぞれに応じた道を敷くのは母親の務めなのだ。もちろん多くの父親もステータス防御に励んでいる。それでもなお、子どものために頭脳と感情の両方をフル稼働し続けるのは母親だとふたりは指摘する。この目に見えない労働には、サッカーのスパイクがちゃんとまだ足に合っているか確認することや（最後に目撃した場所も覚えておくこと）、次のレッスンまでにピアノの練習をするように注意すること（時間にも目を光らせておくこと）といった日常のささいな事柄[7]だけではなく、今後起こりうる問題への対策も含まれている。ミルケの報告によると、子どもが「平均点より上の成績をとれないとか、教師から目をかけてもらえないとか、友達といても楽しそうではないとか」で足を踏み外すと、防御に勤しむ母親は個人教師を雇ったり、教師に面談を求めたり、社会的・情動的スキルを高めるためにセラピストを探したりする。皮肉なことに、とミルケは続ける。多くの場合、子どもを競争の激しい労働市場に首尾よく送りこむために、母親は自分のキャリアと報酬を引き換えにするという高い代償を払う――つまり、母親自身のステータスが犠牲になるのだ。

　子育てでステータスを得るという最悪の欲求に屈することはないと、冷静に理性を保っている瞬間は信じたくなる。私の子どもは聡明で才能があると自分に言いきかせる。たとえチームに選ばれなくても、テストで優秀な点がとれなくても問題ない。だが自分の生存、あるいは子どもの生存に脅威を感じると、私たちの脳は警告を発する。この生物学的な仕掛けは偽りの危機を察知することもある。とくに社会の動きが加速して競争が激しくなると誤作動が増える。ミシガン大学で精神医学と心理学の名誉教授であるランドルフ・ネシーは、この感覚に「煙探知機の原理」と絶妙な名前をつけた。ベーグルを焦がしたときに鳴り出す煙探知機のように、実際に生存の危機に陥っていなくともストレスを感じるように人間は進化した。危機を無視するとあまりに大きな損害をもたらすおそれがあるからだ。人間の脳は、銃を突きつけられるといった真の危機と、子どもが一軍から外される、奨学金を拒否される、第一志望の大学に落ちるといった脳内の危機を区別する能力がさほど高くない。

この強烈な保護本能は今日の現実に釣りあわない。だがそれこそが、子どもを名門大学に入れるために「私たち」がやるべきことを聞かされた夕べのあと、私が寝返りをうち続けた理由なのである。親しい友人が打ち明けてくれた話もこの本能に基づいている。娘がサッカーの一軍から外されたとき、つい腹が立ったと友人は語った。「思わず怒鳴ってしまったの。娘が本気で努力しなかったからだと言って。そのあと一晩じゅう、そんなことをした自分が許せなかった」。こうして私たちは子どもが運動場で練習する時間や、子どもがスペイン語の小テストで正解する数に過剰に反応する。そのせいで六年生のために高校生向けの建築講座を申し込んで、息子が気を逸らさないように隣に座ろうとするのである。

欠乏がもたらす影響

アメリカは機会を与える国だと謳っている。だがその自認は、言うなれば、パイが永遠に大きくなるという前提のもとで成立している。全員が一切れの恵みを手にすることができるのならば、パイが大きくなり続けるかぎり後の世代は前の世代より金銭的に豊かになる。しかし、わが国に抱く集団幻想を修正すべきときが来た。いまやアメリカ人の三分の二が、世代ごとに着実に豊かになるのが当たり前だとは考えていない。アメリカの親は、子どもに継承する富や資産がどんどん減っていることに頭を悩ませている。この確信は統計でも裏づけられている。一九四〇年に生まれた白人のミドルクラスの子どもが親の収入を追い越す確率は九〇パーセントであった。ところが、一九八〇年代に生まれた子どもが親の収入を追い越す確率は五〇パーセントに下がった。[8] この数十年で状況はさらに悪くなっている。ミレニアル世代の賃金、資産、富の平均値は、過去の世代が同年齢であったときよりも低い。[9]

ステータスと同様に、欠乏も人間の脳に複雑な刺激をもたらす。行きわたるほどの富や資産がないと感知すると、私たちの脳に「欠乏マインドセット」が自動的に設定される。[10] 足りないもので頭がいっぱいになり、大局を見通すことが不可能になる。食べものや住む場所といった重要な要素に窮すると、環境に適応する特性として欠乏マインドセットが活性化し、生存にもっとも必要なものに脳が集中する。いまでも不安——子どもがよい大学に進学できないもしれない——を感知すると同じように集中が生じる。私たちは守りを固くして管理を強め、ステータス防御などのさまざまな保護の衝動にいっそう身を委ねるようになる。

よって、現代の行き過ぎた子育てがどれほど神経症的なものに見えたとしても、それらの行動はまちがいなく危機に対する本能の反応なのだ。その危機が現実のものか脳内のものかはともかく。金銭が欠乏感に影響をおよぼすことは、いくつもの場面で顕著に見受けられる。私たちの住む場所、子どもを通わせる学校、子どもに与える富は金銭によって決まるのだから。しかし研究者による調査の結果から、子育ての選択の決め手となるのは個々の収入だけではないことが判明した。マクロ経済の状況、たとえば国家にどれだけ格差が存在しているかといった包括的な経済状況も影響をおよぼすのである。それゆえ一見なんの不自由もないアッパーミドルクラスに属する人種でも、夜通し寝返りをうって悶々と考えるのだ。

金銭と子育ての気圧配置をより深く理解するために、ノースウェスタン大学の経済学部教授であるマティアス・ドゥプケに連絡をとった。一九七〇年代、ドゥプケは西ドイツの小さな村でミドルクラスの家庭のもとで育った。父親は公務員で、母親は学校の教師をしていたが子育てのために退職し、家の畑で働いていた。「当時のほとんどの親と同様に、私の両親も子どもの学業には無頓着《むとんちゃく》でした」とドゥプケは語る。宿題や成績について尋ねることは一切なく、学校から帰ったあとの時間についてあれこれ言うこともなかった。放課後にドゥプケ少年が直面した最大のストレスは、今日はどの友人の家に遊びに行こうかという悩みだった。

当時の先進国で、ドゥプケのようなのどかな少年時代はごく当たり前のものだった。西ドイツでは、子どもが宿題に時間を費やすメリットも、子どもの内申書を立派に作りあげるために親が時間を費やすメリットもほとんどなかった。そんなことをしても、たいした見返りがないからだ。「進学する場合は、家からもっとも近い大学に通いました」とドゥプケは語る。「名門大学に行くという概念なんてありませんでした。特定の科目を受講するために家から遠い総合大学を志望したとしても、高校を出ていれば入学できました。ただ出てさえいればよかったのです」。そもそも総合大学に行ったからといって明白な強みを授けてもらえるわけではなかった。生徒が進む道はほかにいくらでもあった。たとえば徒弟制度や技術実習制度も大学進学と同じくらい貴重な機会であり、大卒の学歴よりも高い収入につながることもあった。経済的なリターンが同等ならば、選択は本人の能力や興味の問題になる。

現在、ドゥプケはイリノイ州のシカゴ郊外にあるエヴァンストンの裕福なコミュニティで、三人の子どもを育てている。現代の家庭生活は本人が育ったものとは大きく異なっている。自分の両親よりも格段に子どもの生活に関与している。子ども同士の遊びを計画したり、音楽のクラスやスポーツの申し込みを段取りしたり、宿題を期限までに終わらせるようやさしく諭したりと、子どもの日々の生活を管理するために費やす時間は自分の両親とは比べものにならない。両親はこんなこととまったく無縁だったとドゥプケは語る。そして首をひねる。どうして子育てのスタイルがこれほどまでに変わってしまったのか。

この疑問を掘り下げるため、二〇一七年、ドゥプケはイェール大学の経済学の教授であるファブリツィオ・ジリボッティと組んだ。ファブリツィオ・ジリボッティもまた父親として、世代による子育ての変化に気づいていた。ふたりはアメリカ全体の経済と社会の動向を十年ごとに調査して仮説を立てた。所与の時代と場所における経済的なインセンティブが、子どもの数や子育てスタイルなどの親の行動に直接的な影響を与えているのか。最初にドゥプケとジリボッティはふたつの大きなサンプルとして、アメリカと諸外国における生活時間調査を丹念に読み解いた。生活時間調査とは、一日の生活時間を十五分ごとに区切り、成人が時間をどのように使っているのかを正確に調べるものである。

その結果、一九七〇年代と比較すると、アメリカの親が子どもにかける平均時間は二倍に増えていることがわかった。もっとも増えた時間は、読み聞かせや宿題の手伝いなどの「学業」活動だった。また現代の親は、課外活動や大学入学を専門とする個人教師といった手段に、前の世代の親よりも圧倒的に大きな金額を費やしていた。注目すべき点は、経済的格差が広がるにつれて、とくに大卒者と高卒者の格差の拡大に伴って、この傾向が生じているということだ。ドゥプケの示したデータによると、一九七〇年代では大卒者の収入は平均すると高卒者の収入のおよそ一・五倍であったが、四十年後には二倍に達している。

すべての国と世代において、その国の収入格差、社会の流動性、教育に投資した金額の回収率のレベルが親たちの行動を決定づけていることにドゥプケとジリボッティは気づいた。そこで親の行動を分類するために、ダイアナ・バウムリンドが提唱した育児スタイルの画期的な分類法を使った。この分類は、子育てのスタイルを大きく三つに分けている。迎合型（子どもに自由と自己発見のゆとりを与える）、専制型（子どもの自主性を制限し、服従と仕事への尊敬を強いる）、指導型（コミュニケーションと明確な線引きを通じて、ふさわしいおこないを推奨する）の三つである。ふたりの調査結果によると、その国の背景にある経済状況は育児スタイルと直接的に結びつく。例として、スカンディナビア半島では教育に投資しても大きなリターンがないので迎合型が大半である。産業革命を経て、子どもの将来を保証するためには従順な工場労働者になるように育てる必要があった時代には、多くの先進国で専制型が広がった。そのあとアメリカ、イギリス、カナダといった高所得の国々で、専制型にかわって指導型が台頭したのが一九八〇年代以降である。子どもに対する親の望みが変わり、大学で学んだ進歩的な考えを活かして頭脳労働に従事してほしいと願うようになったからだ。不安定さを増していく経済状況のもとでプレッシャーを感じている親にとって、迎合型はリスクが大きく採用できない。

ドゥプケとジリボッティが驚いたことに、指導型がもっとも増加したのは高い学歴を有する富裕層の親のグループであった。富裕層の子どもたちは、どのみち大学に行く可能性が高いのではないだろうか。どうして親がそこまで熱心なのか。彼らはふたつの理由を発見した。ひとつには、高い学歴を有する富裕層の親は金と時間を費やす余裕があるので、個人教師を雇ったり、特別プログラムに子どもを車で送り迎えしたりと、子どもに存分に手をかけることができるからである。だが、「社会階層を落下する場合、角度が最大になるのは頂上である」というもうひとつの理由がより重要である。裕福な親は、子どもの社会経済面のステータスが急下降するのをなんとしても防がなければならないと強く感じているとドゥプケは説明する。

イリノイ州エヴァンストンの自宅で、ドゥプケは自らが幼いときに味わった自由を子どもたちにもある程度まで与えようと試みている。遊び時間の内訳までは管理しない、おとなの監視なしで子ども同士で好きなことをさせる、といった具合に。それでもなお教育熱心な親であり続けている。現在の経済の雲行きへの応答という面もある。ドゥプケ夫妻が育てている子どもたちは、格差がさらに広がる社会を生きることになるだろう――それゆえに、これからも週末が来るたびに、親は子どものサッカーの試合をサイドラインから応援するのだ。

特製のセーフティネットを編む

ドゥプケとジリボッティの調査によって、たった数十年のあいだに、親にとって社会が一変したことがあきらかになった。一九六〇年代と七〇年代、ミドルクラスに属する白人の親は子どもの能力や成功よりも子どもの幸せに目を向ける余裕があった。当時は総じて人生そのものが豊かだったからだ。家を買うことも、医療保険に加入することも、きちんとした公教育を受けることも現在より容易であった。第二次世界大戦後、大規模な経済成長や住宅ローンの補助、帰還兵を対象とした無償の大学教育などの政府の方針、豊かな年金をはじめとする福利厚生を保証した強い労働組合によって、多くの家庭が安心を手に入れた。親は、自分たちがたとえいくつか判断を誤ったとしても、子どもはミドルクラスの安定した生活を享受できるにちがいないと考えていた。社会にゆとりがあった。しかし八〇年代に入ると、技術革命、グローバリゼーション、労働組合の失墜に加えて、税金の引きさげ、民営化、規制緩和などの政府の方針が合わさった結果、格差が急激に広がった[11]。そしていま、ある母親の言葉を借りると、私たちは猛スピードで上昇するエレベーターを目の前にした心持ちに襲われている。子どもが乗り遅れると、永遠に地べたに取り残されてしまうのだ。

社会福祉が手厚く、収入の格差がこれほどあからさまではない国ならば、激しい不安によって親の睡眠が犠牲になることはないだろう。ドゥプケがのびのび育った環境に近い社会はまだおとぎ話ではないはずだ。友人のひとりはノルウェーで娘を育てているが、ノルウェーはアメリカよりも経済格差が小さいため、彼女の娘のライフスタイルは私の子どもたちと大きく異なっている。七歳でサッカーのトラベルチームに加入したり、ひとつのスポーツに専念したりすることを強いられるプレッシャーはない。自由な、つまり予定が組まれていない遊び時間は、贅沢品ではなく必需品と考えられている。ノルウェーでも昔より生活費が高くなり競争も激しくなっているが、賭け金はアメリカよりもずっと少ないように思われる。おそらく国が保証するセーフティネットのおかげだろう。

ここアメリカにはそのようなセーフティネットは存在しない。子どもが将来、社会経済面で安定したステータスを得られるように親は手を尽くす。ミルケとワーナーの言葉を借りると、子どもひとりひとりに「特製のセーフティネットを編む」のだ。成功と幸福の障害になりうるものを親はつねに警戒し、自分たちの子どもが最大の達成と喜びを得られるように日々の決断をくだしている。子どもの教育を、「医療コンシェルジュ」のように考えていると語った母親もいる。みんなと同じものを与えるのではなく、特別にあつらえるのだ。ほかの子と同じ宿題ではなく、母親の要望で週末用に追加の宿題を出してもらう。個人教師の指導によって、自分の子の数学の能力は同級生よりも何年も先まで進んでいる。当然ながら、このような親の行動によって授業のレベルは上がり、個人教師などの支援を得られない生徒は確実に不利になる。

ひとりひとりの子どもに特製のセーフティネットを編むためには、莫大で煩雑な手間、金、さらに感情労働を要する。子どもを次々に課外活動に追い立てたり、どういう趣味や習い事やスポーツがもっとも有益なのか絶えず頭のなかで計算したりしなければならない。心身が消耗する。私の娘がピアノを習いたいと言い出したときは、最良の教師を探そうと何人もの教師と面談して時間と労力が奪われた。そのあとも娘に練習をさせるために時間と労力を費やした。数カ月後、娘がやめたいと言い出したときは、それまで以上の時間と労力をかけて続けるように説得した。『タイガー・マザー』の著者であるエイミー・チュアの言葉、「なんであれ、上達するためには努力が必要です。子どもは絶対に進んで努力しようとはしません。ですから子どもの意向を無視することが肝心なのです。たいてい子どもは嫌がるので、親が不屈の心を持たなければなりません。どんなものでも最初がもっとも難しく、西洋の親はそこで諦める傾向があります」[12]が頭にこびりついていたからだ。声を荒らげたり、言いくるめようとしたり、お小遣いで釣ろうとしたりした挙句、最終的に私が折れた。ピアノをやめてもいいとキャロラインに告げた。ちょうど私が同じ年齢だったときに、両親からピアノをやめてもいいと告げられたように。

昔からずっと親は次世代を送り出す責任を負ってきたが、この責任がこれほど過酷で孤独な時代はない。子どもの将来を保証するものがどんどん減っているのを感じる。ロンドン・スクール・オブ・エコノミクスの研究者であるトーマス・カランが指摘するとおり、私たちは社会動向とマクロ経済の状況を自分の子育てに反映している。親が不安に駆られて、支配的で過干渉な子育て――八歳児をサッカーでランク付けしたり、五歳児を特別クラスに入れるために個人教師を雇って標準テストの対策をさせたり――に夢中になるのは、私たちが「社会への仲立人」になってしまったからだ。子どもを社会に順応させて、将来待ち受けている経済格差や過酷な競争に備えさせようとしている。

そして私たちは板ばさみになっている。一方では、子どもにもっと自由を与えて幸せな幼年時代を過ごしてほしいと願っている。嫌になったらピアノをやめても構わない。かつて自分たちが過ごしたように、歳月を経ても懐かしさと温もりとともに思い出せる幼年時代を味わってほしいと考えている。だがもう一方では、競争が激化する社会に向けて子どもを備えさせるという途方もない重責も担っている。焦燥感の大半は、子どもが成功するために知っておくべきことをぜんぶ教えようとあくせくするから生じるのだと語った母親もいる。本心から願っているのは、子どもと一緒にいる喜びを味わって子育てを楽しむことなのに、と。

アメリカでは人種ごとの富の格差が大きく、マイノリティの家庭はいっそう強いプレッシャーを感じているという。富は苦しい状況から身を守る緩衝材としても、世代から世代に受け継がれるセーフティネットとしても機能する。[13] ある調査によると、白人のアメリカ人が有する資産の中央値が一三万四〇〇九ドルであるのに対して、アジア系アメリカ人が有する資産の中央値は九万一四四〇ドルである。[14] アジア系アメリカ人のなかで所得分布の最下層にいる者が所有する資産は乏しく、同じ階層の白人よりも貧困率が高いからである。セントルイス連邦準備銀行の研究チームの調査によると、白人のアメリカ人家庭が有する資産の中央値が一八万四〇〇〇ドルであるのに対して、ラテンアメリカ系の家庭は三万八〇〇〇ドル、黒人の家庭は二万三〇〇〇ドルである。

ブルッキングス研究所の報告によると、白人と黒人の典型的な家庭が有する資産の額がこれほどはっきりとした不均衡をなしているのは、「長年積み重なった不公平と差別の結果」であり、黒人が何代にもわたって財産を所有することを許されず、平等な機会に恵まれなかったという処遇は、「この国が誕生した頃までさかのぼることができる」。白人の親と比べると、黒人の親はいっそう過酷な現実に直面している。[15] 裕福なコミュニティで同じ教育を受けたとしても、差別によって黒人の子どもが経済階層の梯子を転がり落ちる危険性は白人の子どもよりも高まる。

社会経済的なステータスがどうであれ、多くの黒人の親はつねに欠乏感を味わっていると、NPO団体〈チャイルド・トレンズ〉のシニア研究員であるクリシャナ・ロイドは指摘する。ニュージャージー州の北部で三人の十代の息子を育てる母親でもあるロイドはこう語る。「子育てが行き過ぎたものになるのは生存がかかっているからです。私は子どもたちに無事でいてほしい。偉人になることや、しら。世界の頂点に立つことは望んでいません。子どもたちは健康でいられるかしら。傷を負っていないかしら。叩きのめされる場所にいないかしら」

ステータスと欠乏が衝突すると

大学入学をめぐる競争ほどステータスと欠乏を如実に物語るものはないだろう。公民の授業では、教育は公共の善であり、知識ある市民を形成して民主主義を強化すると教えられるはずだ。現実には、高等教育は、経済学者の言葉を借りると「地位財」になってしまった。つまり、高等教育は実際の学習内容よりも、かぎられた人しか入手できないという事実にこそ価値があるのだ。アマースト大学やポモナ大学の入学許可証は、ステータスをあらわす強力なシンボルなのである。ともするとグッチのハンドバッグよりも。

ステータスのシンボルを手にする道はどんどん狭くなっている。コネチカット州で開かれた親を対象とする講演会〈大学熱を飼いならす〉で、母親であり心理学者でもあるスーザン・バウワーフェルドと、母親であり大学カウンセラーでもあるヴィクトリア・ハーシュがこの問題を数学的に解き明かした。この国にはおよそ二万七〇〇〇もの高校がある。よって五万四〇〇〇人もの卒業生総代と次席がいる計算になり、それだけでトップ二〇に入る大学の入学定員の二倍を上回る。寒々とした計算を示されてはじめて、欠乏にまつわる厳しい現実を理解した親たちは次々にため息をもらした。

大学側は、欠乏には親の渇望をかきたてる作用があることを承知している。志願者の増加に合わせて入学定員の枠を広げたら、大学のステータスを落とす結果に終わる。それどころか、最終的には落とすとわかっていながら、多大な手間と費用をかけて学生を誘いかける大学もある。「誘っておいて振る」テクニックである。志願者を落とせば落とすほど、大学の難関度ランキングは高くなる。アメリカでもっとも狭き門であるトップ五〇の大学では、二〇〇六年には志願者の三分の一強が合格していたが二〇一八年には四分の一未満になり、合格率が四五パーセントも下がった。トップテンに入る大学ではさらに激しい低下が見られ、およそ一六パーセントだった合格率が三パーセントまで落ちこんだ。

　現代では、高校生になってから大学入学に向けた成績証明書の対策をする――一昔前はそれが常識であったが――のでは遅すぎるという見解が一般的になっている。社会学者のヒラリー・リービ・フリードマンは著書 ***Playing to Win***（勝つために戦う）で、現代の子どもは、自分の能力が伸びるのを悠長に待っていては「成績証明書の窮地」に陥ると指摘している。ライバルたちは幼少期のすべての時間をテニスレッスンや数学の問題集やサッカーのトラベルチームに費やして奮闘しているのだから。そんな競争によって、親は（誰のことかはともかく）六年生が入れる建築講座を血眼になって検索してしまうのだ。

　よい大学ならどこでもよいわけではなく、ステータスを維持するためには特定のロゴの大学である必要があると考えている親もいる。おそらくはアイビーリーグ、もしくは自分たちの出身校のものを願っているのだろう。私が取材した親の多くは脳内でリストを作成していた。この本の調査をはじめた頃、昔なじみの情報源である知人に電話をかけた。ボストン近郊でふたりの十代の子どもを育てるスポーツ心理士であり、悩みを抱えた多くの生徒を診療している。彼が言うには、子育てのプレッシャーが生じるのは、遠い目標に向かって子育てすることが親にとってもはや魅力がないからである。いま目の前にあるもの――ステータスという輝かしい品――があまりに強烈で、どれほど徳の高い親も抗えないのだ。彼は言った。「悲しい真実だが、子どもの尻を叩けばハーバードに入れることができるかわりに子どもが鬱や不安に苦しむとして、どうするか親に尋ねると、それでも尻を叩くという親は存在する」

ハーバード大学のリチャード・ワイズボードの説明によると、親がこれほどまでに子どもの成績に没頭する理由のひとつには、自分たちが通った類の大学に子どもが入れないかもしれないという懸念がある。それによって親の脳内で、意識的であれ無意識にであれ、ステータスの下降という事態が感知されて煙探知機のアラームが鳴る。多くの親は自分の心の動きを省みるという困難な作業に取り組むことなく、ひたすら子どもの能力を伸ばそうとする。子どもを名門大学の狭き門に押しこむことが子育てのすべてになり、善良で高潔なおとなを育てることにまで手が回らなくなったとワイズボードは語る。

ステータスを防御するために、〈バーシティ・ブルース作戦〉には敵わなくとも、親は驚くほど極端な行動に出ることもある。十年生〔日本の高校一年生に相当〕の娘を持つナッシュヴィル在住の父親は、娘と同じクラスの生徒全員の記録をつけていると語った。推定順位、両親の学歴、注目すべき課外活動をしているか、家庭が慈善活動に携わっているかといった具合に。「大口献金家の枠に入っている子どもと大学入学を争って、無駄な労力を費やしたくないですからね」と言った。

二〇一九年、ワシントンDCの名門校であるシドウェル・フレンズ・スクールが危機に見舞われた。報道によると、複数の親が同校の進学カウンセラーあてに匿名のボイスメールを残し、おそらく自分の子どもが志望大学に入学する可能性を高めるために、十二年生のライバルの悪口を吹きこんでいたのだという。これに対しカウンセラーのうち二名が辞職で応じ、学校長であるブライアン・ガーマンは厳しい警告文を親に発した。警告文には、学校の大学案内の窓口は今後一切「学生の行動に関する匿名かつ／または証拠のない申し立てには対応しない。非通知でかけられた電話には応答しない。学生の記録についての質問には、当の学生の家族か保護者以外には答えない」と記されていた[16]。

私たちを駆りたてる原因が神経化学物質であろうが子どもを思う心であろうが、結果として多くの子どもは自分が売り物になった気分を味わう。子どもの日常は、入学審査事務官や奨学金の審査官、フットボールのスカウトの関心を惹くために高い金額を投じた商品に変わってしまった。ほころびかけたつぼみのような、かけがえのない未完成の物語は失われた。思春期という重要な発育過程で子どもはアイデンティティの問題に悩み――**自分は何者なのか**――社会における立ち位置について問いはじめる。自分の価値は生来のものではなく、外部にアピールできるものや成績証明書に付随するのではないかと考えはじめる。優秀であれという声に取り囲まれて子どもは疑問を抱くようになる。世の中で価値があるのは、かぎられた人だけではないだろうか、と。

第三章　大切という力

子どもの価値を成績から解き放とう

レベッカはハンドルを強く握りしめながら、視界を曇らせている涙をふり払おうと瞬《まばた》きをした。路肩に車を停めて、気持ちを落ち着かせてから家へ向かった。車のなかで涙を流した理由は、仕事で失敗したからではない。誰かを亡くしたからでもない。娘の幼稚園での白熱したミーティングのせいだった。もともとこのミーティングは、興奮する親を落ち着かせるために幼稚園の事務局が緊急に段取りしたものだった。しかし、ハンドルに頭をあずけて泣きじゃくるレベッカの心境は落ち着きとはかけ離れていた。

当時、レベッカは一家でデンバーに住んでいた。その週、娘が通っている幼稚園から親のもとにメールが届き、そこに子どものＩＱテストのスコアが記されていた。このスコアによって、小学校の特別プログラムに進学できる園児を決めると書かれていた。だが納得できない親もいた。テストの信頼性が疑わしいうえに、特別プログラムに入れるかどうかは小学校のみならず将来に影響する問題だと、多くの親が考えたことによって混乱が巻き起こった。ここで選ばれた少数の者には成功につながる幸せな道が開かれ――それ以外の者はひとり残らず落ちこぼれになる。そんな身も蓋もない言葉を思い浮かべた親はいなかったかもしれないが、レベッカが住んでいた高学歴者の多いコミュニティでは、私が取材したアメリカ各地と同様に、子どもに不利益をもたらしかねないあらゆるものに対して親は冷静さを失いがちになる。

　娘のスコアは平均点の範囲だったとレベッカは語った。「もちろん、問題ありません」とすぐさま続けた。だが完璧とは言えないスコアによって、レベッカは自分でも意外なほど打ちのめされた。はじめてこれほど容赦なく子どもの能力評価を突きつけられて、不意を衝《つ》かれてしまった。まるで心のなかでダムが決壊したかのように、子どもの頃から感じ続けたプレッシャーのすべて――オールAをとらなければならない、飛び級しなければならない、どんなときでも優秀でなければならない――が再び押し寄せてきた。そのあとで自分の反応に罪悪感と恥ずかしさを覚えた。この瞬間、自分が子育ての不安を制御できなければ、不安は子どもに襲いかかると気づいたのだ――レベッカが身をもって知っているように。

　レベッカは臨床心理士として、ベイエリア、ロサンゼルス、デンバー、現在暮らしているシカゴといったアメリカのいくつもの町で思春期の子どもを診てきた。彼女のもとにやってくる患者は、過大な期待を背負わされ、そのせいで偏頭痛や胃腸障害といった身体症状に悩まされていることが多い。臨床心理士として標準テストの限界を知っているので、親がそれにとらわれるべきではない理由もわかっている。しかし三人の子を持つ母親としては、幼稚園に通う子どものスコアが「並」であることに腹の底から揺さぶられたのである。

今日、学校の内外で、指標、評価、能力別の編成、選別が、山が崩れるようにじわじわと子どもの全身にのしかかっている。レベッカの娘の場合は幼児園で山が崩れはじめた。だが通常は、ランキングの山並みが全員の前に姿をあらわすのはミドルスクールである。イリノイ州在住のある母親の話によると、娘が通っている学校は「早期に選別して力をつけるため」という名目で、ミドルスクールの一年めの成績優秀者を最優秀者、次点優秀者、優秀者という三つのレベルに分けているそうだ。高校になると単純に成績のみで分けるのではなく、受講しているAPクラスの数や難易度、さらには四・〇を超えるGPAを維持しているかという点も考慮される。教室の外では、ただスポーツを楽しむ優秀な選手というだけでは、あるいは楽器を愛するプレイヤーというだけでは認められない。大学の入学許可証や奨学金を手に入れたいなら、もっとも優秀な選手であるか、もっとも腕の立つプレイヤーでなければならない。

　学校や課外活動で評価されるだけでは物足りないかのように、現代の子どもは第三の業務にも従事している。ソーシャルメディアにおける指標だ。昔から十代の子どもは仲間内での地位を気にしていたが、現在はソーシャルメディアが公式かつ客観的な人気の指標を与えてくれるようになった。[1]タグ付けされた写真の数、フォロワーとフォロイーの比率（フォローしている人数とフォローされている人数の差異）、自分のポストについた「いいね！」とコメントの数といった指標に加えて、そういった指標が飛びこんでくる速度すらも気にかけている。ある母親は大学二年生の娘を案じていた。娘のインスタグラム写真には幾重ものフィルターがかけられているため、母親である自分すらも娘だと思えないと語り、スマートフォンを取り出して、娘の実像とオンラインにアップされた姿のちがいを示してくれた。インスタグラムでは娘の脚はすらりと長く、鼻は小さくて目は大きく、肌はつやつやと輝いていた。

もっとも、能力別の編成や選別はいまにはじまったわけではない。私が子どもだったときも、クラスで一番足が速いのは誰か、腕相撲が一番強いのは誰か、算数が一番できるのは誰か、テニスが一番上手なのは誰かということは承知していた。だが今日、ランク付けはいっそう切迫したものになり、どこまでもつきまとう。現在の子どもは五歳で標準テストの上位一パーセントに入り、五年生になるとトラベルチームの一軍に選ばれて、十三歳になるとブランドのマネージャーのごとくソーシャルメディアのプロフィールを管理することが求められる。私たちの世代はＳＡＴやＡＣＴ〔大学入学学力テスト〕を受け、自分のＧＰＡを監視していればよかったが、私たちの子どもは指標という暴君のもとで生きているのだ。

「並の優秀さ」

子どもにとって「突出」すべき分野が増えただけではなく、どれくらいで「突出」しているのかという基準も上がり続けている。よって、子どもはありとあらゆる局面で自分が劣っていると思い知らされる。成果を求める社会は、痩せて、金持ちで、頭脳明晰で、美しく、高い運動能力と、「いいね！」や愛情や関心に値する能力を備えていなければならないと、絶えず子どもに吹きこみ続ける。子どもは忠実な兵隊のように常軌を逸した要求に従う。時間の経過とともに、これらの要求が子どものなかで内面化される。ある進学校の生徒に取材すると、オールAに近い成績表を「並の優秀さです」と打ち捨てた。

現代の子どもにとっては、「基準を満たす」ことよりも「基準を上回る」ことの方が重要なのだ。誰もがほかの人よりも抜きん出ていなければならない。優秀であれというプレッシャーゆえに、デンバーの親たちは幼稚園でのテストの点数にいきり立ったのだ。

ロンドン・スクール・オブ・エコノミクスのトーマス・カランとヨーク・セント・ジョン大学のアンドリュー・ヒルは、人間が程度の差はあれメンタルヘルスの問題に悩まされる要因について十年にわたって研究してきた。すると、この四十年で完璧主義の傾向が思春期の子どものあいだで驚くほど強くなっていることに気づいた。ふたりの報告によると、善意でプレッシャーをかける親や社会から課される非現実的な期待を達成しようとする子どもはなんと三三パーセントも増加した。[2]

カランとヒルは両親を責めているわけではないとすぐさま表明した。両親が子どもに過大な期待をするのは、それが社会の要請だと考えているからだ。問題は子どもが実現できる達成と親や社会からの期待とのあいだに生じうる溝にある。学業面の過酷なプレッシャー、激しい格差、外見やふるまいについて非現実的な理想像を喧伝するソーシャルメディアなどの新しい波によって競争が過熱する社会に対して、親は不安を抱いて翻弄されているのだとカランは説明する。

親のプレッシャーは、子どもの成績の行き過ぎた見守り、子どものスケジュールへの過干渉、子どもの失敗に対する手厳しい批判という形であらわれることもある。親子の絆は子どものメンタルヘルスにとってなによりも重要な結びつきである。子どもが親の高い期待に応えられなければ、絆が危機にさらされる。批判は拒絶や愛情の喪失のように受けとめられる。親子の関係が、安らげる場所から身が脅かされる地帯に変容する。ありのままの自分では愛されないという恐怖によって、子どもは完璧な理想像を追い求めて、もしくは差し出して、心の底から欲している安心と愛情を得ようとする。

歳月とともに、子どもは高過ぎる期待を内面化し、それによって自分の価値と親の愛情は測られると信じるようになる。子どもの目には、その指標は自分の価値を得るためにクリアしなければならない目印として映る。目印をクリアできなければ——避けられない障害やありえないほど高い設定が原因であっても——自分という存在が告発されるのだ。

子どもが感じているプレッシャー、完璧主義、不安、鬱、孤独について語るときに私たちがほんとうに語っているのは、トロフィーや入学許可証や「いいね！」や誉め言葉を手にしていなくても自分は無条件に価値があるという思いが満たされていないという現実である。「プレッシャー」が子どもの（そして親の）幸福に悪い影響をおよぼすと指摘するときの「プレッシャー」が意味するものは、自分の価値は成果によって左右されるという誤った認識を子どもに植えつける社会全体である。親の愛情と関心を獲得するためには一定の成功を維持しなければならないと子どもが信じるようになれば、自分を劣った存在だとみなしてしまい、健全で安定したアイデンティティの成長が妨げられる。[3]

自分には価値がある

大切であることを最初に概念として提唱したのは、一九八〇年代に、思春期の自尊心について研究していた高名な社会心理学者モーリス・ローゼンバーグだ。[4]高校生の幸福度を決定づける要素は、自分には価値があるという思いだとローゼンバーグは気づいた。親にとって自分は大切な存在だと感じている生徒は、そう感じていない生徒よりも高い自尊心を持ち、鬱になる割合も低かった。

自分が大切だと感じると、自分は他者と意義のある強い結びつきを築いているのだと気づき、ひとりきりで生きているわけではないと安心する。トロントのヨーク大学の教授で、完璧主義と大切であることの第一人者である、ゴードン・フレットはそう説明する。ブラウン大学で社会心理学を教えるグレゴリー・エリオットは、大切にされたいという思いは、まわりの人から注目されたい、関心を寄せてほしい、理解してほしいという誰もが心の奥に秘めている欲求のあらわれであると指摘する。エリオットによると、大切にされていると感じられるかどうかは、以下のような問いで判断できる。自分自身、および自分が言うべき内容にまわりの人が興味を持っているか。成功の喜びを分かちあい、失敗をサポートしてくれる人がいるか。周囲の人は自分を信頼して指示や助けを求めてくるか。[5]私たちが生きているかぎり、大切な存在でありたいという本能の欲求はけっして変わらないのである。[6]

大切という独特の枠組みをこれまで耳にしたことはないだろう。けれども感じたことがあるのはまちがいない。自分が大切だと気づくのは、友人たちからの温かい掛け声と乾杯の音頭で祝われるといった人生の一大イベントの瞬間だ。日常の一コマで発見することもある。たとえば、病気で寝こんでいて友人が手作りスープをポットに入れて持ってきてくれたとき。ドアを開けた瞬間に胸に押し寄せる感情こそが大切にされているという思いである。友人から深く労わられて、愛情と支援に値する存在だとみなされているからである。学校で教師から植木の水やりなどの用事を頼まれたときも、生徒は自分が大切であると感じる。自分は頼られていて、身のまわりのささやかな世界に価値を与えることができるからである。

大切であることには幾重もの層がある。まずは親にとって自分は大切な存在だというところからはじまり、[7]それから外に伸びて身近な社会からもっと大きな世界へ向かっていく。自分に価値があると感じれば感じるほど、他者に価値を与えられるようになる。その逆も然り――この助けあいの好循環によって私たちが抱く大切という感覚は養分を摂り続けると、コミュニティ心理学者のアイザック・プリレルテンスキーは述べる。[8]大切であることとは「メタ欲求」であり、所属、コミュニティ、愛着といった「価値がある」という感覚と同時に、自己決定、支配、能力といった「価値を与える」という感覚もあらわす包括的な用語であるとプリレルテンスキーは説明する。このふたつが組み合わさって、自分が大切だという体験を味わうことができるのだ。

生まれたときから生まれながらの価値を理解している者はいない。まわりの人たち、なかでも生きていくために欠かせない養育者たちに面倒をみてもらうことによって、徐々に自分の価値に気づいていく。言いかえると、自尊心は真空の場所から生じることはない。自尊心は他者の目に映る自分の姿を測定する社会的なバロメーターとして機能し、まわりの人にとってどれくらい価値がある存在なのかを自らに伝える物語になる。[9]自分の核となる人間性こそが大切なのだと感じることができれば、確固とした自尊心を築くことができる。自分が大切なのは、ただ大切だからだと学ぶのである。自分が大切だと感じることは生来の価値に戻る道である。自分はじゅうぶんな存在なのだと気づかせてくれる。大切であることがすべてを解決するわけではない。だがその効果は大きく、現代の若者が悩んでいる感情や行動にまつわる多くの問題に対処することができるとフレットは語る。自分が大切だと強く感じることは、ストレスや不安や鬱や孤独から身を守る盾の役割を果たす。なにより魅力的なのは、大切だと感じることはすぐに行動に移せるからだ。親として、教師として、コーチとして、信頼できるおとなとして、私たちが子どもの胸に自分は大切だという思いをしっかり刻みつければ、子どもは将来待ち受けている困難に立ち向かうことができる。

一方、虐待され、無視され、軽んじられているように思わされて、自分は大切ではないと絶えず突きつけられると、他者からの関心を得るために行動する——完璧な理想像に固執したり、過剰に働いたり、摂食障害が悪化したり、なんらかの極端な行為におよんだりする（学校での銃乱射がもっとも悲惨でわかりやすい例である）。大切という感覚の欠落は、鬱、不安、薬物濫用、自殺の明確な予兆となる。大切だと感じられなくなると、自分の内側に閉じこもる。諦念を抱き、逃げ場を求めて酒を飲んで、さらには自傷行為に至る。大切という感覚が不足している者は、自分の考えを過度に一般化して悲観的になる傾向があるとフレットは語る。現在ないがしろにされているのだから、今後もけっして大切にされることはないといった具合に。フレットの調査によって、アメリカとカナダにおいて思春期の子どものなんと三分の一が、身近な人にとって自分は大切な存在ではないと考えていることが判明した。

達成不可能な高い基準と指標で構成された現代社会は、子どもが抱く大切という感覚を真っ向から痛めつける。念のために言っておくと、この本のために取材した親はみな子どもを心から愛し、大切な存在だと考えている。問題は、自分の価値と意義は成果の付随物であって、自分の核にある人間性の本質ではなく、GPA、ソーシャルメディアの「いいね！」の数、大学のブランドによって左右されると考えている子どもがあまりに多いことだ。子どもが「大切な存在」になるのが親の指示に従うとき、もしくは親が求める基準に達したときだけならば、子どもは真の意味で自分が大切だと感じることはないとグレゴリー・エリオットは著書 ***Family Matters***（家族の大切さ）で書いている。

私たちは自我の危機に陥っている。自我を形成する年頃は、子どもが堅固な土台を築いて、耐久力のある安定した成人のアイデンティティを獲得するときである。それなのに、私たちは無意識のうちに子どもを破壊するメッセージを吹きこんでいる。価値のある人間になるためには、そのための審査を受けなければならない、努力しなければならない、結果を出し続けなければならない。そうしてはじめて、この家で、この学校で、この世界で大切にされるのだ、と。

自分は大切な存在だと感じるために欠かせない七つの要素

——ゴードン・フレット *The Psychology of Mattering*（大切という心理学）より[10]

1. **関心**：他者に認識されていると感じる
2. **重要性**：自分は意義のある存在だと感じる
3. **依存**：他者に頼られることで自分の重要性を感じる
4. **自我の拡張**：誰かが自分に思い入れ、自分の身の上を案じていると認識する

5．不在の認識：自分の不在を淋しがられていると感じる
6．評価：自分と自分のおこないには価値があると感じる
7．個別化：自分は唯一の特別な存在であり、自分の真の姿を理解されていると感じる

親が語る内容ではなく子どもが聞く内容

愛情を注いでいながらも、私たちは気づかぬうちに子どもが閉じこめられている金メッキの圧力鍋の要となる空気孔をふさいでいる。空気孔とは思いやりと愛情に満ちた親密な結びつきであり、それらが欠けたら子どもが大切だということが伝わらない。親は子どもを無条件で愛しているが、それだけでは足りないことが今回の調査であきらかになった。子どもが大切にされていると感じるためには、無条件に愛されていると感じなければならない。大切という感覚は、親が語る内容ではなく子どもが聞く内容によって形成される。しかも子どもは親の言葉の裏にある意図を翻訳することにかけて天賦の才を発揮する。たとえば成績がすべてではないと言っておきながら、子どもがドアから入ってくるやいなやテストはどうだったのかと尋ねれば、子どもは親の本心を察知する。

「多くの親は、子どもは大切にされていることをわかっていると思いこんでいます。実際は子どもがそうは感じていない、もしくは確信できないときでも」とフレットは語る。ある教育委員会の調査によると、子どもが大切にされていると感じていないと答えた親はたったの八パーセントだったが、実

際には三〇パーセントの子どもが大切にされていると感じていなかった。この本を読んでいるあなたは、うちの子どもは大切にされていることをしっかり理解していると思っているかもしれない。だが私が生徒に実施した調査からは、そうではないことがわかる。

・信じがたいことに、調査を実施した十代の生徒のうち、課外活動や学校で成果をあげると親から「より高く評価される」と思うと答えた者は七〇パーセントを上回った。

・自分が成功すれば親の愛情が強くなると回答した生徒は五〇パーセントを上回った。そのうち二五パーセントの生徒は、回答の選択肢の最上級である「とくにそう思う」を選んだ。

・「自分が大切な存在である理由は、自分が成し遂げたことではなく、心の奥底にある人間性だと思う」という設問に同意するかどうかを尋ねると、驚くべきことに二五パーセントの生徒が「あまりそう思わない」「まったくそう思わない」と答えた。

つまり、私が調査した生徒の四分の一が、親にとってもっとも重要なのは、自分たちの人間性ではなく成績なのだと考えていた。私の友人が、よい成績をとれば愛情や好意が強くなったように感じるかと息子に尋ねたところ、「うん、Ａの成績を持って帰ったときは、みんなの機嫌がよくなったと感じるからね」と返ってきた。

私の調査では、生徒たちにこんな質問もしている。「高校であなたが感じている（感じていた）プレッシャーについて、周囲のおとなに知ってほしいことをひとつ挙げてください」[11]。親にとっては耳の痛い回答が並んだ。

・成績がすべてではないと理解してほしかった。もっともっと頑張れとプレッシャーをかけられたことが、自分の鬱と不安障害の引き金になった。

・自分の価値は成績と結びついているように感じた。

・いつも満点でなくとも自分は平気だと親にわかってほしい。すべてで抜きん出る必要はない。

両親がかけてくるプレッシャーは「力添え」ではなく、「精神的な虐待に近い」ことを両親にわかってほしいと書いた生徒もいた。もう少し控えめな言い方で批判した生徒もいた。「母親は自分を友人たちと比べて、友人の母親は友人と自分を比べる。そんな比べあいですっかり傷つき、メンタルヘルスも自己評価もぼろぼろになってしまった」。心理学者によると、親が子どもを批判しても、子どもは親を愛するのをやめるとはかぎらない。だが自分を愛するのをやめてしまうのだ。

厳格もしくは冷淡な母親、子どものスポーツに過度に熱中する父親といった典型を知らない者はいない。ほとんどの親はそんなふるまいが子どもを壊すとわかっているため、ああはなるまいと心がける。とはいえ、子どもが輝いているときは誇りで胸がいっぱいになり、悪いニュースが飛びこんできたときは批判を浴びせかけないよう黙りこむというのは自然なことだ。だがそういった反応が気づかぬうちにメッセージを発して、子どもの胸にしっかりと焼きつく。ニューヨーク在住のある生徒は、親のメッセージを悲しげに解読してみせた。「成績表が届いて数日のうちに両親がその話題を持ち出さないときは、結果に不満なのだとわかります」と語った。「批判めいたことを言わないことで、理解ある親になっているつもりなんだろうけど、沈黙だって同じくらい傷つく」。彼の話を聴きながら、たぶん私も気づかないうちに同じことをやっていたと思って頬が熱くなるのを感じた。子どもがよい成績をとれば一緒に喜ぶが、しくじったときは黙っていた。子どもにがっかりしたのではなく、子どもががっかりしているだろうと思ったからだ——しかし、どうやって子どもがそのちがいに気づくというのか。なにがあろうとも、わが子への愛は変わらない。しかし子どもたちはそのことをわかっているのだろうか。この生徒の立場から考えてはじめて、家に走って帰って誤解を解きたい思いに駆られた。

　イェール大学感情知性センターの副所長である精神分析医のロビン・スターンにこの話をしたところ、彼女も子どもたちとのあいだで似たような経験をしたと語った。以前からスターンは子どもたちのランチボックスに手書きでメモをつけていた。「あなたのことを思っています」「今日がいい日でありますように」などと書いて、「あなたならできる」といつも励ましの言葉《ペップトーク》を添えていた。最近になって、思春期の年齢になった子どもたちとランチボックスのメッセージについて話していると、娘がこう言った。「そうそう、もうあんなメモでプレッシャーかけないでよ、お母さん」

スターンは仰天した。「そんなつもりはまったくなかったのに」と私に言った。「自分の道を歩きなさいと伝えたかった。まわりの子たちがやっていることなんて気にする必要はないと。でも子どもたちは私の励ましをプレッシャーと受けとってしまったようね」

子どもが十代になると、親が語る内容と子どもが聞く内容の差異が大きくなる。[12] すべてのおとなと同じく、十代の子どもも否定的な感情にとらわれる傾向がある。端的に言うと、好ましいことよりも悪いことの方が強い神経反応を引き起こす。研究によると、私たちはポジティヴなフィードバックよりも批判を受けたときに大きなインパクトを受ける。[13] また心理学者によると、十代の子どもが抱く否定的な感情はどの年代よりも激しく、たとえ想像のものであっても周囲の脅威にきわめて敏感になる。[14] この性向によって、成果にまつわるささいなメッセージ――眉を上げる、テストはどうだったのか尋ねる――が過剰なプレッシャーとして受けとられる。親からの批判を察知すると、たとえそれが子どものふるまいを制御して人格を形成するために細心の注意を払ったものであっても、子どものメンタルヘルスに悪い影響をおよぼす。[15]

親に管理されて絶えず批判されていると感じると、思春期の子どもは親から否定されていると思うようになる。すると親子の結びつきが弱くなる。結びつきが弱くなったと感じると、子どもは大切にされていないと感じるようになる。愛情と成果が絡みあって生じた結果は、幼少時代を過ぎても長く影を落とす。条件を達成してはじめて承認されるというパターンが子どもの内部で設定され、生涯にわたって機能する。[16] **オールAをとれば、五キロやせれば、十万人のフォロワーを獲得すれば、自分に意義が生じる。**すでに成果に価値を置いている現代社会では、子どもが求めているのは、優秀であれと背中を押すおとなではない。必要なのはその反対のメッセージなのだ。子どもの意義は絶対的なものであり、親にとってその価値はなにがあっても変わることのないものなのだと。

偽りの自分

グレゴリー・エリオットは学生にこう教えている。「幼い頃に刻まれたものは深く刻まれる[17]」。親に非難されたり（**どうしてお兄ちゃんみたいにできないの？**）、愛情が条件つきだと感じたりすると（**今学期はオールAを取りなさい**）、子どもは自分をできそこないだと思いはじめる。そんな苦しさに対処するために、ほんとうの自分、自分の真の姿を隠すことを学ぶ。親はこんな自分になってほしい、あるいはなるべきだと考えているにちがいないと思いこんで、自分ではない者になろうとする。言いかえると、無意識のうちに取引をおこなう。傷つきやすい思春期の長い年月のなかで、ほんとうの自分を捨てることで親との結びつきを維持しようとする。こうして子どもは心理学者が言うところの「偽りの自分」を育てる。偽りの自分とは、無力な子どもが生存に欠かせない愛情と支援を得るための戦略として作りあげた人格《ペルソナ》である[18]。

プレッシャーをかけられた子どもは表面的にはうまく演じられたとしても、内面ではほんとうの自分は愛されないと感じて葛藤が積み重なる。時を経ると、偽りの自分は、まちがった友人、パートナー、仕事を選択するに至る——つまるところ、自分ではない誰かの人生を生きるためである。そんな状況に陥った者は、心の奥底では誰からの愛情も理解も得られないと感じる。もっとも極端な場合、偽りの自分という重荷は子どもを自殺に至らしめることもある。自殺未遂で入院した経験がある生徒はこう語った。「自分を殺すつもりはなかった。自分が作りあげた偽の人格、誰なのか知りもしない相手を殺そうとした」

シングルマザーのベスはふたりの十代の子どもとロサンゼルスで暮らしている。彼女の両親は金で手に入る物ならなんでも買い与えてくれた。そのせいで銀行口座が空《から》になっても、両親は出し惜しみしなかった。高校生のベスは、全国でも同年齢の選手のなかでトップ10に入る有数の陸上選手であり、しかもとびきり優秀な女子校に通っていた。華やかさに満ちた輝ける人生を歩んでいたが、家で安らぎを感じたことは一度もなかった。両親の愛情を獲得するためには、たとえ自分を裏切ることになろうとも両親の望みどおりに生きなければならないと幼い頃から感じていた。無意識のうちに、自分の役目は「トロフィーチャイルド」になること、誰から見ても完璧で、レースに勝ち、「両親が友人たちに自慢できる存在になる」ことだと理解していた。

両親にとって価値がないことを追求したり、ゴールに達する前に転んだりすると、ベスは両親から否定されている、もしくは軽蔑されているようにすら感じた。「あれこれ気に病む子どもだったので、自分の感情を口にできたらいいのにと思っていました。でも両親は私の口を閉ざしたのです」。だがベスが両親の指示に従って一番になれば、愛情と承認を得ることができた。それに応じて、全力を尽くして完璧な自分を演出すると、周囲との溝が生じて孤独になった。欠点のない姿を見せると、人間が自然に持っている弱さをさらけ出すことができなくなった。「助けを求めることができなくなりました」

ベスの夢は児童心理学者になることだった。しかし、両親は学費を出すかわりにロースクールに行くように命じた。「弁護士になることは、ほんとうの自分ともなりたい自分とも異なっていました」。ロースクールに通っているあいだはずっとパニック発作に悩まされ、薬を飲んで乗りきった。卒業後は一流の著名人をクライアントとして擁するロサンゼルスの有名な法律事務所に職を得て、両親はおおいに喜んだ。だが、毎日事務所の入口のロビーを歩いているうちに、「大きくかさばったゴリラの着ぐるみを身体にまとっている」ように思えてきた。

「条件つきの関心」とは心理学の用語であり、学業、運動、あるいは行動において、子どもが所定の期待に達しているかどうかによって変動する親の愛情を指している。[19]研究者は条件つきの関心を二種類に分けている。一方は肯定的であり、子どもが期待に達したときに、親の愛情をいつもよりも温かく感じるような場合である。もう一方は否定的であり、子どもが期待に達しなかったときに、愛情を出し惜しみされるような場合である。子どもの自尊心は条件つき関心によって損なわれることが心理学者によって証明されている。子どもはほんとうの自分を探求するのではなく、他者を喜ばせることに熱中するようになる。

誤解のないように言っておくと、条件つきの関心と無条件の愛情は両立する。条件つきの関心は親のふるまいと子どもの受けとめ方によって決まる。たとえば、もし子どもがテストでしくじったり、大学のスカウトが見ているなかフィールドで転んだりしても、親が無条件で子どもを愛していることは変わらない。だがそうであっても、かすかな落胆が生じるかもしれない。親のがっかりした表情は条件つきの関心のシグナルになりうる。その淡々とした態度によって、子どもは親からの愛情が減ったように感じるのだ。

こういった子育ては親から子に受け継がれることがある。子育てスタイルと幸福度を三世代にわたって調査するために、研究者たちは大学に入る年頃の娘を持つ一二四人の母親に対し、自分たちの親は学業の成績について条件つきの関心を使っていたかどうかをアンケートで尋ねた[20]。さらに母親たちは自尊心やストレスの対処方法、子育てへの向きあい方に関する質問に回答した。娘たちには「幼少時代、もしくは思春期に、自分に対する母親の愛情は学業の成功によって変動するとたびたび感じたか」などの質問に回答してもらい、母親が学業の成績について条件つきの関心を使用しているかどうかを調べた。

調査によって判明したのは、祖父母が条件つきの関心を使って学業の成績を上げようとした場合、母親も同様に娘に条件つきの関心を使うという事実だった。たとえ条件つきの関心が母親を悩まし、不安、恥、低い自尊心、ストレスに対処する力の欠如、親への怒りをもたらしていたとしても、その娘もまた条件つきの関心を味わっていた。条件つきの関心がある意味では先祖代々の家宝となるのだ。

もちろん、無条件で肯定的な関心を寄せるべきだといっても、親は子どもの行為に期待してはならないという意味ではない。心理学者が指摘するのは、注意深く期待をあらわさなければならないということである。子どもが私たちの価値観や期待にそぐわない行為をしたときは、私たちは落胆を伝えると同時に温かさを示さなければならない。要するに、行為そのものと行為する人を区別しないといけない。人として変わらず愛しているが、行為は愛していない。私たちがこのふたつをはっきりと分けたならば、子どもが自分の価値と行為を結びつけることはない。それが「よい」ものであれ「悪い」ものであれ。そうすると失敗を認める余裕が生まれ、子どもは失敗を恐れることなく成長する。

ベスは子ども時代をふり返り、両親が自らの自尊心とベスの成功とを結びつけていたことに気がついた。研究者はこの現象を「子どもに随伴する自尊心」と呼んでいる。親と子どもの結びつきは複線であるため、互いに行き来することが可能である。親は子どもの自尊心を揺るがし、親の自尊心も子どもの成績によって変化する。心理学者は子どもに随伴する自尊心を測定するための評価基準を作成したが、そのなかには「子どもが失敗すると自分も恥ずかしい気持ちになる」といった項目の共感度を調べる質問が含まれている。

子どもの成績に自尊心を委ねる親の性向は、もともとの人格に加えて、周囲の社会環境の捉え方からも影響を受けている。[21] 私が実施した調査では、自分が属しているコミュニティにおいて子育ての「成功」とはどういうことを指すのかを尋ねている。回答にはいくつかの共通点が見られた。ある親は、「学業面と運動面での子どもの成功によって判断される」と簡潔に表現した。別の親は、自分たちの社会環境で成功とは「子どもがすべての分野で一番になること」と回答した。

若い親ですら、「成功」とはそのようなものであるべきだと考えていた。十一カ月の子どもを持つ親は、まわりの親が、子どもの節目ごとの達成を親の成功の物差しとみなして執着するさまを綴っていた。子どもが成長の目印に到達しなければ、親は責任を感じるのだ。

メイン州ミッド・コーストのふたりの息子の父親であるビルは、毎日の子育てから生じるストレスが自尊心に影響をおよぼしていると気づいて、目が覚めるような思いを味わった。「何年ものあいだ、日曜になるとかならずニューヨーク・タイムズ紙に親がどれだけ過ちを犯しているかという記事が掲載されているように感じていました。そんな記事を読むたびに憂鬱になり、憂鬱になるとまさしく悪い親になりました」。ビルは忍耐力を失い、子どものおこないを過剰に叱責した。メディアが伝える期待によって、自分はできそこないだという自身の幼い頃からの思いが痛烈に刺激されたのだ。

ちょっとしたアドバイスを目にしたことが、そんな態度を変える転機になったとビルはふり返る。[22]子育ては子どもの問題であり、親の問題ではない。ビルは例を挙げて説明した。**自分がもっとよい親であれば、子どもはSATでもっとよいスコアを取るだろう**――いつのまにかこんなふうに考えていたのかもしれない。この無意識の考えによって、時として思ってもいないことを口にしたり、過剰に反応したりしたのだ。「私の声に怒りや不満を感じると、子どもの耳は私が悪い親なのではなく、自分が悪い子どもだと聞きとるのです。たとえ私がそんなことを口にしていなくとも」。毎日の子育てで消耗し、あまりに多くのものが両肩にのしかかってくると、自分を省みることが困難になる。ビルは感情を制御するのではなく、自分を責める声を頭のなかで認識し、その声に反論して制御すればよいと気づきはじめた。「意識的に自分の心理と感情に向きあおうと決心しました。子どもたちが私の感情に向きあわなくて済むように」

一方、ベスはセラピーを通じて自分の生い立ちを克服して、徐々に大きなゴリラの着ぐるみを脱ぐことができた。成人として再び学校に通ってセラピストになった。長いあいだ心から望んでいた職業に就いたのだ。「娘たちにふさわしい親になるために、過去をふり返って自分自身を育て直さないといけないとわかりました」

ベスは自分で築いた家庭に、どれだけ乱雑で完璧とはほど遠く見えたとしても、誰もがかぶっている表向きの仮面を玄関で脱ぎ捨てて、娘たちがありのままでいられる場所をつくりあげた。家庭は無条件でくつろげる居場所だと娘たちも理解している。ありのままの自分——感情、希望、夢も——が母親にとって大切な存在なのだと理解している。家族の夕食の時間は、毎日の輝ける瞬間と失敗した瞬間の両方について語りあうことが多い。ベスは自分の悩みを打ち明けて、他者に弱さをさらけ出す手本を示している。たとえば、私のインタビューのために緊張しているけれど、そんな不安を吹きとばしてみせると語ったそうだ。インタビューを終えると、ベスは夕食の席でこの話を娘たちに伝えるのが待ちきれないと言った。

過去と折りあいをつけて自尊心を取り戻すと、家族全員の自己肯定感が高まることをベスは身をもって学んだ。「ほんとうの自分と自尊心を捨てずに成長してほしいと娘たちに望んでいるのならば、自分が手本を示さないといけません」

よい温かさと悪い温かさ

子どもは温かい愛情に包まれた環境ですくすくと大きくなる。この事実は、何十年にもおよぶ研究によってあきらかにされている。しかし、心理学者のマデリーン・レヴィンが言うところの「よい温かさ」と、支配的な「悪い温かさ」とのあいだにはちがいがある。マデリーン・レヴィンが著した *The Price of Privilege* によると、[23]よい温かさとは、子どもが成長して変化を遂げるあいだに親が伝える愛情、理解、受容であり、じっくりと時間をかけて、ひとりひとりの子どもを愛情深く知ろうとするなかではぐくまれる。反対に「悪い温かさ」とは、子どもの生活への過干渉を意味し、子どもが自分でできることをかわりにおこなう行為などが含まれる。子どもにとって、悪い温かさは条件つきだと感じられる。たとえば、親が重視しているものに子どもが注力し続けるように、成績や成果にまつわるおびただしい賛辞を浴びせかけることが挙げられるだろう。悪い温かさは便利で手軽であるため、疲れた親が子どもを期待どおりに動かす短期的な手口としては魅力的かもしれない。

なるほど、でも少しは背中を押してもらわないと能力を発揮できない子の場合はどうすればよいのか。大半の子どもは学校でよい成績をとりたいと思っているとレヴィンは語る。だからこそ、腹を立てるのではなく耳を傾けよう。見えないところで起きていることに目を向けなければならない。怒るのではなく、問題の根っこを理解しようと労力を傾けるのだ。子どもの話を聴いて、「はい」や「いいえ」で終わらない本質的な質問を投げかけ、なぜ達成できないのか時間をかけて考えよう。やむを得ず子どもが親を失望させたとき、親が直面する最大級の難題は感情をどう制御するかということだ。レヴィンはこう書いている。「親は自分が感じた落胆と怒りを解消するために、子どもを批判したい衝動に駆られる。だが批判と拒絶は致命傷をもたらすという事実は、温かさと絆が子育ての特効薬であるのと同じくらい明白であると研究から示されている[24]」

つまり、私たちが不安と期待をどうあらわすかによって、子どもとの関係が変化する。ニューヨーク在住の母親であるリーは、十五歳の息子ジェイクとのあいだでよい温かさをはぐくんだ経緯を教えてくれた。何カ月にもわたって、リーと夫はジェイクの気まぐれな勉強ぶりを叱責していた。ジェイクは真面目にテストに取り組んでよい成績をとることもあれば、次から次へとビデオゲームで遊びほうけてCをとることもあった。高校に入学して最初に受けとった成績表はオールBだった。「Bで問題ないことはわかっています」とリーは言った。「けれども息子にはいくつもの大きな夢があって、夢を叶える能力もまちがいなく持っています。この成績では志望大学に入れません」。この葛藤が夜ごとの口論をもたらした。

いさかいのせいで、ジェイクの勉強意欲はいっそう低下した。不機嫌になって口数も減り、ついにリーはセラピストに助言を求めた。セラピストは息子とのやりとりを記録するように言った。「会話の大部分が、息子に嫌がることをやらせようとする内容で占められていました。大きな岩を押しながら山を登っているかのように」。やるべきことに関するやりとりが多すぎるとセラピストに指摘された。優秀であれと求められるコミュニティに属する子どもは一日中プレッシャーを受けているのだから、家庭は力を回復するための温かい場所でなければならないと警告された。

とはいえ、ある程度の基準を設けるのが親の役目である。大切にすることは羽目を外してもよいと子どもに許可することではない。現実的で手が届く基準を設けると、親は子どもを大切な存在だとみなして、その成長に心を砕いていることが子どもに伝わる。セラピストは息子の成績に集中するのではなく、宿題を終わらせる方法や時間といった勉強習慣に着目するようにアドバイスした。リーとジェイクは協定を結んだ。学校から帰ったジェイクが少しの休憩を挟んで机に向かい、スマートフォンなど机に置いてあるものに気を逸らさずに宿題に取りかかったら、リーはなにも文句を言わない。ふたりはこの協定を数週間ばかり続けて、状況を観察することにした。さらにリーは、ジェイクとの日常のやりとりにおいて、否定と肯定の割合をひっくり返そうと懸命に努力した。やるべきことに関わらない触れあいを一日のうちに何度も持とうと工夫した。散歩したり、一緒に料理をしたり、廊下ですれ違うときにやさしく頭を撫でたりした。注意深く働きかけたおかげで、ふたりの感情の帳簿をプラスにすることができた。「完璧ではないし、まだプラスよりもマイナスの方を多く感じる日もある。でも頭のなかで割合を戻すように懸命に取り組んでいます」。正しい割合に至った日や、なにか最終目標があるわけでもない楽しいことを一緒にやったときは、「家全体の雰囲気が、私たちふたりにとって好ましいものに変わります」とリーは語った。

また、リーは口論のさなかであっても子どもとの関係でよい温かさを実践する術を会得していた。明日は学校という夜になんらかの緊張があると、それがなんであれ、就寝時間には息子の部屋に足を運んで、**なにがあっても変わらず愛している**と抱きしめて念を押した。このように親が肯定的な態度を示せば、子どもにとって信頼できる存在になってメンタルヘルスのセイフティーネットの役割を果たす。なにより重要な親子の関係が強固になれば、子どもは自分の生まれながらの価値を感じ、孤独ではないと安心を得て心理的にも生物学的にも安定する。支えになる親密な関係は、荒波を乗り越える救命ボートになるだけではなく、より高いところに到達するための力と耐久力の源として最大の効果を発揮する。リーが手綱をゆるめて温かさを維持することに集中すると事態が変わった。ジェイクは前よりも自主的に勉強に取り組むようになって成績が上がった。叱責が愛情表現のひとつであった親に育てられたリーは、子育てにはそれ以外の方法もあることを学んだ。この変化をジェイクはどう思っているかとリーに訊くと、「昔の母さんに戻ってくれてよかったと言っています」と返ってきた。

所属するコミュニティが「突出した」人物だとみなす型に子どもを押しこもうとするのではなく、

現在のありのままの姿、本来の「いつもどおり」すばらしい姿にもっと目を向けて愛情を注げば、子どもはほんとうの自分をもっと自由に表現することができる。親としての私たちの任務は、子どもを卓越したレベルまで引きあげる、もしくは引きずりあげることではなく、社会が吹きこむ嘘を正すことだ。成し遂げたときや達成したときだけ大切な存在になるわけではない。いまこの瞬間、ありのままでじゅうぶんだと伝えることが私たちの任務である。

子どもについての博士号を得よう

批判することや愛情を与えないことの問題は明白だが、一方で誉め言葉が悪い温かさとして機能する場合もあると研究で示されている。批判と同様に称賛も評価のひとつの形であるため、子どもはその評価に値しないとき、恥を覚えるようになる。ある生徒はこう語った。「なにかに特別に秀でていると言われると、せめて、これまでやってのけたレベルから落っこちないように、ものすごく頑張らないといけない……そうしないと自分の価値が下がるような気がする」

親は手も足も出ない気分になるかもしれない。子どものために高い基準を設けたいのに、批判も称賛も子どもに害をおよぼしかねないのだから。だがありがたいことに、無条件の愛と肯定的な関心を伝えるのにうってつけの方法はまだまだたくさんある。ハーバードのリチャード・ワイズボードは、「自己が強くなって成熟するのは、褒められたときではなく知ってもらったときである」と指摘する。[25]私たちがひとりひとりの個性を深く知れば、子どもは親にとって自分が大切な存在なのだと理解する。

この言葉は私の胸に響いた。けれども、時として親は――子どもを思いやる愛情深い親でも――子どものありのままの姿を知ることで苦労する。自分の財を子どもに受け継がせたいと願う親もいる。スポーツに熱中していた父親なら、子どもがスポーツを嫌っていることを知れば打ちひしがれるだろう。ステージで活躍していた母親ならば、子どもが内気で人前に立つことすらできないと気づくとがっかりするだろう。こういった失望が私たちの子どもを見る目を曇らせて、かけがえのないありのままの姿ではなく実際とは異なるものを見てしまうこともある。

子育てへの過剰なエネルギーは、往々にして子どもの弱点を見つけて修正することに注がれる。助けがいるのは社交スキルか、数学か、それとも読み書きの力かといった具合に。しかし、メイン州で取材した母親は異なる戦術を採用していた。その母親が子どものありのままの姿をうまく見出すことができたのは、「強み発掘人」になって子どもが最高の力を発揮した瞬間を逃さなかったからである。[26]子どもの欠点に目を向けるのではなく、子どもの最良の部分に光を当てて強みを活かし、成長を促進する方法を見つけたのだ。

興味深いことに、研究者の計算によると私たちの三分の二は自分の強みをわかっていないらしい。[27]世の中に貢献すべき才能に気づいていないことが多いということだ。メイン州在住の母親は子どもと一緒にオンライン調査を受けて、子どもの「人格的な強み」として上位に位置するもの、つまりもっとも顕著にあらわれている強みを把握できたと語った。このＶＩＡ調査は（ＶＩＡとは「行動の価値Values in Action」の頭文字）、名高い心理学者であるマーティン・セリグマンとクリストファー・ピーターソンを中心とする五十五人の科学者のチームが三年間かけて開発したものである。[28]ＶＩＡのウェブサイトで実施できて、十分ほどで完了する。子どもの生まれつきの強み、もしくは自分の強みを探りたいおとなにとって画期的なツールになるだろう。

愛情をもっていながらも、私たちはわが子の強みを見落としがちである。人間は否定的な面に目を向ける傾向があるというのが理由のひとつである。だがそれだけではなく、強みが人格の真ん中にそびえているので、かえって目につかないという理由もある。よって他人がわが子について指摘する事柄に留意すると、強みを見つける助けになる。たとえば、私は子どもたちの成績表に添えられた先生からのコメントに文字どおり注釈をつけている。他人からどんなふうに見られているのかを頭に叩きこむために。「クラスメートに協力する」や「勤勉」といった強みにマーカーをひいて、「そのとおり！」や「完全に同意！」といった注釈を挿入する。注釈を入れた成績表をそれぞれの宝箱に入れて保管する。懐かしい大事な品がぎっしり詰まった大きな箱だ。数年ごとにこの箱を開けてみると、幼稚園の頃から、先生たちは子どもたちの強みをしっかり見極めていたことがわかっておもしろい。

イェール大学三年生のエイミーは、十歳の誕生日から両親が毎年「強み通信」を書いてくれたおかげで、自分の最良の特性について気づくことができたと語る。ここ数年は、大学への旅立ち、家を出てはじめて迎える夏休み、ギャップイヤーのはじまりなどの節目となるできごとの前に送ってくれるようになった。いまや通信の束はすっかり分厚くなり、取り出して読もうとすると引き出しにひっかかるとエイミーは語った。「人生のそれぞれの地点における自分の姿、当時の熱意、習慣、気分を思い出させてくれるものになりました」。なにより大事な点は、個々の実績についてはほとんど触れておらず、かわりにどうやって興味や意欲や熱意を発動したのかに焦点を置いていることだとエイミーは付け加えた。「努力の証となるメダルやAをとった成績表を家に持って帰ることができないときも、両親は私の人間性に目を向けてくれました。この通信から、両親が私を見守ってくれたこと、ありのままの私を見てくれたことがわかります。関心の高さが両親の愛情を物語っています」

仔犬の法則

親にとって大切な存在であることを子どもに伝えるためには、コミュニケーションにおける感情面と肉体面の細かなニュアンスを調整しなければならない。大切であることは、ゴードン・フレットが言うように「ささやかな実践」によって伝えることができる。子どもが部屋を歩いているときに元気づけているか。自分の不安をやわらげるために質問攻め（「テストはどうだったの？」）にしていないか。心理学者であり母親でもあるスーザン・バウワーフェルドにとって、大切にすることは、少なくとも一日に一回はペットの仔犬がするように、堂々たる完全無欠の喜びでもって子どもを迎えることを指している。全身で愛情をあらわして一緒に遊ぶことも欠かせない。

子どもに大切な存在だと伝えるためのヒント

——ゴードン・フレット *The Psychology of Mattering* より[29]

・温かい言葉でやさしく返事をする
・親にとって大切な存在であることをはっきり伝える
・無条件の受容を示す（とくに失敗したあとは）
・愛情を通じて思いやりを伝える
・なにかに一緒に熱中する

子どもがないがしろにされていると感じる親の何気ない行動（フレットの警告）

・親自身のことばかり考える
・きょうだいと比べて特別扱いする、もしくは冷遇する
・所定の期待に達したときに愛情をあらわして誉め言葉を発する
・厳しく批判する
・ほかの子どもと否定的な意味で比べる
・感情を示さない

触れあって愛情を表現すれば、親にとってどれだけ子どもが大切な存在であるかということが強く伝わる。または、ニューヨーク大学の教授スコット・ギャロウェイが自身の愛情深い母親について切々と綴ったこの言葉も参考になるだろう。「私にとって、立派な価値のある存在だと誰かに思われ

たいと願うことと、実際に誰かがそう思っていると知ることのちがいが愛情だった」[30]。事実、子ども時代に親から受けとる温かい愛情と将来の心身の健康とは関連しているという調査結果がある。ノートルダム大学の調査によって、触れあって愛情を表現する家庭で育った子どもは、鬱や不安が少なく思いやり深いおとなになることがわかった[31]。

親の日常の大半は、子どもがやりたがらないことを命じたり、勉強させたり、将来の成功に向けて備えさせたりの連続である。それでも親と子の結びつきにおいて、子どもの生来の愛らしさを慈しんで一緒にひたすら楽しむ時間が確保できなければ、なにかが失われる。だからこそ家族のお楽しみの時間がなにより重要なのだ。遊ぶ時間を捻出できなければ、子どもとの触れあいのなかでも極上にすばらしいもの——肩を並べてなにかに没頭すること——を逃してしまう。遊びにはやるべきことがない。遊びは評価の存在しない場所を提供する。そこで子どもはありのままの自分になり、ありのままの自分を知り、ありのままの自分を取り戻す。そのための時間を死守するのが難しいことはわかっている。夫のピーターはわが家のルールを定めた。最低でも週に一回は、ピーターがＮＯＦＡと名づけた活動に参加しなければならない。ＮＯＦＡとは「家族の必修科目 nonoptional family activities」である。家族で楽しむ時間はわが家の優先事項だと子どもたちに教える合言葉である。言うまでもなく、私たちは勤勉であることを重んじている。しかし同時に、一緒に遊ぶことも大事にしている。子どもたちは休息時間を活用して気力を回復し、交友関係を充実させる術を学ばなければならない。これまでのＮＯＦＡには、ゲームナイト、ビーチでのピクニック、マウンテンバイク、一〇〇〇ピースのパズルの組立てなどがあった。

ピーターは戦略的思考の持ち主であるため、NOFAとOFA（家族の選択科目 optional family activities）をセットにして、子どもたちにある程度の決定権を与えている。この戦略によって遊びを選べるようになったので、子どもたちは喜んで取り組んでいる。その結果、家族全員でビデオゲームにふけったことすらある。〈フォートナイト〉〔エピックゲームズが提供するオンラインゲーム〕を勉強しないといけないのかと尻込みする前に、家族が一緒にビデオゲームをする頻度が高ければ高いほど、家族の満足度と親密さが増しているという近年の調査結果に着目してほしい。[32] 家族でおこなう活動の中身よりも、それによって家族が感じる親密さの方が重要なのだ。

この親密さを維持するためには、とくに子どもが大きくなっても保ちたいのならば、十代の子どもにまとわりつく否定的な型どおりの不当な見方を親がはね返さなければならない。十代の子どもは刺々しくて不機嫌なうえに気まぐれで親と距離を置きたがると言われている。たしかに成長するにつれて、親から離れて自分のアイデンティティを形成するのは事実である。とはいえ、親も子どもから離れなければならないわけではない。大事な時期を迎えた十代の子どもにとって、親が支援の供給源としてもっとも重要な存在であることは変わらないと調査結果が示している。だからこそ、時には閉ざされた寝室のドアをノックしてNOFAを発令しなければならない。強い結びつきを維持することは子どもにとって当座の助けになるだけではなく、将来において同種の愛情深い関係を再現するときの手本にもなる。[33]

秘めた思いをはっきり伝える

もちろん、子どもには全力を尽くして最高の自分になってほしいと私たちは願っている。だがその願いを子どもに伝えるときには、生まれながらの価値――大切であること――に疑問を抱かせないように入念に注意する必要がある。子どもは大切にされていることを理解していると親が決めつけることはできないとフレットは語る。親が取りかかるべきは、フレットの言葉を借りると「大切の普及運動」である。私たちにとって子どもがどれだけ大切な存在であるかを言葉ではっきり伝えなければならない。

ある母親が取材時に教えてくれた「大切だと伝える授業」を紹介しよう。ある晩、勉強熱心な十代の息子が次のテストについて過剰に心配していた。すると彼女は財布から二〇ドル札を抜きとり、くしゃくしゃにして床に打ち捨てて、おおげさに踏みつぶして水の入ったコップに放りこんだ。そしてぼろぼろの濡れた札をコップから取り出して、息子にこう言った。「覚えておきなさい、この二〇ドル札と同じように私たちの価値は変わらないのよ。たとえ傷ついて汚れて、びしょびしょに濡れても、悪い成績をとっても、チームから外されても、一〇〇万とおりの方法で失敗しても、絶対に変わらない」

こういったことを学んでから、家庭で成績の話を持ち出すやり方を変えた。現代社会の有害なメッセージを打ち消すために、無条件に大切な存在であることを子どもの心に絶え間なく刻みつけなければならないと気づいたのだ。ある晩、ベッドに入る前にキャロラインが、自分も友人たちも次の成績表が気がかりだと打ち明けた。不安に耳を傾けたあと、私はじっくりと娘の強みを挙げていった。毎日の宿題にどれほどの時間と手間をかけているかを知っている。真面目な性格で、勉強に熱心に取り組んでいることも知っている。ベストを尽くしているとわかっているのだから、成績表がどうであろうがたいして気にならない。これまで費やした時間と労力が成績に反映されていなければ、どうすればよいか一緒に考えようと言った。キャロラインは安心して、ほんの少し肩の力を抜いたように見えた。

そこで私はキャロラインの机の引き出しから付箋を取ってこう書いた。

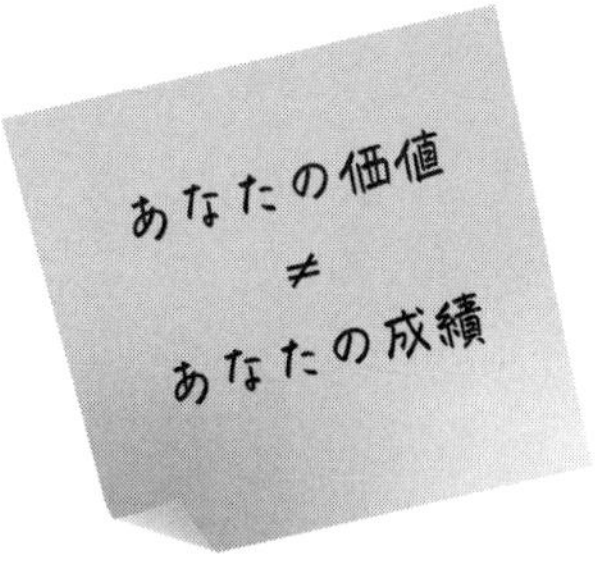

それを娘に手渡してはっきりと告げた。ともすると口に出さずに秘めてしまうこの言葉を。「あなたへの愛情は絶対に変わらない。どんなことをしようとも、どんな見た目であっても、どんな成績をとっても」

「まだまだ足りない」という社会のメッセージに抗うためには、大切であることは変わらないと何度でも伝えなければならない。たった一晩の寝る前の会話や、一枚の付箋で解決できる問題ではない。いや、付箋が一〇〇枚あっても無理だろう。けれども時間の経過とともに、この思いが胸の奥までしみわたることを祈っている。すでに兆しは見えている。何カ月も前にキャロラインに渡した付箋は、いま彼女のラップトップコンピューターのキーボードにテープで貼られ、どんなときも大切な存在だとそっと思い出させている。

第四章　まずは自分を大切に

子どもを大切にすることは、自分を大切にすることからはじまる

朝はテレビのシットコムのように幕が開く。この二週間ずっと信じがたい時刻──朝の四時前──に起きている。いくつもの締め切りが迫っているからだ。おぼつかない足取りでキッチンに向かい、子どもたちの朝ごはんを作ろうと卵を鍋にそっと入れて、鍋をレンジ台の上に置いたところまでは覚えている……が、そこからすべてが記憶から消える。およそ一時間後、火災報知器の音と焦げたにおいで全員が目を覚ます。

朝の七時十五分にはすでに一日を終えた心持ちになっている。よって、わが家の八歳児から放課後にバスケットボールの練習をするのを見に来てほしいと頼まれても、すぐさま喜んで行くとは答えられない。「無理」という返答を察知したジェイムズは数で勝負する。ふやけたチェリオスを口に押しこみながら、「みぃぃぃぃぃんなのお母さんが見に来るんだよ」と甘えた声で言う。**全員の母親が座って練習を眺める？　正気で？**　おそらくは睡眠不足のせいか、あるいはジェイムズが呼びさました母親としての罪悪感のせいか、止める間もなく私の口からこんな台詞が飛び出す。「ええ、もちろん行

くわよ。見逃すわけないでしょう！」

　そんなわけで、その日は仕事を早々に切りあげ、目のまわりのくまを隠すためにコンシーラーをたっぷり塗りこんで、しぶしぶ、いや愛情深い母親として体育館へ駆けつけた。練習する姿を見るために。体育館はたくさんの子どもであふれていて、コーチは全員を収容するために体育館を区切ってコートをふたつ作っていた。私は観覧席の鉄のベンチの上で可能なかぎり腰を落ちつけた。それからの二時間、私を含めて十人余りの母親は、体育館の真ん中に置かれた仕切りを見つめ続けた。もちろん、ジェイムズが仕切りの向こう側にある遠く離れたコートで練習していたからである。実際にはなにも見えなかった。練習するジェイムズを応援するためにわざわざ足を運んだにもかかわらず、収穫は皆無だった。しかもこれから無駄になった時間の埋め合わせをしなければならない。

　もしよければ、ちょっとした思考実験に付きあってもらいたい。この日の私のような生活をあなたの子どもが送っていると想像してほしい。朝の四時前に起きて、必死で課題をこなし、身を削って教師や友人やあなたを喜ばそうとしているのだ。あなたなら子どもにどんな言葉をかけるだろうか？子どものすること、あるいはしないことによって価値が変わるわけではないと念を押すのか？　愛情と思いやりに値する存在だと気づかせるのか？　たしかに、親にとって大切な存在だと子どもに伝える適切な言葉はある。だが、子どもはあなたの行動を見ているのだ。

　子どもが大切であることを学んで身につける手段は親の言葉だけではない。親の行動、大切であることをどう形にしているかも取り入れている。「言うとおりにしなさい。私はそうしないけど」というやり方は裏目に出る。子どもに最良のものを与えるために親が消耗すれば、子どもは親の言葉と行動のあいだに不一致を見出す。考えてみよう。親は子どもに成績だけじゃないと伝えたいのに、親自身は子どもの人生と自らの人生の両方において、よい結果を得ることに重きを置いている。親は子どもが打ちひしがれたときに助けを求めて頼ってほしいのに、親自身はひとりですべてを背負いこんでいる。とくに母親に多く見受けられるが、「よい」親の務めとして、自分の要求よりもほかの家族の要求を優先すれば、自分を大切にしていないと示すことになる――私たち自身は愛情を示しているつもりであっても。

研究者たちとの対話を通じて、すこやかな子どもを育てるためには、親は発言だけではなく行動にも注意する必要があると学んだ。自分は無条件に大切な存在であるようにふるまっているだろうか。自分にやさしくしているだろうか。子どもの利益と同じくらい自分の利益も重要なものとして行動しているだろうか。

子どもは親から大切であることを学ばなければならない。そして親も自分のために学ばなければならない。そう、あなたも大切な存在なのだから。

転換点

帽子もなし、手袋もなし、スカーフもなし。ニューイングランドのひんやりとした秋の日に、そんな恐ろしい軽装で列車から降りた。その日の朝、急いでアパートメントを飛び出して、着こんだ子どもたちと巨大なチェロと大型の科学工作をまとめて学校へ送り届け――そして、自分自身は風から身を守る装いをするのを忘れていたことに気づいた。

コネチカット州のウィルトンを訪れるのは、この三カ月で三回目だった。ウィルトンは州の南西部にある郊外の町で、建ち並ぶ美しい家に曲がりくねった街路、その脇には石の壁が長く伸びている。ここに来たのは、三人の子を持つ母親、ジェネビーブ・イーソンに会うためである。一九九九年に彼女が引っ越してきた理由は、この町の多くの家庭と同じだった。まるで絵本から出てきたような魅力にあふれた町並み、ニューヨーク市街に通勤しやすい距離、そしてコネチカット州でトップクラスに位置する学校群。にぎやかなイタリアンレストランで私の向かいに腰をおろしたジェネビーブは、このウィルトンを見つけたときに夫のロブとともに舞いあがったことをふり返った。

ロブは毎朝六時に家を出て電車に乗り、ニューヨークで金融業に従事し、ジェネビーブは家事に専念する。UCLAの卒業生である彼女は、野生動物の保護の仕事をしたいという望みを脇に置いて専業主婦の務めを果たしている。ものすごく恵まれているのはわかっているが、と自ら認めつつ「背の高い草の陰に座ったり茂みに隠れたりしながら、野生動物を観察して行動を記録している自分を夢見ていました」と語った。けれども現在は、彼女が望む「完璧な幼少時代」、つまり人生で待ち受けている数多のでこぼこを可能なかぎり排除した幼少時代を子どもに与えようと尽力している。専業主婦の生活は向いていた。あっという間に身体になじみ、ジェネビーブの言葉を借りると「マーサ・スチュワートになりきって」料理をしたり家を飾って整えたりすることに誇りを感じた。

三人の子育て業と諸々の用事に追われて日々が過ぎた。さまざまな習いごとに送り迎えするお抱え運転手、宿題のお目付け役、友人と喧嘩をした子どもの感情の支え棒といった役目を担い、ジェネビーブの時間と労力は子どもが家庭に求めるものを満たすために費やされた。「子どもを通じて自分の人生を生きるべきではないとわかっていました。けれども同時に、子どもには自分だけの才能を見つけて、健康で幸せに暮らしてほしいと願っていました」。そう回想するとおり、ジェネビーブは子どもが能力を伸ばせるように支援した。「子どもが習いごとをやめたいと言ったら、やめないように言いきかせるのが仕事でした」と当時を説明した。楽器の練習をしているか、数学の特別クラスのワークシートを持って帰っているか、ちゃんと運動をしてよく食べているかと目を光らせていた。自分の友人付きあいすらも、子どもと子どもとの生活を軸にまわるようになった。その方が付きあいを続けるのも簡単だった。

けれどもミドルスクールに入って子ども同士のつながりが様変わりすると、ジェネビーブ自身の交友関係もほとんどが自然消滅した。単純に、彼女にもロブにもいくつもの関係を維持する時間がなかったのだ。それでもまだジェネビーブは自らが手放したもの——仕事、友人との時間——について深く考えていなかった。誰にでもやるべきことがある。たまたま自分の仕事はそういった犠牲を要しただけだ。それに、この責務がいつまでも続くわけではないと、自分に言いきかせた。いまは母親業が仕事なのだから、そのあいだは楽しまないといけない。時には——子どもがダンスリサイタルで堂々とパフォーマンスをしたり、オールAの成績表を得意げにかざしたりしたときは——まるで自分も快挙を成し遂げたような気分になった。

子どもたちは大きくなるにつれて忙しい毎日を送るようになった。ジェネビーブはそれぞれがバランスのよい生活を保つことができるように細心の注意を払った。しかし、一番上の娘サバンナが十年生を目前に控えた夏、ウィルトンで成績優秀な生徒になるために避けて通れない現実が立ちふさがった。サバンナは体育と声楽以外のすべての科目で優等クラスかAPクラスを受講しようとしていた。さすがに荷が重いのではないかとジェネビーブは心配し、スクールカウンセラーに相談することを勧めた。だがサバンナは学業にかけては自分の優秀さに自信を持っていた。六年生のとき、二学年上の数学の授業を受けるように誘われたのだ。よってジェネビーブはそれ以上言わなかった。「娘を応援していない、あるいは信じていないと思われたくなかったんです」

どれほど日々の生活がせわしなく、時おり過剰なストレスにさらされていたとしても、家庭ではすべてが順調に見えた——が、ほとんど一晩のうちに事態が変わる。十年生になって十日後、サバンナが真夜中に両親の部屋に忍びこみ、そっと母親を起こして「お母さん、助けて」とささやいた。サバンナは両頰を涙で濡らし、学校の勉強に疲れきって自殺を考えていると打ち明けた。夜が明けるまでジェネビーブはサバンナに付き添った。朝になるとすぐにジェネビーブは小児科医に電話して、救急ソーシャルワーカーを派遣してもらった。

ソーシャルワーカーは、娘の日課から学業の課題を取り去るようにジェネビーブと夫に命じた。ジェネビーブはサバンナが自分で決断をくだす自律心を持ってほしいと願っていた。だがサバンナは難しいクラスを受講しなければならないとプレッシャーを感じていて、引きさがることができなかったのだとソーシャルワーカーはきっぱりと語った。次の日、ジェネビーブは学校に行き、サバンナにとって最大のストレスの種となっていた優等クラスとAPクラスの受講をやめるよう手続きした。ジェネビーブは言う。「いまこうやって話していると、なんだかおかしく思えますが、当時は恐怖を覚えました。娘の将来にとって重要なものを放棄している気がして」

　こうしてジェネビーブの肩に、身も心も消耗するような親としての新たな責務がのしかかった。サバンナから目を離さないようにしながら家を切り盛りし、下のふたりの面倒もみなければならなかった。真ん中の子どもにも学業の過剰なプレッシャーに押しつぶされる兆しが見えた。助言を求めて、ジェネビーブはセラピーに通った。「次々に発生する問題を解決する〝正しい〟方法はなにかと毎回セラピストに尋ねていました」。たびたびジェネビーブは癇癪を起こした。そのターゲットはおもにロブだった。「夫は腫れ物にでも触るように私と接していました」。サバンナがストレスを感じていないか注意し、下のふたりが放置されていると感じていないか目を配り、そうこうしているうちにジェネビーブの肉体がストレスで悲鳴をあげた。身体が痛みはじめ、あごから背中にかけて激痛が走った。かかりつけの歯科医は顎関節症と診断し、顎関節の周囲から痛みとこわばりが生じていると説明した。おもに緊張が原因であるため、ヨガやピラティスを勧められた。ふざけているのか、とジェネビーブは思った。どこにそんな時間があるというのか。「『なるほどね、じゃあ「セルフケア」もやることとリストに加えないと』という気分でした」

　学校の校長や副校長、教師以外には、ほとんど誰にも家庭がどういう状況なのか話していなかった。サバンナは自分が苦しんでいると知られたくなかった——友人たちやその親からどんな目で見られるかと気に病んでいたのだ。それにジェネビーブも自分の心に踏みこまれたくなかったので、つらい思いを胸に秘めていた。そのかわり、真夜中にひとり目を覚まして不安に駆られるようになった。「なにかがおかしいとはわかっていました。つまり、自分がどこかでまちがえたのだと」とジェネビーブは語った。「とにかく私が悪い母親なのだと思いました」

徹底育児とは

自らを犠牲にすることが、子どもに不自由のない生活を与える唯一の道だと思いこむのはたやすい。今日では、「よい」親になるためには子育てに全身全霊を捧げなければならない。この定めは、時間と金と「子育てに全力投球」できる特権に恵まれた裕福な白人の親が作り出したものである。可能であれば子どものために住まい、地区、町を替える親もいれば、転職したり完全に退職したりする親もいる。ジェネビーブと同様に、私も出産したあとは一時的に自分の仕事より子育てを優先した。そんな選択ができない家庭も多いが、わが家の場合は、経済的にもその方が合理的だった。かりに働き続けたとしても、私のささやかな給料は託児費でほとんど消える。夫は私よりも高い給料を稼いでいるので、家計を支えることができる。

仕事をいったん休んだのは子育てだけが理由ではなく、ちょうどそのときロンドンの仕事に誘われた夫ピーターを支えたいという思いもあった。新しい環境でピーターが人脈作りに走りまわっているあいだ、私は家の用事で走りまわっていた。もともとフルタイムで働いていなければ、ジェネビーブが選択したように、完璧な家庭を築くためにありったけの力を注いでいただろう。何人もの人生を聞き取るのではなく、理想的な睡眠習慣や、新しい食材を取り入れる最善の方法や、もっとも安全な日焼け止めや、子育てスタイルや幼稚園ごとの哲学の差異を聞き取っていただろう。自分が受けた教育と能力を子どもたちとその輝かしい未来に捧げていただろう。教師との面談を年度末の評価のように感じていただろう。

親である私たちは、子どもの話に耳を傾け、お抱え運転手になり、付き添いや指導や応援をし、宿題を手伝い、試合のみならず練習さえも見学する。ひとつひとつの献身や犠牲はそれだけの価値があると思えるかもしれないが、積み重なると心身を消耗する子育てスタイルとなる。それが社会学者の言うところの「徹底育児」である。徹底育児とは、子どもの要求を前面に押し出して家庭の中心に据える子育てスタイルである。親であれば、自分の要求を二の次にするのは当然のことだ。しかし、この子育てスタイルは過大な犠牲を要するため、多くの場合、親は基本的な欲求を後回しにすることを強いられる。しかも子育ての基準が非常に高く設定されているので、時間と資産に恵まれた特権階級の親にしか事実上なしえない。

どれほどジェンダーの平等が進んでも、母親の就業状況にかかわらず、いまもなお「立派に育った」子どもを社会に送り出す責任はおもに母親が担っているという調査結果がある。現代では七一パーセントの母親が外で働いているにもかかわらず、一九七〇年代半ばと比較して、母親が育児に費やす時間は五七パーセント増えている。[1]要するに、いま働いている母親は、一九七〇年代に専業主婦をしていた母親よりも子育てに多くの時間を割いているのである。一方、長期間にわたって同じグループを追跡調査した結果によると、子どもの課外活動に費やす時間がもっとも増えたのは、大卒の父親や大卒以外の学歴の母親ではなく、大卒の母親であった。[2]社会学者シャロン・ヘイズの主張によると、女性がキャリアを追求するためには自己利益を優先することが必要になるが、それによって生じる不快感に対する一種の埋めあわせとして、現代社会は女性の家庭生活に非現実的な期待を課すようになった。[3]この期待は白人女性の社会進出が増えるにつれて高くなり、アメリカの人々は家庭の外でも内でも仕事に追われる母親像をすんなり受けとめられないでいる。

徹底育児にのめりこむ母親が目立つ一方で、徹底育児に参加する父親も増えている。[4]ピュー研究所の調査によると、一九七〇年代以降、父親が育児に費やす時間はほぼ三倍になった。[5]現代の父親は、子どもの幸福にとって自分が欠かせない存在であることを理解している。社会学者が「よい父親効果」と呼ぶとおり、父親が率先して子育てすると、長年にわたって子どもに望ましい効果をもたらす。[6]私たちが自分にかける期待、パートナーが自分たちにかける期待、そして社会がかける期待、どれも変化と拡大を遂げているからこそやりがいがあるとマット・シュナイダーは語る。シュナイダーは父親を支援する団体〈シティ・ダッド・グループ〉の共同発起人であり、ニューヨークでふたりの息子を育てる主夫である。私たちは、社会全体で父親と母親の伝統的な役割の境界線を見直そうとしている。「けれども、父親はこれらすべてを理解するのに母親よりも三十年遅れています」とシュナイダーは語る。

同性婚のカップルであっても、子どもが登場すると家事や育児の分担に頭を悩ませる。[7]オレゴン州ポートランド在住でふたりの子どもの母親であるリンが最初に結婚したとき、妻と「ぴったり平等に」家事を分担していた。ところが一人目の子どもを授かったとたん、あっという間にリンがおもに親の役目を果たすようになり、家事と育児の八〇パーセントを担当することになった。彼女の妻はこれまでよりも時間と労力を仕事に注いで、家族を養うための金を稼いだ。「事実として、同性婚のカップルも異性婚のカップルと同種の力学と戦っているのです」とクラーク大学の心理学の教授アビー・ゴールドバーグはニューヨーク・タイムズ紙の記者に語っている。[8]「順風満帆な生活を送っていても、子どもを授かったり養子をとったりするとたんに莫大な仕事がのしかかってくるのです」

また同時に、親が昔から頼りにしていたムラのネットワーク――親戚縁者や世話好きの隣人――が徐々に失われていった。人々は仕事のために、家族や近所の人から遠い所へ移動し、貴重な支援の源を後にしてしまった。ある女性に取材すると、家族とともに新しい町に移り住んだものの、引っ越した直後は知り合いが皆無なので子どもの学校に提出する緊急連絡先として不動産会社のアドレスを記したと語った。

頼れる相手のいない環境では、家族のために、どんな仕事もどんな役目も担わなければならない親の負担が増える。そして親はプレッシャーにさらされる。母親たちにインタビューすると、子どものためにどれだけの犠牲を払っているかという話を何度も耳にした。その犠牲が、眠れない夜とコンシーラーを分厚く塗った昼で済んでいる親もいるが、もっと実存に関わる代償を払う親も存在する。ニューヨークで五人の子どもを育てるビクトリアは、子どもたちの忙しいスケジュールのやりくりに必死になるあまり、気がついたら一日中おしっこを我慢する習性が身についていたという。欲求と戦ったのではなく、そもそも欲求を感じなかったのだとビクトリアは説明した。そんな技を体得した理由は、「欲求を感じなければ、たとえそれが叶わなくとも苦しむことがないから」と語った。

十歳に満たない子ども三人の母親も同じような心境を口にした。「かつての自分の意識を少しでも保ちたくて、毎日激しく奮闘していましたが」と言ってこう続けた。「いさぎよく諦めることに決めて、いまは母性に従っています」。それで幸せになったのかと私が尋ねると、「いいえ、でもストレスは減ったと思います。自分のための時間をどうやって捻出しようか悩まなくてよくなったので」と答えた。話を聴きながら、山になった洗濯物の傍らで死んだように横たわり、発見されるのをひたすら待っているかつての彼女のイメージが私の目の前をよぎった。

研究者のスニヤ・ルーサーは、親を子どもの日々の苦しみへの「第一対応者《ファースト・レスポンダー》」と呼んでいる。ローラーコースターのように激しく上下する子どもの感情や、交友関係や学業がもたらすプレッシャーをつねに監視するのはかなりの労力を要する。とりわけ次々に厄介事に襲われて気力を回復する余裕がないときにはくたびれ果てる。娘がサッカーチームの一軍に選ばれず、息子が数学のテストでしくじり、おまけに金曜日の夜のパーティーに娘や息子のどちらかがまた呼ばれない、といったことが何週も続くときもある。いつだって親は子どもに対し愛情深くありたいと願っているし、そうあるべきである。けれども毎日の子育てから絶え間なく生じる悩みが積み重なれば、ついには生体レベルにまで影響をおよぼす。調査によって、愛情深い母親であればあるほど、慢性的な軽度の炎症に罹患する確率が高くなることが判明した。炎症はがんや心臓疾患などの深刻な健康被害を引き起こすリスクを増やすと考えられている。[9]

徹底育児は孤独の高まりと負担の増大とも結びついている。[10] ごく最近、ルーサーの調査によって、あまりに大きな責務を抱える大卒の母親は、慢性的ストレスに悩まされて燃え尽き症候群に陥る傾向がとくに強いことが判明した。現実として、競争が激しいコミュニティにおいて不安と鬱に苦しむ危険性がもっとも高いのは、ミドルスクールに通う子どもを持つ母親である。子どもが親離れをはじめるため、親が献身しても感情面の見返りが乏しくなるからだ。ジャーナリストのジェニファー・シニアは著書『子育てのパラドックス』（英治出版　二〇一五年）のなかで、専業主婦を選んだ母親は、熱中できる趣味や充実した仕事を持っていない親と同様、子どもが親離れをするとメンタルヘルスが急激に悪化しがちになると詳しく述べている。「言わば、子どもがステージの中央からいなくなることで、スポットライトが再び親自身の人生に向けられ、そもそも自身の人生のどこに満足があり、どこに不満があったのかがあらわになるからだ」[11]

はからずも思春期は、優秀であれというプレッシャーが差し迫った問題としてのしかかってくる時期でもある。ルーサーは同僚の研究者とともに調査を実施して、全国の大卒の母親二二〇〇人から返ってきた回答を分析した。そこで判明したのは、ミドルスクールに通う子どもを持つ母親は「ストレス、孤独、空虚を感じる度合いがもっとも高く、満足と達成を感じる度合いがもっとも低い」ということだった。[12]

「よい母親は自分の欲求をいちばん後にまわすもの、でしょう？」。私が訪問した日、ジェネビーブは笑顔でそう尋ねた。そのとき、用心のため何枚も重ね着をさせた子どもはいまごろ汗をかいているだろうに、自分はスカーフを巻くのも忘れて家を出たこの日の朝を思い返した。親である私たちの子育ての方針や、日々の行動もしくは行動していないことが、子どもの幸福と成功にじかに影響を与えているという事実を受けとめられるようになった。親が払う犠牲が子どもへの愛情を示す暗黙の指標になっていることも。では、私たちはいったいどうすればよいのだろうか。

孤独なボウリング

サバンナの危機のあと、ジェネビーブは自分の重点をシフトさせた。ロブと力を合わせて、子どもたちが「じゅうぶん頑張った」と思えないことから生じるプレッシャーから逃れられる家庭を築くことにしたのだ。サバンナが外部からのプレッシャーをかわせるように、積極的に動いてセラピストを探すなどの手助けをした。サバンナに寄り添ってテストの準備はもうじゅうぶんだと告げたり、課外活動をこれ以上増やすと自由時間がなくなるのではないかと諭したり、徹夜するよりも一晩ゆっくり寝た方が課題を終わらせられると提案したりした。

ジェネビーブは、こんなふうに健全と言える方法で娘を支援できるなんて運がよかった、むしろありがたいとすら感じていた。とはいえ、ほかの家庭も苦しんでいるのだろうかと内心で気になっていた。誰にも訊けなかったけれども。当時のウィルトンでは、メンタルヘルスの問題など口にすることはできなかった。「外面を保つことが重要でした」とジェネビーブは語る。

援助の手だてを増やしたものの、サバンナが高校の最終学年になった冬、大みそかの夜に自分の部屋ではさみを握って手首に刺そうとしている彼女をロブが発見した。大学入学の選抜を控え、受験生のストレスで生じた悩みを胸に秘めていたのだ。深刻な鬱に陥っていたため、ジェネビーブとロブはサバンナを入院させることにした。「家庭では娘の安全を守れないのではないかと不安になったのです」

サバンナのプライバシーを守るために、ジェネビーブは事の経緯をほとんど誰にも明かさなかった。

孤独を強く感じながら胸に抱えこんでいた。だがある何の変哲もない日の午後、学校の駐車場の真ん中で顔見知りの母親と並んで車へ向かって歩いていたとき、突然その母親が、子どもが周囲との比較や勉強で悩んでいると打ち明けたのである。それから母親ははっと顔を赤らめて、「まあ、おたくの娘さんはとても可愛くて、優秀で人気者ですからね。おわかりにならないでしょうけど」と付け加えた。

そのときジェネビーブは自分だけではないと悟った。ここに仲間がいる。子どものためにできるかぎりの手を尽くしても、どういうわけだかうまくいかない仲間が。ふたりともどうしたら子どもを救えるのかわからない。しかしジェネビーブは駐車場で立ちつくして、「あら、なんでも見た目ほど完璧ではないものですよ」と言うことしかできなかった。

そのあとすぐジェネビーブはウィルトンでメンタルヘルスを専門としているカウンセラーと話をした。サバンナのような悩みはこの地域で増えているとカウンセラーは証言した。それを聞いてジェネビーブは安堵ではなく怒りが湧いた。**こんなことが起きているとわかっているのなら、なにか策を講じるべきではないか。**服薬によって状態が改善すると、ジェネビーブとサバンナは秘密を捨て去ることに決めた。誰もメンタルヘルスの問題について口にしないのなら、自分が最初のひとりになろう。ジェネビーブは教会を通じてメンタルヘルスの危機におとながどう対処すべきかを学ぶメンタルヘルス救急講座を開いた。

ある晩の参加者のひとりがバネッサ・イライアスだった。三人の思春期の娘の母親であり、長女もサバンナと同様に学業のプレッシャーで自傷行為の兆しが見られた。バネッサも家庭の悩みを周囲に隠し、心身ともに疲れきっていた。あるとき数えてみたら、課外活動やスポーツや学校への送り迎えを週三七回おこなっていた。「母親失格のように思っていた」とバネッサは語る。しかしその日、教会に足を運んで、サバンナが自分の経験を打ち明けるのを聴いて希望を感じた。ようやく、ついに自分の苦しみに語りかけてくれる人がいた。講座のあと、バネッサはジェネビーブに近づき、「友達になりましょう」と声をかけた。

ウィルトンを訪ねているうちに私はバネッサとも知りあい、彼女のミニバンで町を案内してもらった。バネッサは自虐的な皮肉屋だが、一緒にいるとすぐに安らぎを感じられる温かい心の持ち主である。ドライブのあいだ、バネッサは五年前にこの町に引っ越してきたときの話を語った。隣人から電話がかかってきて、小麦粉一カップ分を貸してほしいと頼まれたという。「力になれたことが心地よかったの。つながっているような気がして」とバネッサは語った。次の日、バネッサが家に帰って車を停めると、玄関の扉の前に小麦粉の入った袋が置かれていた。隣人は親切心ですぐに返そうと考えたのだ。だがバネッサはそうは受けとらなかった。「鼻面を叩かれたような気分になった」と語った。「誰にも貸しを作ってはいけないように感じてしまったの。どんな形であれ他人に頼ってはいけないって――彼女、小麦粉一カップの借りですら耐えられないみたいだった」

おそらくバネッサにとってても覚えているのが不思議なほどの、ちょっとしたやりとりだ。だが、この話には重要な考え方があらわれている。アメリカ各地で実施したインタビューで何度も耳にした考え方だ。現代の親は自立と自助を実践すべきだというマインドセットである。バネッサの小麦粉騒動からあきらかなように、この考え方は私たちの生活のもっとも小さな隙間、意識のうえで理解はしていないが本能的に感じられる面にまで浸透している。誰もが有能であることに誇りを抱き、他者に依存していると思われるのを拒んでいるとバネッサは語った。大きなカーブにさしかかり、ハンドルを切りながら言葉を継いだ。「私に言わせれば、そんなのは自分ひとりのちっぽけで孤立したサイロという地獄で生きてるってこと」

このように裕福なコミュニティで親密さが失われると、周囲から切り離されている思いをいっそう強く味わうのが有色人種の親である。私が取材したアジア系の母親のなかには、アジア系の母親は全員〝タイガー・ママ〟であり、クラスメートを蹴落とせと尻を叩いて子どものメンタルヘルスを壊しているという紋切り型の有害な偏見に耐えていると語った者もいる。何人もの黒人の母親が、白人が多数を占めるコミュニティで味わう孤独を語った。そういった環境では、学校で人種問題を取り扱うと親のあいだに緊張が走ることもあるらしい。

働いている母親は、専業主婦に比べて子どもに時間を費やしていないように見られるのがつらいと口々に訴えた。一方、ある専業主婦の母親は給料を稼いでいないため軽んじられているように感じると語った。彼女が所属するコミュニティでは、専業主婦であることは「生き方」の選択だとみなされて、高い志がない証だと眉をひそめられるのだ。多くの母親がいくつもの局面で生じる重荷を口にした。「フルタイムで働きながら母親業にもたっぷり時間を割いて、健康も見映えも維持しつつ、自慢できる家に住んで自慢できる子どもを育てないといけないんです」と語った母親もいる。

それでもなお、相対的に裕福な母親はみな同じ見解を述べた。物質的に恵まれているのだからどうにかして苦しみから身を守れるはず、高学歴なのだから孤独と不安を消し去る能力を学んでいるはずだ、と。口に出さなくともそう考えていた。自由に使える財力や能力を有しているならば、助けを求めるべきではない。私たちはそんな誤った信念を抱いている。「マネジメントコンサルタントとして、問題を解決して生計を立てています」とワシントンDCに住む母親は語った。「だから自分の家の問題を解決する方法がわからないときは、とんでもなく無能だと思い知らされます」

有害な能力主義の精神——自助努力で身を立てるべきだという古い思想——によって、私たちは過剰に働いて過剰に生産する生活に全力を傾けるようになった。かつては交友関係などに注いでいた労力や関心が奪われた。この数十年にわたり、教会から市民団体まで、社会を構築していたものが衰退したことについて、社会学者はボウリングのチーム戦を例に挙げて解説し、人々はかつての大きなコミュニティから切り離されて、「ひとりでボウリング」をするようになったと記している。[13] 宗教施設や地元の団体でチームを組んで信頼と協力をはぐくむことに時間を費やすかわりに、私たちはサイロのように孤立したレーンでたったひとりで球を投げているのだ。

とにかく完璧であれ

ロンドンに転居してまもなく妊娠すると、私は生まれてくる息子を完璧にお迎えしようと何カ月もかけて準備した。医師の勧めに従ってバースプランを立てて、どのように出産したいか綿密に紙に書き出した。最後の瞬間まで硬膜外麻酔をしないように頼んだ。陣痛のさなかでも身体の自由を確保したかったからだ。だが出産は予定どおりに進まない。ウィリアムはまるで地震のようにやってきた。

破水したあと大急ぎでタクシーに乗ってハイドパークを駆けぬけ、間一髪でセント・メアリーズ病院にたどり着いた。スウェットパンツ姿の私は病院の階段を這い上がった。数十年前、完璧に身なりを整えたダイアナ妃がもうひとりのウィリアムを抱いて撮影されたのと同じ場所だ。破水から二時間もしないうちに、子宮口が開いて分娩室に入った。バースプランを読む時間などなかった。硬膜外麻酔については言うまでもない。

　思い描いた母親業のはじまりはこんなふうではなかった。波乱の幕開けから巻き返そうと奮起した。まるでガラスで作られているかのように小さく美しいウィリアムの身体をそっと抱くと、私たちの胸は愛情と驚異で満たされた。この子のために最高の自分になろうと決意した。手に入るかぎりのあらゆる子育て本を読んで、児童セラピストになるために学校に行こうと考えた。診療するわけではなく、最新の研究と理論に基づいた正しい母親業をおこなっていると「証明」されたかっただけである。ウィリアムが成長するあいだ、アイコンタクトや遊び場への同行を絶やさず、彼が心安らかな日々を送れるように尽きることのない力を注いだ。ジェンダーニュートラルなおもちゃを選び、母親が話しかける量が子どもの語彙を決めると知っていたので、一日じゅう話しかけて私たちの暮らしをナレーションしていた。「いまママがウィリアムのハンバーガーを作っていますよ」といった具合に。

　ロンドンやニューヨークで知りあった母親は、それぞれの完璧主義の性向を独自の方法で発揮していた。新米の母親として過ごしたロンドンでは、きれいにアイロンのかけられた赤ちゃん用のリネンが敷かれたベビーカー《プラム》（アメリカで言うストローラーだ）の多さに驚き、よだれのあとが微塵も見えないことに感服した。ニューヨークの裕福なコミュニティでは、人一倍「完璧」な母親とは、出産して数日のうちにスキニージーンズを穿けるようになる母親を意味していた。「完璧な母親」を演じれば、精根が尽き果てることもある。「よい」母親であるためには、必死に努力するだけでは駄目だとみなされるようになった。「よい」母親はいかなる傷や亀裂も仮面の下に隠さなければならない。欲求を示すことは弱みをさらすことであり、弱みをさらすと無防備になるという恐怖がある。それによって自分のステータスが——家庭のステータスが——危うくなるからだ。よってステータスを防御する「よい」母親は、家庭のために〈自分はうまくやっている〉という外面を維持しなければならない。「木曜日にふと思いついて友人たちとワインを飲みながら近況報告をする、なんてことはできません。家を片付けて花を飾り、オードブルを準備してちゃんとした服を着ないといけないのに」とジェネビーブは言う。「スウェットパンツ姿で他人を招待するなんてありえない」

というわけで私たちは疲労困憊となる。バスケットボールの練習を見に行くのにもしっかりメイクをして、くたびれた自分を隠そうとする。それもこれも最後にはすべて報われるにちがいない、はずだ。そう、こんな生き方を選択して好きこのんで代償を払うのは、なによりも大切な子どものためだから。ほんとうに報われる？

この質問をメリッサ・ミルケにぶつけてみた。トロント大学で社会学を教えているミルケは自らも母親であり、この三十年にわたって徹底育児が増えている状況を調査している。「簡単には答えられません」とミルケは返した。母親が子どもと長時間ともに過ごすことがよい結果につながることを明確に示す根拠は乏しい。むしろ時間の質と体験の種類の方が大きく影響するという調査結果がある。しかも子どもに上質な体験を授けるのは、かならずしも母親である必要はない。生活に余裕のある多くの母親と同様に、私自身も子どもがよりよい人生を送るために、自分のキャリアと交友関係と要望と欲求を棚上げしてきた——が、そんな犠牲がもたらす効果などたかが知れているとミルケは言った。私はあやうく電話を落としそうになった。

　追い討ちをかけるように、ミルケは説明を続けた。徹底育児は子どもにむしろ悪い影響を与えかねないという調査結果もある。「母親が疲れきって燃え尽きてしまうのは、子どものためにならないでしょうね」とミルケは語った。私の脳裏にウィルトンの親たちが浮かんだ。ジェネビーブのように子どもを第一に考える、愛情深い親であふれていた町だ。ウィルトンの親たちがスニヤ・ルーサーを呼んで生徒たちの調査をしてもらったところ、鬱病や不安障害などの「内在化障害」を持つ生徒の割合が三〇パーセントに達していることが判明した。[14] 全国平均は七パーセントだというのに。さらに、そういった症状が「平均をはるかに上回る」生徒の割合は、二〇パーセントだった。こちらも全国平均は二パーセントにとどまっている。ウィルトンのデータが特殊なわけではないとルーサーは強調した。アメリカ各地の進学校に共通する問題である。しかも問題にしているのは、時おり落ちこむといった程度の症状ではなく、摂食障害、自傷癖、不安、鬱、希死念慮なのだ。

　親である私たちの力不足ではないとルーサーは労《いた》わるように語った。親が不注意だったり愛情に欠けていたりするわけではない。しかし、さまざまな理由で——仕事の締切、金銭の不安、感情の乱高下、子どものあらゆる要求への対応——親はくたびれきってしまい、敏感にすばやく察知する能力が麻痺していくと説明した。親はいっそう不機嫌になって、子どもを批判して管理する傾向が強くなり、子どもの感情の動きを読みとることが困難になる。不安、鬱、疲労は親の視界と忍耐を損なうのみならず、言動を一貫させる能力、境界や限度やスケジュールを適切に設定する技量、失敗した日の翌日に新たに仕切り直す力をも奪い取る。

もっとも危惧すべきなのは、子どもが親のストレスと短気を誤って解釈しかねないという点である。自分が悪いにちがいないという思いこみを内面に刻みこむおそれがある。「自分の大切さを感じられなくなるのは、たいてい親のちょっとした行動や反応の薄さが日ごとに積み重なることが原因である」と研究者のゴードン・フレットは指摘する。[15] 自分は大切な存在ではない、もしくは親の仕事や交友関係の方が大切だと子どもが感じると、自分には大切にされる価値がないという否定的な考えが心に植えつけられる。経済的な事情でやむなく仕事をかけもちしている親と、子どもと過ごす時間よりも仕事を優先する親のちがいを子どもは見抜く。大切にされていると感じる度合いが低ければ、どれほど家族が近くにいても子どもは家庭で孤独を感じる。心理学者はこの現象を「近接分離」と呼び、仕事や諸々の心配事などの「過剰なストレスによって親の注意が逸れて、肉体が近くにあっても気持ちは離れている状態[16]」と定義している。

自分は親にとって大切な存在であるという思いが、思春期の子どもにとって最初の、そして多くの場合、最大の幸福の源になるとフレットは語る。男の子にとっては、友人にとって大切であることよりもさらに重要だということもわかっている。フレットは親にとって大切だと感じることを決定づける最大の要素は「心理的に親がどれくらい近くに存在しているか」であると *The Psychology of Mattering* で述べている。[17] 子どもの利益になることをなにもかも確保しようとした挙句に親が疲れ果てると、肝心の親の存在がおろそかになる。

子どもは親が極限まで身を捧げることを求めていない。子どもが求めているのは、優秀であれと要求する社会に放りこまれた苦しみを理解する視点を持つ親である。成果を求める有害な価値観を脅しだと非難する分別と胆力のある親を求めている。そして子どもは既存の社会に反旗を翻す声に耳を傾けなければならない。子どもの生まれながらの大切さ、子どもが親に与える喜び、もっと大きな世界の一員としての子どもの意義と目的を伝える声を聴き取らなければならない。

その昔、心理学者が危機にある子どもの救出に取り組むときに重視したのは、具体的な指図であった。やるべきこと、もしくはやってはいけないことについて親を教育した。厳しい制限を設けるべきだが合理的でなければならない。愛情を伝えるべきだが子どもが望む方法でなければならない。子どもの友人とその親を知っておくべきだが詮索してはならない。学校でベストを尽くすよう応援するべきだが過度に要求してはならない。率直なフィードバックを与えるべきだが批判的になってはならない。親であることは綱渡りのようなものだとルーサーは語る。しかも結局のところ、人生に襲いかかる嵐を切り抜ける方法を子どもに伝授する、魔法のやるべきリストはない。最大の決め手になるのは、子どものまわりに健全な精神を持つおとなが存在しているかどうかである。鬱や不安や過剰なストレスに対処できずに苦しんでいない親、教師、コーチ、メンターといったおとなが。長年にわたる立ち《レジリ》直る《エンス》力の調査で判明したのは、子どもの立ち直る力は、主たる養育者であるおとなの立ち直る力によって左右されるということである。[18]通常、家庭では母親がその役目を担っている。親にあれこれ指図するのは子どもの成長に逆効果であるとルーサーは語る。子どもを救うためには、まずは養育者を救わなければならない。

母親であることは手強い仕事だ。コミュニティの規範となる大きな波に逆らって泳がなければならないときはいっそう過酷になる。子どもをきちんと愛するためには――子どもへの支援と自主性の尊重とのあいだに引かれた細いラインの上を歩くためには――当然ながら感情面と肉体面の資質を持ち合わせていなければならない。穏やかな心や平静さが要求されるが、親もまた支えを感じることができなければ、そういった資質を維持することは不可能である。よい親になるためには、自分を労わらなければならない。とはいえ、まっさきに自分を労わってよいのだろうか。この考えを受けいれるのは容易ではない。なんといっても、社会が親である私たちに――とくに女性に――求めるものとは正反対なのだから。

この矛盾について、アリゾナ州フェニックスでルーサーと会ったときにフィッシュタコスを食べながら語りあった。ルーサーは表情豊かな茶色の瞳を持つ小柄な女性で、専門分野の頂点に立つ者に特有の威厳ある物腰を身につけている。私の向かいに座って、母親自身のメンタルヘルスがどれほど重要なものであるかをていねいに説明してくれた。私は話のあいまに頷きながら黄色のメモ帳に書きつけていった。しかし私の猜疑心を見透かしたかのように、ルーサーがこちらを見つめているのにすぐに気づいた。私が顔を上げるとルーサーは眉をひそめた。

「どうして母親はこの考えに激しく抵抗するのでしょうか」とルーサーが尋ねた。「まずは自分を労わることが重要だと理解しないのはなぜかしら」

「『まずは自分の酸素マスクをつけなさい』という意味ですか」と私は問い返した。ようやくルーサーの言いたいことがわかってきたような気がした。

「いいえ」とルーサーは力強く答えて、テーブルに身を寄せた。「女性のやるべきリストはただでさえ長いのだから、新たな項目を加えるように言っているわけではありません。私が言っているのは、あなたに酸素マスクをかぶせてくれる相手が必要だということ」

私は深く座り直して、マルガリータをひとくち飲み、彼女の言葉を消化しようと努めた。ルーサーは私をじっと見つめた。そしてついに真底いらだったようにこう言った。「自分のためにできないのならば、子どものためにやりなさい！」

友情という解決法

私たちに必要なのは、数十億ドルものセルフケア市場が疲れた女性に売りこんでいる〝私時間《ミータイム》〟といった類のものではないとルーサーは説明した。週に二回バブルバスに入ったり、ネイルを施したり、ヨガをはじめたり、一年も前にスマートフォンにダウンロードしたものの未使用だった瞑想アプリをいよいよ試したりといったことが要点ではない。肝心なのは、私たちが子育てを通じて子どもに深い愛情と思いやりを伝えようと努めるのと同じように、私たち自身に深い愛情と思いやりを授けてくれる豊かな関係を大事にすることである。

友情は日々のストレスがもたらす疲れと傷から身を守る緩衝材である。不安をやわらげて気持ちを落ち着かせてくれる。友情から支えを得ると、脅威によって反射的に生じる肉体の反応を阻止できることが研究であきらかになっている[19]。友人が部屋にいるとストレスが軽減することが実験で示されたのだ。でき過ぎた話に聞こえるかもしれないが、友情は緩衝装置として作用し、痛みに対する脳の反応を減少させるのである。ふたりの人間が並んで丘を見上げると、ひとりで見上げたときよりも傾斜がゆるやかに感じるという研究結果もある。[20]

ＰＴＡでの友情も信頼できる支えになるのだろうか。結婚生活は？　そのような結びつきにおいて具体的にどの要素が作用するのか。科学者であり母親でもあるルーサーもこういった疑問に興味を持った。そこで女性が友情を最大限に活用する手助けをするために、日々の生活で過剰なストレスを感じている母親たちを対象として、研究に基づくサポートグループの効果について研究してきた。先に実施された貧困に陥った母親の支援プログラムの成功に倣い、大卒の働く母親のための十二週間のプログラムを作成して、〈仲間との真の絆〉と名づけた。[21]アリゾナ州のメイヨークリニックの内科医、看護師、医療助手といった医療従事者を対象としてプログラムを試した。プログラムどおり毎週一時間の会合を開き、そこでルーサーはふたつの目標を設定した。[22]ひとつは固い絆を築くこと——グループ内の女性同士および選ばれた外部の「相談相手」と——であり、もうひとつは子育ての役に立つ新しい技能を紹介することだった。十二週間後、参加者のメンタルヘルスと幸福度は改善され、おまけにストレスによって分泌されるコルチゾールのレベルすらも低くなったと報告された。〈仲間との真の絆〉のプログラムが終了してから三カ月経っても効果は減少することなく、さらによい結果が生じた。しかも驚くべきことに、参加者はみな忙しく過ごしていたにもかかわらず脱落者は皆無だった。参加者の多くは調査が終わったあとも会合を続けた。ルーサーたちのその後の研究では、対面でも、全国規模のバーチャル〈仲間との真の絆〉でも、同様のパターンが示された。[23]

ルーサーの研究から、私たちの大切さと立ち直る力の支柱となる信頼できる友情を築くために長い時間を過ごす必要はない――じっくりと話しあう時間があればよいとわかった。週に一時間だけの結びつきに集中したことが、よい結果をもたらしたのだ。参加者のひとりは、「こんなに短い時間で本物の絆を築くことができるなんて」と感嘆の声をあげた。

メリーランド州在住のふたりの子どもの母親であるマーゴは、親になってすぐに緊密な結びつきを手に入れたおかげで救われたと語った。十二年前、娘たちがまだよちよち歩きをしていたとき、同じ年頃の子どもを持つ三人の母親と仲よくなった。それ以降いまもなお四人は親しく、子どもたちが思春期に入ってからも気づきを交換している。「子どものことで悩んでいると打ち明けるたびに、うちも同じだとみんなが声をかけてくれるので、どの家も似たような問題で悩んでいると知って安心します」とマーゴは語った。自分だけではないと思うだけで心が癒され、必要以上に自分を責めずに済む。「だから悩みをやり過ごして、子どもたちにもっと寄り添うことができるのです」

このように、真の結びつきにまつわるエピソードは実にすばらしい。だが現実問題として実践可能だろうか。一日の時間は決まっていて、親が割ける労力にも限度がある。一週間のうち四日は子どもを体育館に送り迎えして、宿題を手伝って、スクリーンタイムを監視して、さらに時短料理もこなさないといけないというのに。コーヒーを飲むためであれ悩みを打ち明けるためであれ、友人に会うなんてかぎりなく不可能に近いように思える。

私が取材した裕福なコミュニティで暮らす親たちに友人がいないわけではない。けれども、友人との仲を深めて互いの癒しの源にする余力がないのである。[24] 日々の生活に追われると、つい友情を後回しにする。私が実施した調査では、六〇パーセントの親が「子育てで手一杯で、好きなだけ友人に会うことができない」という項目に同意した。つまり、ある母親が語ったように「みんなとても忙しくて、誰も私の泣き言を聴いてくれない」ということだ。

結びつきを持つための別の方法もいくつかあるが、私が推奨したいのはふたつの大事な習慣を実践することだ。これによって取材した親たちは堅い友情を健全に保つことができた。単純だと感じるかもしれないが、このふたつが過密な日常にもたらす効果に驚くはずだ。まずひとつは、カレンダーに友人を書きこむこと。

友情は自分に与える贈り物である。二十代の頃、私も友人も一緒に遊ぶことだけに没頭していたときは完全には理解していなかったが、友情には人を癒す強い力がある。研究により、友人と過ごす時間はもっとも幸せな時間であることが判明している。[25] 子ども、親戚、親、さらには配偶者といった面々といるよりも、友人と一緒にいる方が幸せを感じるのだ。それなのに、友人というのは忙しくなるとまっさきに後回しにされる存在でもある。私たちは、友人はいつでもそばにいてくれる、当たり前の存在だと考えている。いつの日か去ってしまうかもしれないのに。心をこめてはぐくまなければ、どれほど深い友情でも歳月とともに失われる。

家族のスケジュールや必需品について、どれくらい念を入れているのか考えてみよう。目当ての空手の指導者が教える日を書きとめたり、カレンダーをめくって子ども同士で遊ぶ約束をした日に印をつけたりしているはずだ。あなたの支えとなる友情のためにも同じくらい入念に計画を立ててみてはどうだろうか。結婚生活や親子関係を守るために時間を捻出するのは厭わないならば、どうして友情に寸暇を割くことができないのか。学校行事の参加許可証、英語の宿題、課外活動の申込書に注いでいるのと同じ熱意を抱いて友情の育成に取り組んでみよう。本物の友情は自然に発生するものであり、特段の努力や気遣いは不要だという思いこみがある。だがそれはまちがっている。そんな思いこみによって、親は（とくに女性は）深い友情を構築し、長続きさせるために知恵を絞って主導する役割から遠ざかる。私たちに必要なのは長い時間ではない。役割を果たす意識、それだけである。

しだいにバネッサも納得した。「まずカレンダーに自分の予定を入れなければ、月末になってからお金を貯めようとするのと同じ結果になっちゃう。なんにも残らない」。そこで頼れる仲間に自ら声をかけた。毎週水曜日《ウェンズデー》にはペンシルベニア州に住む友人ジェンとズームで話し（その日をジェン、ズ、デ、ーとバネッサは呼んでいる）、金曜日には高校時代からの旧友とランチをするようになった。「以前は四カ月も会わないときもあった」。だがこうやって密に連絡をとりあうと結びつきがさらに深くなり、日常生活の助けとなる知見も得られるようになった。「前よりも楽しい毎日を送っています。自分の話を聴いてくれて、自分に目を向けてくれて、自分をわかってくれる相手がいるのだから」

家庭内の人間関係のために外の世界の人間関係を充実させるなんて、まったく逆ではないかと思うかもしれない。だが取材した母親の多くは、日々の生活を乗りきるためにあえてそうしていると証言した。「私も友達も毎日とても忙しい。ほとんどみんな職場に通勤し、家に帰れば子どもと用事が山のように待ち構えているのだから時間と労力がたちまち消えていきます」。ニュージャージー州で思春期の子どもふたりを育てている母親はそう語った。毎日の生活から友人との時間をひねり出すのは難しい。それでも最低でも月に一回は友人と食事をともにすることに決めていて、その予定をペンで書きこんでいる。「どういう友達と過ごすのかによって、あきらかに子育てが変わると実感していま す。一緒にいると楽しい気分になって、最高の自分を引き出してくれる友達との関係を続けるように 努めています。最高の自分で子育てしたいですから」と続けた。「食事会が終わって家に帰ると、リ ラックスして元気を取り戻した私を子どもたちが出迎えてくれます。与える力が蓄えられたおかげで、 子どもたちともっと向きあえるようになります」

「『子どもが幸せでなければ、あなたも幸せになれない』という言葉を知ってる?」とバネッサは私 に問いかけて、以前の子育てについて語り出した。娘たちの感情のローラーコースターの隣のシート に座って、思春期の浮き沈みを自ら体験していた。娘から友人とのいざこざや学校でのプレッシャー を打ち明けられたら、その苦しみを自分の胸に焼きつけた――そうして次の日は疲れ果てて感情が枯 れてしまった。「子どもたちは感情のローラーコースターに親も一緒に乗ってほしいとは思っていな い。自分が吹き飛ばされそうなときに押しとどめる岩になってほしいと願っているのよ」。友人たち との定期的な交流によって、バネッサはそんな岩になることができた。どっしりと地に足がついた。 いまは、子どもが苦しんでいたら以前よりもじっくりと耳を傾けて、事態を改善する策を授けられる ようになった。

ひとりで悩まないで

生活の支えとなる関係を築くためにもうひとつ大事なことは、弱みをさらけ出す心構え――かつい助けを受けいれる心構えである。個人主義が極まったこの現代社会では、新しい仕事を探しているとか、体重を数キロ減らしたいとかを他人に話すことは平気でも、助けを求めていると認めることに抵抗を感じる人が多い。心理学者であり三人の子どもの父親でもあるエドワード・ハロウェルは著書 ***The Childhood Roots of Adult Happiness***（人生の幸せの根源は幼少時代にある）で、子どもについて悩んでいる人に向けて、いや、すべての悩める人に向けて、もっとも重要なひとつのルールを提示している。けっしてひとりで悩んではいけない[26]。このシンプルだが意義深い助言を私も採用して、わが家の合言葉にしている。

もしパンデミックにひとすじの光を見出すとしたら、生きていくうえで人間関係がどれだけ重要であるかを気づかせてくれたことだろう。私たちは互いに支えあって団結することの重要性を学んだ。スニヤ・ルーサーの〈仲間との真の絆〉があれほど成功した理由のひとつは、助けを求めるのは当然のことだと考えたからである。支援を与えて支援を受けとることを原則としてグループを築いたからである。わざわざサポートグループを作らなくともこのアイデアを活用できるとルーサーは語る。鍵となるのは、求めている内容を明言することだ。「自分の相談相手になってほしい、苦しいときに助けを求めて電話をかけてもよいかと正面から頼まなければなりません」とルーサーは念を押す。それをみっともないと感じるのならば、こう考えよう。あなたの求めているものを口に出すことは相手を信頼している証であり、それによってあなたには、必要なときに相手を頼る義務が生じるのである。配偶者やパートナーを相談相手にしてはならないとルーサーは言う。近所付きあいや親戚縁者といった昔ながらのネットワークが解体したため、彼らとの関係はすでに大きな負荷がかかっていることが多いからである。

そのかわり、私たちは相談相手のグループを作ることができる。ルーサーは次のような手順を提案している。一緒にいると安らぎ、遠慮なく心を開くことができる数人の友人を選ぶ。週に一回、曜日と時間を固定して会うことに決めて予定を死守する。次に期待のレベルを設定する。最終的な目標は自分の話を聴いてもらい、理解してもらい、温かい思いやりで力づけられることだ（かならずしも助言は必要ではない）。進行役を週ごとに交代し、当番の者は「今週はどうだった？」とか「気にかかっていることがある？」といった簡単な声掛けからはじめる。悩みを分かちあうだけではなく、喜びを共有する空間でなければならない。最後は前向きな気分になって、それぞれが感謝している事柄や次の週まで覚えておくべき合言葉について話しあう。

オレゴン州の裕福なコミュニティで暮らすマーガレットは、結婚生活の破綻を友人たちの助けで乗りきったと語った。マーガレットは、二十三年間連れ添ったパートナーと思いがけず別れることになったとき、「苦しみに直面して最大の支えになってくれるのは仲間だと思ったので、必死の思いで友人たちに連絡しました。そしてどうにかつらい時期を乗り越えたとき、前よりずっと子どもに集中して寄り添えるようになったのです」。友人たちは毎日、顔を出してマーガレットを散歩やコーヒーに誘ってくれた。別れてから最初の四カ月ほどは、メッセージ、電話、ズームのやりとりが一日中ひっきりなしに続いた。友人たちの支援によって活力を得たマーガレットは、そんなやりとりのなかでとくに勇気づけられたメッセージを「友人の知恵」と名づけたファイルに記録しようとひらめいた。そのファイルを、悲しみの波に襲われるたびに何度も読み返しては、「だいじょうぶ。立ち直ることができる」と自分に言いきかせ、それはいつしかおまじないのようなものになった。怒りと悲しみからすばやく脱出すれば、別れた相手と協力して子育てをおこなう安定した関係を築くことができるだろうと考えていた。「別れから立ち直ることができた理由の九〇パーセントは友人たちです」とマーガレットは語った。友人たちからの支援の網でマーガレットは切り抜けたのだ。

優秀であれと要求する社会では阻止されてしまうことだからこそ、助けを求めることにはこれだけの強い力があるのである。それによって、まわりの人たちの武装を解除して、身にまとっていた鎧を脱がせてしまう。自分が大切だと感じるためにも欠かせないものである。私たちが友人に助けを求めるとき、自分は欲求を満たしてもらうのに値する大切な存在だと考えている。同時に友人に対して、あなたは自分にとって大切な存在だと伝えることにもなり、友人もまた自分は大切だと強く感じる。「助けを求めることを弱さだと考える風潮がある」とバネッサは言う。「けれども助けを求めたことがあれば、誰でもそれがどれほど謙虚な心と強靭な精神を必要とするのかわかるはずよ」。バネッサと友人たちは悩んでいること——余裕のない日々、罪悪感、子どもとのコミュニケーション——を包み隠さず話したおかげで、スーパーママではないありのままの自分の価値を互いに気づかせることができたのだ。

知りあってから二週間もしないうちに、ジェネビーブとバネッサは〈ウィルトン・ユース・カウンシル〉のボランティア募集広告を見つけた。〈ウィルトン・ユース・カウンシル〉は、親の教育と生徒の幸福に関するプログラムを提供するＮＰＯ団体である。ふたりは家庭に活かせる知見を得ようと毎月のミーティングに参加し、薬物使用や不安障害といった深刻な問題に取り組んだ。ようやく同じ考えを持つ親や専門家が集まるコミュニティを見つけることができた。誠実で安心できる場所だった。「ようやく批判されずに語りあえる場にたどり着きました」とジェネビーブは語った。「ここでサバンナの体験を社会の広い文脈から捉えることができるようになり、私の手に負えない社会の圧力が働いているという見方が正しいと確信しました」

バネッサとジェネビーブは〈ウィルトン・ユース・カウンシル〉の使命のために率先して働いたため、次の年にはプログラムの運営者になってほしいと頼まれ、喜んで引き受けた。談話会や読書会を催して、ジューリング〔電子タバコの一種〕・薬物使用、自殺などについて親たちが率直に話しあう機会を設けた。「親はみな『いいえ、うちの子にかぎって』と口にする。だから〈うちの子にかぎって〉というイベントを企画しました」とバネッサは笑って言った。「世間は否定や拒絶だらけだけれど、あなたはひとりではないと伝えたい」

サバンナは高校を卒業して西海岸の大学に進んだ。しかし数カ月後に退学して、料理学校に入った。料理ならずっと興味を持ち続けた化学と創作を組みあわせて仕事にできるからだ。ジェネビーブは不安を呑みこんで娘を全面的に応援できるようになった。娘が心から求めているものをはっきりと理解する力を手に入れたのだ。たとえそれが、かつて自分の脳内にあったやるべきリストの項目と異なっていても。現在サバンナは西海岸でパティシエとして働き、いまでも悩んだり苦しんだりしながら（大半の二十代の若者と同じように）、たくましく前進している。

過去をふり返り、ジェネビーブは自分もサバンナも同じ状態に陥っていたのだと気づいた。「サバンナは周囲から『劣っている』とか能力がないと思われたくないと考えていました。そして私も、子どもが苦しんでいるのが事実なら――事実でしたが――まわりの人から非難されるだろうと心配していました」。子どもが成功すれば、よい母親だとみなされる。一方、子どもが不安や鬱で苦しむと、家族で食卓を囲む時間が少ないから、子どもに甘すぎるから、子どもに厳しすぎるから、母親が子どもに能力以上のことをさせようと圧力をかけるから、といった目を向けられるとジェネビーブは語った。

〈ウィルトン・ユース・カウンシル〉に参加して他者に心を開いたことによって、ジェネビーブは自分の家庭だけが苦しんでいるわけではないと学んだ。〈ウィルトン・ユース・カウンシル〉が希望を与えてくれたとジェネビーブは語る。熱意と思いやりを兼ね備えた賢明な人たちが束になって、優秀であれというプレッシャーの副作用と懸命に戦っているのだから。「崖から落ちかけている子どもを捕まえるのが上手になりました。危険な兆しとそこから救い出す術を私たちは知っています」とジェネビーブは言う。「子どもを崖に追いこむのをやめるために、いまこそ手を打たなければなりません」

第五章　やかんを火からおろそう

消耗を強いる社会に立ち向かう方法

アンドリューは十一年生の秋学期の時間割を組み立てていた。大学に入学できるかどうかがかかっているのだから真剣勝負だ。シアトル郊外の裕福なコミュニティで育ったアンドリューはサッカーのトラベルチームに所属する十六歳の少年であり、周囲からも大きな期待を寄せられていた。将来の夢はエンジニアだ。科目一覧に目を通して、数学と科学の授業をさがした。もうひとつ授業を付け足せるかもしれない。科学のAPクラスをふたつ受講すれば、名門校の工学科に入学できる可能性が高くなる。

どれだけ授業を受けて、どこまで過酷な時間割にできるかということが学校の話題の中心だった。「友達にAPクラスをどれくらいとるのか訊いて、目いっぱい詰めこんだという答えが返ってきたら、落ちこぼれてはいけないと焦ってどんどん増やしてしまう」とアンドリューは言った。彼の通う高校では、与えられたチャンスは使えるだけ使えというのが生徒たちの信条だった。

アンドリューが暮らしているのはマーサーアイランドだ。マーサーアイランドは面積が一三平方マイルの小さな島であり、車で十分ほど浮き橋を走るとシアトルに着く。マネー誌のランキングによるとワシントン州でもっとも住みやすい場所であり、[1]美しい景色と何マイルにもおよぶ長いハイキングトレイルに惹かれて移り住んだ者のなかには、マイクロソフト、スターバックス、アマゾン、ボーイングといったアメリカでも屈指の大企業の役員陣もいる。コミュニティは上流志向で、私が取材した住民の多くも、マーサーアイランドでの生活を維持して子どもを公立の進学校に入学させるために長時間労働に励んでいた。

　意欲に燃えるクラスメートと同様に、アンドリューも次年度の時間割のあるべき形を正確に把握していた。あとは両親から承諾のサインをもらうだけだ。親であるジェインとマイクは考えておくと返事をした。だが、その時点でアンドリューの時間割は「無茶だった」とジェインは語る。サッカーのトラベルチームやボランティア活動に加えて、優等クラスやＡＰクラスをあふれんばかりに盛りこんでいた。いまでもじゅうぶん忙しいのに、これ以上詰めこんだら休息する時間が完全に——夜に満足な睡眠をとる時間さえ失われる。

　ジェインは数日考えたのちに、科学のＡＰクラスをふたつ受講するのは駄目だとアンドリューに告げた。「アンドリューは激怒しました」。トップの大学から選ばれるためには、成績証明書に科学の上級クラスをすべて受講した記録が必要なのだとアンドリューは反論した。勉強も課外活動もやってのける自信があるし、親友もふたつ受講するのだからと訴えた。「この分野ではよい成績を収めていました」。アンドリューは数年前のできごとをふり返って語った。「だから自分にとってはこれがベストで、両親はぼくの限界を定めようとしていると感じたのです」

アンドリューが抗議しても、ジェインと夫は態度を変えなかった。「親の役目は、やかんを火からおろすことだとかねがね考えていました。子どもは学校でプレッシャーを強く感じています。クラスメートや自分の過去の成績と比べられるので」。とはいえ、高い志こそが人間の価値だと考えるコミュニティでは、ジェインの直感を疑いたくもなるだろう。当時、その高校の校長が九年生と十年生が科学のクラスをふたつ受講することを禁止しようとしたところ――優秀であれという有害なプレッシャーを抑制しようとしたのだ――名門大学を志望する子どもに不利益をもたらすと一部の親から反対された。結局、その禁止令は実行されなかった。

流れに逆らうのは困難が伴うときもある。それでも自分は子どものメンタルヘルスを守る最後の防波堤だとジェインは気づいていた。学校、スポーツ、課外活動において、子どもが健全な限度を定められるよう力添えをすることが自分の責務だと感じていたのである。どの段階であっても、子どもが溺れる危機に瀕しているようなら、水からあがってよいと明確な許可を与えた――あるいは、必要があれば自分の手で子どもを引きあげた。

環境が心身をすり減らす

この数十年のあいだ、社会学者たちは、アメリカの社会がいかに階層によって分断されつつあるか記録してきた。社会経済の階層において最上級に位置する者たちは、「スーパーZIP」というコミュニティを形成している。[2] マーサーアイランドのように、高収入で高学歴の家族が密集する町のことだ。この言葉が最初に紹介された二〇一三年、ワシントン・ポスト紙は、成人の三分の二が大卒の学歴を持ち世帯の平均年収が一二万ドルにおよぶスーパーZIPコミュニティがアメリカには六五〇あると報じた。[3]

経済的に恵まれた者たちがこぞって達成を追い求めるコミュニティでは、子どもが大きなプレッシャーにさらされるおそれがある。子どもは一種の「アンコール効果」[4]――一家のステータスを維持し、いつの日か自分が育った贅沢な環境を子どもに与える――をもたらす義務を感知して、周囲の期待を心に刻みつける。私が調査した際、身のまわりにおいて成功とはどういうものを指しているか生徒たちに尋ねたところ、回答は驚くほど代わり映えがしなかった。「素敵な家庭」「給料の高い仕事」である。パロアルト在住の母親が言った台詞と符合する。「親が望むのは子どもが幸せになることだけ、なんて口にするけど、言葉の真の意味を子どもは理解しています。親である自分たちと同じ幸せをつかんでほしい、つまり名声のある仕事と大きな家を手に入れてほしいという意味なのです」

親世代のライフスタイルを維持するのにいくらかかるか調べるのに法廷会計学を駆使する必要はない。ちょっとインターネットで検索すれば、家の推定価値や税金の履歴、ロンドンの高級ホテルの宿泊料金、新車の店頭価格、職業ごとの給与範囲がわかる。ほんの数クリックで完了する。「自分が育った環境より低い水準で暮らしたい人なんていません」とオハイオのシェイカーハイツに住む臨床心理士リサ・ダムールは言う。彼女の見解では、裕福な家庭の患者ほどプレッシャーを強く感じるのは、維持すべきライフスタイルや就くべき職業（たいてい金融業かエンジニア）、住むべき場所に近づく道がどんどん狭くなっているからである。

ある少人数のディナーパーティーで、私はふたりの娘を持つ父親の隣に座り、『ゆかいなブレディ一家』や『大草原の小さな家』などの懐かしいテレビドラマのすばらしさについて話が弾んだ。しかも、その父親も私も子どもと一緒にそれらの古いドラマを鑑賞して、シンプルな暮らしを教えようとしていたのだ。デザートのあいまに質問を投げかけられた。まだ幼いうちから周囲にこれほどモノがあふれているニューヨークのような場所で子育てしている自分たちは、子どもを駄目にしているのだろうか。金銭や個人の成功ばかりが注目を集める社会で育つと、子どもは誤った価値観に染まってしまうのではないか。

ニューヨークにかぎった話ではないと私は答えた。いまやアメリカ全土において特定の地域に富が集中している。[5] カリフォルニア州アサートン、コネチカット州ウェストン、マサチューセッツ州ワバン、ネヴァダ州クリスタル・ベイ、イリノイ州ケニスワース、ニューハンプシャー州ライ・ビーチなどの数百ものスーパーZIPと呼ばれるコミュニティに。たとえ慎ましく暮らしているつもりであっても、そんなコミュニティの一員になれば、あっという間に自分が大事にしていたはずの価値観を見失うだろう。私はその父親にカリフォルニアの公立学校を訪れたときの話をした。先日、その学校は生徒向けのキャリアセミナーを開催した。登壇者はとびきり豪華な面々で、アカデミー賞をとった監督、企業の最高幹部、一流のエンジニア、全米屈指の優秀な外科医や弁護士が一堂に会して生徒たちに自分の仕事について語った。セミナーの模様を聴きながら、まさにこれが成功をあらわす現代の基準だとつくづく感じた。その高校に通う十二年生は私に語った。「私たちの世代がなぜこれほど鬱や不安で悩んでいるのか、おとなが不思議がるなんて馬鹿げています。自分たちがとんでもない状況を作りあげて、私たちを追いこんでいるくせに」

現代の子どもが過去の世代よりも精神的に不安定になった理由を心理学者や研究者に尋ねたところ、全員が指摘したのは、「成功」の定義がどんどん狭くなっていることだった。問題は成功を願う心にあるのではなく、成功が社会的に定義されるようになり、しかも達成することがひときわ困難になった点にあるのだ。「裕福なコミュニティでは、文字どおり『最高』とされているものをすべて入手できます。よってそこから落ちこぼれないために、仲間もしくは家同士で競争する激しいプレッシャーが生じるのです」とレイチェル・ヘンズは語る。ヘンズはニューヨーク近郊の進学校や家庭を対象としてコンサルタントと子育てコーチをおこなっている。「まだ幼稚園くらいの子どもに将来どういう道を歩ませるべきか悩んでいる親に対してアドバイスしています」

この現状から見えてくるのは、周囲が設定した外的な指標を達成するかどうかで自分の価値が決まると信じるようになった子どもの姿である。どこの大学に行くか、どういう仕事に就くか、どこに住むか、なにを買うかといった指標を達成しなければならないと思っている。だが深く掘り下げると、子どもはいっそう有害な考えを抱くようになったことがわかる。自分を消耗品だとみなしているのだ。自分の健康や興味や欲求を大事なものだと考えていない。それよりも「徹底的に学び、徹底的に遊ぶ」というライフスタイルこそが理想だと思っている。成功するためには代償が必要だ。

しかもどんな代償も高すぎることはない。「十四歳の私に、スタンフォードに入学できるなら片脚を斬りおとすかと尋ねたならば、一瞬もしないうちに『はい』と答えていたでしょう」。地元のラジオ局の番組でそう語ったのは、最近シアトル近辺の高校を卒業した学生である。彼女が「一番になるためならなんでもする」ようになったのは十二歳のときで、スタンフォード大学のようなエリート校に入りたいと願っていた。両親から、学校から、同級生から、映画や本や雑誌のメッセージからのプレッシャーが積み重なった結果、ついに十年生のときにメンタルヘルスが崩壊した。体重がみるみる減って血を吐くようになったため、見かねた両親が入院させてその年の大半を病院で過ごした。「病院のベッドで泣いて過ごしました。『このまま死んじゃうの?』と不安になったからではなく、成績が下がったからです。スタンフォードへ入る夢が消えてしまうと思って」[6]

身を守る意義

親として、私たちは子どもが夢を叶えられるように励まして支えるのが役目だと考えてしまいがちだ。だがこの過酷な競争社会では、その正反対の役目が必要なときもある。子どもには、日々の生活で機を見て引きとめてくれるおとなが必要なのだ——。子どもが心と身体を犠牲にして成績優秀者の雛壇に立とうとするのを思いとどまらせて、薬物やアルコールへの逃避を必要としない人生を歩むように導くおとなが。

大切にすることを子どもの視点から考えると、肉体と精神の限界を尊重するということである。子育ての専門家たちが何度も私に説いてきかせたように、子どもが求めているのはバランスを上手に保たせてくれる親、つまり子どもの時間、エネルギー、健康、健全な精神を守るために手を打つ親である。言いかえると、子どもがなにもかも頑張ろうとするのを全面的に応援するのではなく、賢明になだめてガードレールをこしらえて、あなたは機械の歯車ではなく保護と休息に値する人間なのだと子どもに教えなければならない。より多く獲得することを絶えず要求する社会において、自分の望みを再構築するための手助けをしなければならない。私たちは子どもが大切であることを明確に示して、現代の風潮にはっきり逆らうメッセージを送らなければならない。子どもには守るべき価値があるのだと。

真の成功とは、すこやかに――肉体と精神の両方において――能力を伸ばす方法を見つけることからはじまる。このことを子どもにしっかり教えこまなければならない。「私自身は生真面目な子どもだったので、頑張り過ぎずに効率的にやるよう子どもたちに言えるようになるまで時間がかかりました」とダムールは語る。高校でカウンセリングをしていたとき、生徒たちがやみくもに頑張って心身を壊すさまを何度も目にして、もっと上手なやり方があるはずだと痛感したという。学年が上がるにつれて課題が増えていくのだから、すべてに一〇〇パーセントの全力を捧げる術しか知らなければ押しつぶされる。よい生徒のあり方を考え直し、勤勉を称賛する有害な倫理を手放すことを推奨すべきである。「子どもが少しでも後戻りできるように手助けしないといけない」

ダムールは上の娘のエレンがひとつのクラスでAを取り続けていたとき、ほんのちょっとアクセルから足を離してガソリンを別の方面、友人と気晴らしすることやほかの科目にも力を注ぐことに振り分けてみてはどうかと提案した。「いざとなったら立派にやってのけるのだから」。エネルギーを効率よく使って勉強する方法をエレンに学んでほしかったのだ。一週間分のガソリンタンクを背負って通学していると想像しなさいと説明した。なにもかもにアクセルを踏みこんでいたら、木曜日には燃料切れになってしまう。
「よい生徒」の任務とは、目の前の課題にいつ全力を尽くすべきか、いつ退くべきか——ときには岸まで——理解することだとダムールは娘に説明した。親は子どもに頑張り過ぎない勇気を授けることができるのだ。「エレンにこう言いました。あなたには能力があり、本質を理解することもできる。自分の時間でほかにもやることがあるでしょう。誰に対しても一〇〇点をとって証明する必要なんてない」。こうやって意識的に力を抜くようにすると、生徒のストレスと不安が大きく変わるとダムールは語る。ダムールの同僚は、九一点と九九点のちがいが人生なのだと簡潔に表現した。[7]

そんなバランスこそがジェインとマイクがアンドリューに身につけてほしかったものだ。何週間にもわたってアンドリューと話しあいを重ねた結果、夫婦は妥協点を見出した。学校で科学のＡＰクラスをふたつ受講するのではなく、夏のボランティア活動のあいまにアンドリューが希望する科学のクラスをとればよい。ジェインがなにより望んでいるのは、アンドリューが大学とその後の人生をすこやかに乗りきるために必要な力を蓄えることである。勉強と遊びのバランスをとって、将来の夢と友人や家族との結びつきを両立させることである。夏は自由な時間がふんだんにある。よって、自分のペースで学べるクラスを受講すれば、アンドリューのスケジュールに余裕を持たせることができるとジェインは考えたのだ。「子どもたちとひとつ屋根の下で暮らす時間はもうあまり残っていません。だから家族の時間をともに楽しみたいのです」

マーサーアイランドをドライブしていると、地元の食材を使ったレストランやこぢんまりした小売店など素敵な店がいくつも目に入る。そのなかのひとつが〈マーサーアイランド・スリフトショップ〉だ。一九七五年に開店したこの店は、傷みの少ない中古の高級家具や服を売って、その収益で島のすべての住人に向けたプログラムやサービスを支援している。ある親はこの店が持つ皮肉をこんなふうに説明した。親が年代物のティファニーのキャンドルスティックといった高価なものを寄付して、このような環境で育つことにプレッシャーを感じている子どものメンタルヘルスを支援するプログラムに資金を提供するのだと。

マーサーアイランドで話を聴いた親はみな聡明で愛情深く、子どもを苦しめているものへの対処法を探るために進んでデータを解析し、情報を提供してくれた。毎年、学校の生徒はメンタルヘルスの健康調査を受けている。[8] マーサーアイランドでは、二〇〇九年と二〇一九年の二回にわたってスニヤ・ルーサーを町に招待して、より綿密な調査をおこなった。パンデミック直前の二〇一九年の調査によると、マーサーアイランドのミドルスクールに通う生徒がもっとも頭を悩ましていることは、どれも「学校で優秀な成績を収める」ことに関連していた。調査データから、全米のその他の地域の進学校と同じように、この島の生徒も不安、鬱、さらに薬物やアルコールの濫用の「危機にある」現状があきらかになった。ルーサーの説明によると、マーサーアイランドなどこれまで見てきた裕福なコミュニティには、「自分はできる、ゆえにやらねばならない」という風潮があり、それが子どもにとって最大の危険因子になると彼女の研究は指摘している。[9]

子どもは「すべて達成する」ように奨励されると、自分の運命は完全に自分の手のなかにあると思いこんでしまう。選択できる特権に恵まれていると、裕福なコミュニティに暮らす多くの生徒がそうであるように、人生はコントロール可能だという誤った認識を持つ。[10] たとえば個人指導やコーチングの機会を得ると、自分の運命を決める力を獲得したように感じるのだ。自分の運命は自分の手にかかっているという思いこみによって、精神にいっそう負荷がかかる。マーサーアイランド高校に通う十二年生のエマは、ミドルスクールの頃から激しい不安に悩まされていると語った。ミドルスクールではGPAの平均が四・〇という完璧な成績を維持していた。「一番でないといけないと、強烈なプレッシャーを感じていました」。そんな不安から必死に学業に励んだ。だがこの十年でたった一度だけ、不安から解放された瞬間がある。「母親と町をドライブしたときでした。ほんの一瞬だけ不安を感じなかった。なにもかも頭から消えてしまったんです」。母親の方を向いてこう言ったのを覚えている。

「みんなはいつもこんな気持ちなの？　信じられない」

エマと同じ台詞を多くの生徒が口にした。生徒たちはどんなときも高い志を抱いて、もっと頑張って、よりよい自分にならなければならないという強迫観念に駆られている。テキサス在住のある母親は、七年生の娘が提出した課題に「おしい、もう少し」とフィードバックを返してきた教師について語った。完全に生徒のためを思ってなされた行為であり、その意図はおそらく成長マインドセットの考えに基づいているのだろう。成長マインドセットとはキャロル・ドゥエックによって提唱された理論であり、人間の才能と能力は努力によって伸ばせるという革新的な考え方である。この成長マインドセット理論は、自己向上を求めるアメリカ社会で人気を博した。[11] その考えに基づいて、この善意にあふれた教師は完璧な課題とみなすまで何度も書き直しをさせるのだろう。ただでさえ娘には完璧主義の傾向があるというのに、そんな指導を受ければ完璧でなければ認められないとますます思いつめてしまうと母親は語った。頑張れ、もっと頑張れ、とにかく頑張れという考えが規範になっているコミュニティでは、成長マインドセットを正しく適用しなければ逆効果になりかねないと専門家は指摘する。

教師やコーチ、親の一部はドゥエックの考えをあまりに単純化しているとイギリスの研究者のアンドリュー・ヒルは語る。うまくいかないのは自分の努力が足りないからだと子どもが誤った考えを抱くこともある。「そういう生徒は精一杯努力する能力をじゅうぶん持っている。欠けているのは自分で線を引く能力だ。どこで諦めるのか、どこで撤退するのか」とヒルは説明する。二〇一八年の論文において、スニヤ・ルーサーとニナ・クマーは似通った主張を表明している。「やる気や忍耐に欠けることは重大な問題ではない」とふたりは述べて、「問題は必要なときに退却できないことだ」と指摘した。[12] 成長マインドセットは、競争の場で後れをとる生徒を励ます方法であるのはまちがいないとルーサーもクマーも認めている。だが過剰に頑張る完璧主義の生徒にとっては、傑出しようとする努力が病的なものに変わる危険性がある。心身を犠牲にしてAをとったり、時間をひねり出して課外活動を増やしたりすることが、憧れの大学に入るために自力で果たすべき必須要素だと思いこむようになる。

このような圧力のせいで、ありとあらゆる準備をして成果を出さなければならないと強い義務感にとらわれる生徒もいる。[13] 学生時代の「勉強中毒」は、その後の人生で仕事中毒に陥る予兆たりうるという研究結果もある。[14] 生徒が勉強に過剰な時間と労力を注ぐと、交友関係と健康が損なわれるうえに別の依存症に陥るおそれもある。焦りをしずめようとアルコールや薬物に手を出してしまうのだ。成績にも悪影響をおよぼしかねない。ポーランドの大学生を対象とした調査から、勉強中毒はストレスを自覚する程度が高いほど増えて、その一方で成績は下がる傾向があると判明した。[15] 過剰労働の義務を感じているおとなを調査した結果と同じである。そのような学生は自分の時間と労力を調整する休息の感覚を内面化していない。いつ自分に**今日はそろそろ終わりにしよう**と声をかけたらいいのかわからない。そしてつぶれてしまう。

緊急避難口

夏休みの終わり、マギーもそんな事態に襲われた。東海岸の寄宿学校の十年生であるマギーは、八週間ものあいだ、母親のアンがマギーの「幸せな空間」と呼んでいる森のキャンプにボランティア指導員として参加していた。メイン州ブランズウィックでふたりの子どもを育てる母親であるアンが学校に戻る娘のリュックを車のトランクに詰めこんでいたとき、砂利道の上でマギーが目に見えてわかるほど震えているのに気づいた。「ヘッドライトの光におびえる鹿のようでした」。千ドルもするカナダグースのコートを着て、誕生日には運転手に送り迎えしてもらってニューヨークでパーティーをひらく娘が、学校の勉強のプレッシャーや友人たちとのいざこざに打ちのめされているのだ。「戻れない」とマギーは小さな声で言った。

すぐさまアンはマギーが有害な環境から抜け出せるように、アンの言葉を借りると「緊急避難口」を見つけなければならないと悟った。数日のうちにアンはメイン州の森のなかにある学校を見つけて、マギーを一学期のあいだ通わせることにした。こんなにすぐに次の学校を見つけられたのは、自分たちが恵まれているからだと認識した。マギーは薪ストーブが備わった小屋で寝泊まりし、夜になると生徒たちは火の番をしなければならなかった。マギーと同じ小屋で寝る六人の女子生徒は小さな二段ベッドの一段に集まり、ポップコーンの袋を手にしてパジャマ姿で語りあった。ドアの脇には彼女たちのブーツがずらりと並び、どれも日々の仕事で泥にまみれていた。

「最高」のものを果てしなく追いかけた結果、いつのまにか私たちの大半が自分の生活の判断基準を物質主義に委ねるようになった。物質主義とは単にブランドのロゴマークを好んだり、高級品を買ったりすることではない。そうではなく、私たちの目標や関心、日々の過ごし方を決定する価値体系なのである。物質主義は私たちを消耗させるだけではなく、寄る辺ない思いをもたらす。物質的な目標、つまりステータスの高い仕事や金銭を追求すると、時間と労力が奪われて交友関係に割く余力がなくなり、時間とともに孤独が深まる。皮肉なことに、孤独を感じれば感じるほど物質的な目標を追いかけるようになる。そうすれば人々が寄ってくるだろうと、たとえ無意識にでも期待しているからだ。ステータスを示すものを獲得すれば、なにより求めている他者との絆に値する自分になれると信じている。これぞ悪循環である。金銭を愛しているからではなく、他者との関係を築けないがゆえに物質主義を信奉する人たちが存在するのだ。人間と結びつくかわりに財や商品などのモノやステータスの指標にすがって空虚を埋め、欠落した心の安定を得ようとする。[16] だがこの手法は逆効果となって、構築しかけた人間関係を損ねることがある。事実として、物質的な目標を優先する人が作りあげる他者との結びつきは脆く、しかも打算的なものになることが多い。[17] 相手が自分の利になれば、自分も相手のために動くといった具合に。

イリノイ州ノックス大学の名誉教授であり、*The High Price of Materialism*（物質主義者が払う高い代償）の著者でもある心理学者ティム・カッサーは、三十年にわたり、仕事の成功、金銭、世間のイメージといった目標の追求と幸福度との関連を研究している。カッサーと同僚たちは、十八歳の若者を対象として、仕事、金銭、ステータス、自己肯定、コミュニティとしての目標、帰属感といった多様な指標を大事だと思う順にランク付けさせる調査を実施した。[18] さらに対象の若者たちのメンタルヘルスも調べた。十二年経って全員が三十歳になったときに、再び調査を実施した。どちらの時点においても、物質主義に傾倒していた被験者はメンタルヘルスの問題を抱えていることが多いとカッサーは気づいた。また、歳月を経て物質主義の傾向が弱くなった被験者は――十八歳から三十歳のあいだで価値観の変化を遂げた人たちは――幸福度が上昇していることがわかった。

物質主義と幸福度の関係について、カッサーは次のように解き明かす。物質的な目標を追求すると、多くの場合、自主性、能力、他者との結びつきといった基本的な欲求を犠牲にする。それによってストレスが増え幸福感が減じる。年齢や社会経済面の地位にかかわらず、ステータスを追い求める者は概して鬱と不安の度合いが高く、自尊心が低く、アルコールとタバコを多く消費する傾向がある。

他人よりも特定の目標を重視する者もいるかもしれないが、基本的に私たちは核となる価値観――外的と内的に分けられる――を共有している。外的価値は個人の達成と自尊心の向上を軸としている。金銭的な成功、イメージ、人気、順応などであり、他者の意見、外部の関心、承認と報酬を重視している。一方、内的価値が軸としているのは、個人の成長、コミュニティと人間関係の改善である。外と内のちがいは行動の動機に拠る。おもにステータスと高い給料のために医療の道に進むならば、外的理由によって職業を選択したことになる。しかし人々を助けたいという思いで選択したのならば、内的追求になる。興味深いことに、外と内の価値はまるでシーソーのように上下するとカッサーは語る。富やステータスといった外的目標に価値を置くと、内的目標に注意を向ける余裕がなくなる。たとえば、他者の生活を改善するために尽力するというコミュニティの目標がおろそかになる。

さらにカッサーはパイにたとえて説明する。自分が有する価値観をスライスの大きさであらわしてみよう。モノを購入することに価値を置いているかもしれない。あるいは家族かもしれない。仕事の成功かもしれない。コミュニティかもしれない。物質的な価値のスライスがあまりに大きければ、それ以外がちっぽけになる。価値はゼロサムゲームで動く。ひとつの重要度が大きくなると、それ以外が小さくなる。個人の成功と達成を強く望めば、見返りを期待せずに他者を助けたいという願いが締め出される。物理的に、人間が費やすことのできる時間や労力や関心には限度があるからだ。

友人や隣人やボランティア仲間との関係を大事にするといった内的価値を選択すると、高い給料や出世といった外的目標を追い求めたときには得られない喜びや幸福を手にすることができる。内的価値を追い求めると社会からの支援や帰属感が増大し、滋養あふれる恵みが味わえる。一方、外的目標はある意味ジャンクフードに近い。その瞬間はおいしく感じられるが喜びは長く続かず、あまりに大量に摂取すると身体を壊す。言うまでもなく、どの価値観が善なのかということは全員が承知している。問題は私たちが、全員の心の奥にある外的価値を刺激し、私たちを絶えず内的価値から引き離そうとするメッセージを大量に浴びせられていることだ。商品などのモノも、ステータスを防御する本能に養分を与えて、抗えない快楽をもたらす神経化学物質を分泌させる。外的価値への関心は、ある特定の瞬間に活性化することもある。たとえばインスタグラムにログインして、友人たちが優雅な休暇を楽しんでいるところを見た瞬間に。もしくは大学合格率の低下をめぐる日常会話などで生じる欠乏感覚に刺激されて、外的価値に目が向くこともある。ある母親は友人の家を訪問して新しいキッチン、新しい庭園、テーブルセッティングといった財産を褒めるたびに、嫉妬を覚え、改築する必要は皆無であっても自分の家にもどこか変化を施したくなると語った。

モノを所有し、大金を稼いで、ブランド力の高い学校に通うことを模範とする親が増えると、親と同じ価値観を身につける子どもも増えるとカッサーは語る。子どもに内的価値――他者との関わりやコミュニティへの貢献――を大切にしてほしいのならば、親がまっさきに着手すべき方法は、居住している地域を脱出して子どもが自分の価値を感じる機会を定期的に設けることである。家族とのディナーや友人の誕生日パーティーで結びつきを築いたり、電子デバイスから離れて心を休ませたり、自然を散策して私たちの存在の小ささや人間性について気づきを得たりする機会を通じて、立身出世といった事柄を重視する世界から定期的に子どもを解き放たななければならない。

アンがマギーとともに見つけたのもまさにこの方法だった。森の学校で過ごした一学期でマギーは寄宿学校での二年間ですり減った自分を取り戻した。ステータスをひけらかすモノにまみれた世界を脱出して、大自然のなかで森を愛して環境を守ろうと努力する同じ価値観の人々が集まる場所へたどり着いたのだ。ひとまわりたくましい自分になれた。そう確信したマギーは寄宿学校に戻る準備ができたと母親に告げた。今度は親しくする友人を見極めて、価値観を共有する仲間を作るよう心がけた。

見事に成功した。

「今回の脱出で本来のマギーを取り戻すことができた要因はなんでしょうか？」。メイン州の森のなかのハイキング道を歩きながらアンに尋ねた。「森を歩いているときは誰にも批判されません」とアンは答えた。「髪の色が変だとか太っているとかどんくさいとか、木が言ってくることはありません。木はただ『ようこそ』と声をかけるだけです」。ロビン・ウォール・キマラー〔ネイティブアメリカンの植物学者〕のお気に入りのフレーズを言い換えてアンは話した。「私たちは木を抱きしめる人たち〔環境保護運動家を指す〕について語るのに、木が愛を返してくれることについては思い至らないものです」。そしてこう付け加えた。「自然が娘を救ってくれたといっても過言ではありません」

前提を否定する

子どもを消耗させる風潮の根底には、よい人生は、「よい」大学に入学することで確保されるという確固たる信念が横たわっている。私が取材した生徒のほとんどが**高校は目標のための手段に過ぎないと考えていた**。名門大学に入ることが、金銭面の成功、社会的ステータス、幸福への鍵を握るとくり返し教えこまれているのだ。もちろん大半のおとなは広い視野を備えているので、そんなことはないとわかっている。一流大学に入ったのに望みどおりの人生を歩んでいない人など山ほどいる。それほど優秀ではない大学に入ったけれども、想像していたよりもはるかによい人生を歩んでいる人も山ほどいる。

また、この信念はごく一部の狭き門の大学が「よい」大学で、それ以外はちがうという前提に立っている。その前提に則って、USニューズ&ワールド・レポート誌は一九八三年から毎年アメリカの大学一五〇〇校のランク付けをおこなっている。バロンズ誌やプリンストン・レビューと同様、このランキングも小規模のリベラルアートカレッジから研究の一大拠点となる総合大学までの個性豊かな大学を平らにならし、スコアというひとつの評価基準であらわしている。例を挙げると、二〇二二年のUSニューズ誌のランキングでは、スタンフォード大学が一〇〇点中九六点、ミシガン大学が八〇点、ペンシルベニア州立大学が六四点である。この数字を見ると、スタンフォード大学がペンシルベニア州立大学よりも「優れている」のは一目瞭然だ。こういったランキングが進学校に通う生徒のあいだで幅を利かすようになった。ポール・タフは著書 ***The Inequality Machine: How College Divides Us***（格差製造工場——大学がいかに我々を分断するか）で、USニューズ誌のランキングを印刷して上位三十校の下に線を引き、それ以外の大学を志望しないように娘に命じた父親の話を紹介している。[19]

とはいえ、専門家が分析すると、どれだけ大目に見ても大学ランキングというものは当てにならないことがすぐさま判明する。「ランキングは質を客観的に評価しているように見えるかもしれない。複雑な計算式を使って自分たちの見解をもっともらしく載せているのだから」と〈チャレンジ・サクセス〉の共同創業者であり、スタンフォード大学教育大学院の上級講師であるデニース・ポープは、二〇一八年の報告書において説得力のある論調で綴っている。[20] しかし、とポープは続ける。さまざまな指標は「恣意的に測定されたものであり、大学の質や学生が将来成功するかどうかを正確に示すものではない」

ＵＳニューズ誌がどのような基準でランキングを作成しているのかを知ると、親も子どもも驚くのではないだろうか。私も驚いたのだから。二〇二二年版を例に挙げると、ランキングの二〇パーセントは大学関係者の相互評価に基づいている。考えてみてほしい。何百ものほかの大学の内部事情を正確に把握している大学の管理者がどれくらい存在しているのか。すべての大学の毎年の変化を追えるのだろうか。不可能だ。追えるのはせいぜい大学の評判だけであろうから、そのようなランキングとは思いこみが現実になる自己成就的予言といえる。

ランキングの残りのうち二二パーセントは、卒業と留年の割合に基づいている。ポープによると、高く評価されている私立大学では卒業率は概して九五パーセントだが、大規模な公立大学では、学校によって異なるが、六五パーセントから八五パーセントのあいだに位置している。だが卒業率を左右する最大の要因は、それぞれの学生の境遇であり（家庭が裕福な学生の割合など）、教育の質ではない。マルコム・グラッドウェルがニューヨーカー誌の記事で説明しているように、学校がどの階層の生徒を集めるかによって卒業率は変わってくる。[21] アメリカで最上流の家柄の生徒だけを入学させれば（イェール大学）、卒業率はぐんと高くなる。なるだけ多くの生徒を入学させれば（ペンシルベニア州立大学）、卒業率が低くなるのは避けられない。

なかには順位を上げるためにデータを操作する大学も存在するため、ランキングはいっそう不確かなものになる。コロンビア大学がＵＳニューズ誌に提供したデータが、「不正確で疑わしく、誤解を招く可能性が大きい」と同校の数学の教授によって指摘された件が話題を呼んだ。罰則として、ＵＳ

ニューズ誌はコロンビア大学の順位を二位から十八位に下げた。「全員が心に留めておくべき大事な教訓がある。USニューズ誌の運営がきわめてうさんくさいということと、ランキングが二位でも十八位でも意味がないということだ」と内部告発した数学の教授は書いている。[22]「どんな教育研究機関であれ一年で二位から十八位に下降するなど、ランキング自体が信頼できるものではないという証だ」。教育研究機関がランキング絡みのスキャンダルに巻きこまれるのは今回がはじめてではない。偽りや疑わしい情報を提供しているのはコロンビア大学だけではないだろう。[23]

ランキングには訴求力がある。先行きが不透明な社会では、たとえ費用が高くついても、ランキング上位の大学で学位を得ることが給料の高い仕事につながり、それによって人生の満足度も高くなると信じたいものだ。だが大学に金を注ぎこめば、仕事における成功も大きくなるのだろうか。ピュー研究所がまさにこの疑問を掘り下げている。[24] 大きな公立大学と学費の高い私立大学の卒業生を対象として、どういう人生を歩んだのか調査をおこなった。驚くべきことに、「統計的な差異は見出せない」という結果となった。どちらのグループも大多数において、家族生活、経済状況、仕事における個人の幸福度は同程度であった。

ポープもまた自らの報告書のなかで、超難関大学に通った学生とそうではない学生の卒業後の経過を追いかけた重要な研究をまとめている。彼女の研究でも超難関大学に通えば大きな成功を手にできるという証拠はほとんど見当たらなかった。だが、ひとつの重要な例外が指摘されている。疎外されてきた属性で、一族ではじめて大学に進学した上位校の学生は、それほど難関ではない大学の学生よりも高い給料を得る傾向がある。この例外が生じた正確な理由については、研究者の見方は一致していない。ほとんどコネクションを持たない学生に対して、学校側が人脈を増やす機会を設けるからではないかという見方もあれば、収入の低い家庭から進学した学生には奨学金が与えられるので、借金をほとんど背負わずに卒業できるからではないかという見方もある。

たとえランキングが疑わしく、将来における金銭面の利点がほとんどなくてもなお、名門大学に通うことが大きな幸せと喜びにつながるという信念にしがみつく親子もいるだろう。二〇一四年、ギャラップ社とパデュー大学が協力して、大学の卒業生を対象とするアメリカ史上最大の調査に取り組んだ。三万人を超える卒業生の幸福度を測るため、鍵となる五つの重要な要素について調査した。その要素とは、目的（どういう動機のもとで目標を達成するのか）、人間関係（力になる強い絆を持っているか）、身体（健康か）、財政（お金を適切に管理しているか）、コミュニティ（帰属感があるか）である。さらに仕事を楽しんでいるか、職場に成長を見守ってくれる相手がいるかという質問も加えて、仕事の充実度も調査した。その結果、通った大学の評判――難関か並か、公立か私立か、小規模か大規模か――は「現在の幸福度や職業生活にはほとんど関係しない」とわかった。

では、いったいなにが将来の成功をもたらすのか。調査の結果、学校での体験、とくに交友関係の質と学生生活に対する熱心さが関わっていることが判明した。幸福度と仕事の満足度が高い卒業生は、大学時代になにかに打ちこんだ経験があるという傾向が見られた。調査の結果、将来の成功への大きな土台となる大学時代の経験は、おもに六つのタイプに分けられることがわかった。

1：学問を胸躍るものに変える教授から学ぶこと

2：教え子の人間性を尊重する教授と出会うこと
3：ひとりひとりの目標の達成を応援するメンターと出会うこと
4：意義のあるプロジェクトに複数の学期をかけて取り組むこと
5：インターンシップに参加すること
6：課外活動に積極的に参加すること

学生が教え子の人間性を尊重して激励する教授と強い絆を築くことができれば、卒業後に仕事で充実感を得る確率は二倍以上にもなり、人生のあらゆる面において成功する確率も同様だった。さらに、学問の関心と呼応するインターンシップや職業を経験したり、意義のあるプロジェクトに複数の学期をかけて取り組んだり、課外活動に積極的に参加したりした卒業生も、仕事で充実感を得る確率が二倍になった。どんな大学の学生でも――「よい」大学にかぎらず――この六つの項目をクリアすることができる。この結果から、入学した大学の評判よりも大学生活への「適応」の方が重要だとわかる。

よい「適応」とは、大学のコミュニティのなかで自分の存在意義と重要性を感じること、他者が自分の幸せに関心と敬意を抱いていることを感じて他者に頼れるようになることである。言いかえると、将来の成功と幸福は学生が大学内で自分は大切な存在だと感じる度合いと関連している。自分の価値を教えてくれる教授と出会っただろうか。学期をまたいで続くプロジェクトやインターンシップに参加して、自分の学びを使って価値を与えることができただろうか。

言うまでもなく、子どもに将来の成功を保証する公式は存在しない。しかし、大切であることと幸せという観点から成功を定義すれば——成果という観点からだけではなく——親はもっと上手に子どもを導くことができるとリサ・ダムールは説明する。幸福度を左右する最大の要因は環境への適応であることを親が理解すれば、大学について子どもと語る際に、評判などの外的目標ではなく、個人の成長などの内的目標に重点を置くように努めるだろう。つまり大学について話しあうときは、大学ランキングではなく子どもの価値観を軸として進めるべきである。

「幸せへの道は難関大学を通っているはずだという前提を否定することから会話をはじめましょう。真実でもなんでもないのですから」とダムールは言う。なにより、名門大学に入ることが成功への鍵だという神話を崩せば、大学入学への苦難に満ちた過程に新たな視点を提示することができる。数十年におよぶ調査結果を踏まえて、「よい人生」を導くものについてじっくりと考えながら話しあおう。「子どもがブラウン大学に行こうが、それより低い順位の大学に行こうが、その後の人生の幸福を決定するわけではありません。それならば、なにが決め手になるのか。よい交友関係、意義のある仕事、自ら選んだ目標に向かって能力を発揮しているという気概です」とダムールは語る。「私たちはこの事実を理解して、子どもに教えなければなりません」。当てにならないランキングにふりまわされるのではなく、子育てのエネルギーをもっと有意義に使うべきだと調査結果は示している。どこの学校に入るかではなく、入学してからなにをするのかを強調しよう。

物質主義とメンタルヘルス

ティム・カッサーとの対話のなかで、豊かさと成果主義が子どもと子どものメンタルヘルスにどのような影響を与えているのかについて尋ねた。スーパーZIPコミュニティに身を置きながらも、子どもを損なわない価値観に光を当てるために、親である私たちはいったいなにができるだろうか。カッサーは質問に質問で答えた。「いや、あなたの質問の前提に疑問があります。どうして抜け出さないのですか」

私は固まった。

「もし配管に鉛が使われている学校に子どもを通わせていたら、子どもの健康が危険にさらされていると考えるでしょう。その場合、可能であればそこを去って、別の学校に入れますよね、ちがいますか」。さらにカッサーは続けた。調査結果が示すとおり、超進学校に子どもを通わせることは、子どもの価値観、幸せ、将来の行状に悪い結果をもたらすと信じていて、そこから去ることができるのならば、どうしてそうしないのか。

私の首筋がこわばった。答えを探しながら恐怖に襲われた。害をもたらしかねないとわかっている環境で、どうやって子どもを育てられるのか。抜け出すというのはどういうことか。どこへ行けばよいのか。

そんなことをぐるぐると考えていると、カッサーが助け舟を出してくれた。「けれども、それでも去らないと決めたのならば、よく考えたすえの思慮深い結論なのでしょう」。そして話を続けた。重要なのは、家庭では内的価値をすべてにおいて優先することである。家庭で内的価値を築いて確固たるものにすればするほど、物質主義の価値観が抑制される。しかし、とカッサーは続けた。家庭や友情は物質的な慰めよりも重要だと考えるだけではじゅうぶんとは言えない。行動によってこの信念を現実のものにしなければならない。そのためには正直に自分を見つめ直す必要がある。家族の時間の過ごし方——スケジュールや休暇、余暇活動に雑事——において自分がなにを大事にしているのか、子どもに伝えているだろうか。家族が大事だと口にしながら、子どもをよその州での遠征試合に参加させるために休暇の集まりを断っていないだろうか。ボランティアや他者を助けることが大事だと口にしながら、子どものスケジュールにはボランティアをする余裕など皆無なのではないだろうか。

私たちが自らの内的価値をあきらかにしなければ、子どもの生活のバランスを上手に保つ分別を働かすことはできない。自分に問いかけてみなさいとカッサーは言う。日々の暮らしに自分がもっとも大切にしていることが反映されているか。たとえば家族がもっとも大切であるならば、その信念が毎日のスケジュールに反映されているか。見習いたいと思える生き方を子どもに推奨しているか。あまりにも多様な活動に参加しているせいで、子どもは座って休憩する暇もないのではないか。他者を思いやるやさしい人間になってほしいと心から願っているのならば、子どもが思いやりを実践するためにどんな機会を与えたらよいか。

アルコールや薬物の濫用、セックスについて語るのと同じように、価値観についても親はオープンに語るべきだとカッサーは指摘する。百分間の話しあいではなく、日常の触れあいのなかで一分の会話を一〇〇回散りばめることを目標にする。息子がショッピングモールで最新のスニーカーをせがんだらこんなふうに尋ねてみよう。**ほんとうにもう一足必要なのか。それによって望むものを手に入れられるのか。**成績についても同様の会話を交わすことができると気づいた。**ＳＡＴで高い点数をとることの真の意味はなんだろうか。有名な大学に行けば、充実した人生を送ることができるのか。**

価値観をめぐる率直な対話は、これまで子どもたちと交わしたやりとりのなかでも、ひときわ意義深いものになった。この対話によって、私にとっての成功の意味を定義することができた。長男のウィリアムがミドルスクールに入学すると、勉強も期待もどっしり肩にかかり、二ページの課題を仕上げるのに何時間もパソコンの前に座るようになった。スクリーンを見つめたままタイプしては消して、時間だけがどんどん過ぎていく。私はウィリアムを励まそうとこう言った。**ベストを尽くせばいいのよ。**ある日、ウィリアムはいらいらと言い返した。「母さん、ぼくは十一歳なんだよ。なにがベストかなんてわからないよ」

私は十代の頃をふり返り、私のベ、ス、トとはどんな意味であったかを考えた——なんて荷が重い言葉だろう。もうじゅうぶんだと子どもに教えるにはどうすればよいのか。

数年前、ワシントン・ポスト紙の記事のために調査していたとき、この疑問を解決するひとつの方法を見つけた。自分のやっていることを誇らしく思う考え方を活用するのだ。誇らしく思うにはふたつの手法がある。ひとつは自分自身に真正な誇らしさを感じる内発的な手法である。もうひとつは他者の意見によって誇らしさを感じる外発的な手法であり、心理学者が呼ぶところの傲慢な誇らしさである。真正で健全な誇らしさを持つと本物の自尊心と達成感を味わえる。たとえば、よい親、よいパートナーであることや、コミュニティに貢献したときに生じる感情である。ジェシカ・トレイシーは

著書 *Take Pride*（誇りを持て）のなかで、真正な誇らしさがあれば自分を受けいれられるようになり、どういう人物になりたいか、そのためにはなにをすべきか考えることができると述べている。一方、傲慢な誇らしさは、自分の感情を他者の判断に委ねることが起点であり、周囲の称賛を得るために金や名声といった空虚な目標を達成するよう私たちを駆りたてることもある。

私の願いは、子どもたちが外見の輝かしい業績に過度に目を向けるのではなく、内発的で真正な誇らしさを大切にすることだ。よって、子どもたちが度を越して勉強しているときに、じゅうぶん頑張っていると判断できるように声のかけ方を変えてみた。ベストを尽くしているかどうかが問題ではない。新たな尺度を適用して新たな質問を投げかけなければならない。これだけ力を尽くしたと誇らしく思っているか。

考え方を変えたことによって、わが家において「ベストを尽くす」とはどういう意味なのかを定義する方法が見つかった。Aをとるのではなく、誇らしく思うこと。これによってウィリアムの目標が定まった。よい成績のためだけに勉強するのではなく、よい成果を生み出すことで味わえる誇らしさを期待して注力するようになった。たとえ試験で最高の成績をとれなくても、誇らしく思うことはできる。これによって私も変わった。ある瞬間を鮮明に覚えている。ノスタルジアが心理におよぼす力について、ウォール・ストリート・ジャーナル紙に記事を書いたときのことだ。ノスタルジアを有効に利用して過渡期に対処しようという内容だった。自分が書いた記事のなかでも一、二を争う出来だと思っていたので、読者からの反響が待ちきれなかった。ところが翌日になって記事のオンライン版にログインすると、コメントや共有といったアクティビティが見当たらなかった。静まりかえっていた。ひとりだけコメントをつけていたが、おかしなことにその読者も寒々とした反応が気になったらしく、「こんなに読みごたえのある記事にコメントがないとは驚いた」と書きこんでいた。

その晩、食卓で私は困惑と落胆を語った。あの記事を書いて、私の視界はがらりと変わったというのに、読者の心にはたいして響かなかったようだ。がっかりした。

するとと話を聴いていたウィリアムが口を開き、「でも、その記事を誇らしく思ってるんだよね？」と尋ねて答えを待った。

集中的な休憩

休む間もなく努力し続ける者にとって、時間は貴重だ。「友達はみんなとても頑張ってるから、追いつけなかったらと考えると自己嫌悪に陥る」とマーサーアイランド高校に通う十二年生のレイチェルは語った。「毎日のプレッシャーに立ち向かうためには、とにかく頑張るしかありません。それ以外の方法なんてわからない」。レイチェルは最近知りあった男子生徒の話をした。リラックスするための時間の作り方を教えてくれたのだ。男子生徒はスケジュール表に二時間の枠を書きこんで、**自分のための時間**と記入した。「目が点になりました」とレイチェルは言った。「のんびりする時間なんてとてつもない贅沢だから」

大切にするためには、私たちは機械ではないと理解しなければならない。人間なのだから限界もある。限界を超えていないかどうか親が注意を払えば、子どもは心強いシグナルを察知して、自分は休息と慈しみに値する存在なのだと感じる。これを何度も実行して、子どものバランスを保たせることがおとなの役目だ。親に取材すると、マルコム・グラッドウェルの名と、と〈一万時間の法則〉の話を何度も耳にした。〈一万時間の法則〉とは、グラッドウェルが一流の音楽家を取材した著書『天才！』（講談社　二〇〇九年）で披露した法則である。つまり、ひとつの分野で抜きん出た存在になるためには、集中的な――一万時間におよぶ――練習にひたすら打ちこまなければならないと親は学んでいた。〈一万時間の法則〉の影に隠れたものの、この研究では別の法則も判明している。その法則とは、頂点に登りつめた音楽家はライバルよりも休息しているということだ。[25] 八十分続けて練習したあとは三十分休んでいる。八時間半もの睡眠をとって昼寝もしている。息抜きの時間を重視し、そのために一日に三時間半の時間を確保している。「集中的な練習」は、「労力を要するため、毎日かぎられた時間しか続けられない」と研究者は指摘する。一流の音楽家になるためには、学生は「練習時間を制限して、翌日、もしくは翌週には、完全に回復しなければならない」。言いかえると、集中的な練習とまったく同じように集中的な休息に励まなければならない。

　世界レベルの音楽家と同様に、十代の子どもも八時間から十時間寝なければならない。ところが、最低限求められる八時間の睡眠をとっている子どもは二五パーセントに満たないという。[26] 十代の子どもを調査したところ、睡眠時間が八時間を超える子どもがもっとも健康なメンタルヘルスの持ち主であり、不機嫌や劣等感、鬱や不安の度合いがもっとも低かった。[27] 頑張ることを至上命題とするコミュニティで、夜になると本を閉じてはやく寝なさいと指示したり、昼寝をとることを勧めたりするなど、子どもに休むように言いきかせるのは危険な行為のように思える。だが思春期の子どもは息抜きをする術を身につけていないため、のしかかるストレスや不安をまぎらわすために薬物やアルコールなどの不健康な手段に頼るおそれがある。休んでもよいと許可すれば、自分自身、そして心身の健康は守る価値がある大切なものだと伝えることができる。リサ・ダムールは私にこう語った。「睡眠は人間の心身がばらばらにならないようにくっつける糊ですから、親としてはなんとしても死守しなければなりません」。休息は最高の結果を出すためだけに必要なものではない。子どもは機械ではなく慈しまれて大切にされるべき人間なのだから、休息をとることを学ばなければならない。

誤解のないように付け加えると、健康に気をつかうといった、親が重視する価値観について家族で話しあうのは、優秀な成績や勉強に励むことを否定しているのではない。そうではなく、人間性のすべてに目を向ける枠組みを提示している。優秀な成績は、人生の「成功」が意味するほんの一部に過ぎないのだと言葉で伝えて行動で範を示しているのだ。およそ十年前、ニュージャージー州に住んでいる私の友人、エリザベスと夫のスコットは価値観を試されることになった。エリザベスは広告業界、スコットは金融業界で働いているが、数カ月間のうちにふたりとも大きな昇進を打診された。昇進すれば地位と給料が高くなり、同時にオフィスでの労働時間と毎日のストレスが増える。

その週、私は友人たちとエリザベスをディナーに誘って祝福した。ところが、いざ席につくと、彼女が悩んでいるのは誰の目にもあきらかだった。エリザベスは話し出した。(当時)六歳と四歳の子どもたちとの生活を大事にしたい。その一方、この二十年ものあいだ懸命に働いてようやく手に入れた仕事のチャンスもつかみたい。「どちらかを選ばないといけないと考えると苦しくなって寝られない」と言った。

考えを整理するために、エリザベスははじめてセラピーを受けた。自分にとって成功とはどういうものなのかを把握したかったのだ。両親や同僚や隣人ではなく、自分が考える成功の定義を。セラピストは人生でもっとも大事な五つの分野を考えるように言った。エリザベスはこう答えた。家族、友情、ボランティア活動、運動、仕事。幼い子どもたちが家にいるため、このなかのいくつかでは優秀な結果を出すことはできるが、すべてにおいては無理だとエリザベスとセラピストは判断した。自分にとって成功とはバランスのとれた生活――一つ二つの分野で抜きん出ることではなく、すべての分野でじゅうぶんな結果を出すこと――であるとエリザベスは気づいた。何週間ものあいだ胸の内を探ったあと、エリザベスは新しい任務を断った。数週間後、スコットも同じ結論に至って昇進を断った。

つらかったでしょう？　私は尋ねた。もちろん、とエリザベスは答えた。けれどもそのおかげで自分とスコットが家庭の目標をはっきりさせることができたのだから、有用な経験だった。息子たちにどういう価値観を持ってもらいたいか。毎日の生活にその価値観が反映されているか。エリザベスとスコットが息子たちにもっとも大切にしてほしいものは思いやりであり、まわりの人を労わる心であった。

それ以降、子どもたちが成長する数年のあいだ、ＳＡＴの準備に何時間費やすか、ＡＰクラスをいくつ受講するか、週末には家族でなにをしようかといった、家庭における大きな決断から小さな決まりに至るまで、家庭の方針にそって判断をくだすことができた。周囲の親が成績についてヒステリックに話しているのを耳にすると、当然ながらエリザベスも迷いを感じた。けれども子どもには、あくまで家族が大切にしている方針に則するかたちで、よくやってほしいのだと思い出した。同じ考え方を持つ友人に電話して、「今年私たちが子どもをトラベルチームに参加させていない理由をもう一度確認したいの」と言った。

先日、夏休みの計画について話しあう時期が到来したが、高校生になった息子にエリザベスが勧めたのは、立派な成績証明書を作りあげるために夏期講座に通うことではなく、近所のデリでアルバイトをし、地元の動物シェルターでボランティアをすることだった。「息子はこの一年ものあいだずっと、勉強や成績といった自分のことで頭がいっぱいだった。だから、自分以外の人、助けを必要としている人にもっと目を向けてもらいたいの」とエリザベスは語った。

「高い志を持ってないわけじゃない――ちゃんとある」とエリザベスは言う。「でも、そんな志のためになにもかも犠牲にできない」。高い志のために大事な人たちとの関係を犠牲にしたり、メンタルヘルスを損なったりする必要はないと息子たちに教えている。「どこまでやればじゅうぶんか息子たちにわかってほしい」

何事もほどほどに

幸運にも、一週間近くマーサーアイランドに滞在することができた。さまざまな家庭を訪問し、高校に足を運んで、海を見渡せる公園での散歩を楽しんだ。島での最後の日、アンドリューの母親のジェインとカフェのテラス席で落ちあった。ジェインは文具をオンライン販売する会社を営んでいて、テック産業の起業家である夫とともにマーサーアイランドに引っ越してきたのは、この地のコミュニティの雰囲気に惹きつけられたからであった。子どもの保育園で同じ考え方を持つ友人たちと出会い、親密なつながりを築いた。今回も友人たちのおかげで自分の価値観に従うことができた。「たしかに上質の物は好きですが、近所の人と張りあおうとしているわけではありません。十三年前に購入したミニバンで走っているのですから」とジェインは語る。課外活動について、ジェインと夫は子どもたちに同級生が受講する数の半分近くまでとってもよいと認めた。「夫の哲学は一貫しています。何事もほどほどに」。この言葉は一家が目標とする生き方の指針になった。

一家の子どもはみな高校で優秀な成績を収めたが、家庭でバランスや限度が保たれたにもかかわらず優秀だったのではなく、そのおかげなのだとジェインは信じている。科学のAPクラスをふたつも受講しなくとも、アンドリューは第一志望の東海岸の大学に入って工学を学んでいる。ジェインの考えは常識に反しているように思われるかもしれないが、バランスのとれたやり方が実際によい結果を生み出すことは研究からもあきらかだ。ある調査において、ミドルスクールに通う数百人の生徒に親が優先している価値をランク付けしてもらった。価値の半分は、よい大学に入学する、学業で秀でる、仕事で成功するといった成果を中心としたものだった。残りの半分は、礼儀正しい、親切、やさしいといった性質だった。親が成果よりも性質を重視している、あるいは同等に重視していると答えた生徒は、親が成果をなによりも重視していると答えた生徒よりも健康なメンタルを維持し、よい成績を収め、規則を守る割合が高かった[28]。ジェインの子どもたちは、成績に関心を払うのと同じくらい他者や自分たちへ思いやりを向ける親から恩恵を受けたのである。

私はジェインとの会話を終えて車の方向へ歩きながら、この地と同じように大きなプレッシャーがのしかかる環境で十代の子どもを育てていることに対する不安を口にした。ジェインはにっこり笑って、「確実に言えるのは、私たちも完璧な親ではなかったということ」と言った。時には過ちを犯した。だが、子どもは親の過失すらもたくましく乗り越えるのだ。現在、ジェインの子どもはみな二十代になっている。「どの子もすこやかに生きていると心から思います」

では、なにがその鍵になったのか。「そうですね。家族として大切にしているものを明確に掲げて、ひたすら守り抜いたからでしょう。うまくいかないときも、他人からまちがっていると注意されたときも。そして子育てが終わりに近づいたいま、すべてがうまくいきました」。ジェインはそう言って、キーを車のドアに差しこんだ。「私たちは家族の時間を充実させることができました。そしてアンドリューも高校生活を目一杯楽しんだはずです」

第六章　嫉妬

超競争社会を生き抜く方法

ロサンゼルスのブレントウッド地区にそびえる門の奥にアーチャー女子校がある。ミドルスクールと高校が一緒になった私立学校だ。まるで映画の一場面のように、鉄の門が開くと瑞々しい芝生が目の前に広がり、Uの字に延びる車道の先に一九三一年に建造された歴史あるスパニッシュ・コロニアル・リバイバル様式の校舎が見える。当初は引退した女性向けの住居として建てられただけあって、近隣の住宅にもすんなりなじんでいる。

私がこの学校を訪れた際に出会った生徒のひとり、ボーン・アノアイは六年生のときにアーチャーに転校すると、すぐにクラスメートの聡明さに圧倒された。教師からの質問に対して、彼女たちはつねに論理的で鋭い答えを返した。こんな面々が新しい競争相手だと思うと、背筋が凍る思いがした。少しでも休めば罪悪感に襲われ、落ちこぼれてしまうと焦燥に駆られた。競争心を胸に秘めていると、親しい友人を作るのがどうしても難しくなる。そんな毎日を「島でひとりぼっち」だと感じるときもあった。

ボーンが語った類の競争について、私は取材したアメリカ各地の生徒から何度も聞かされた。進学校に通う子どもに降りかかる問題である。親が優秀な学校の区域に引っ越したり高い学費を払ったりするのは、最高の教育、最高の機会、つまり将来の成功を約束する最高の手立てを子どもに授けたいからだというのに、競争の激しい環境はときに思いもよらぬ副作用をもたらす。

西海岸の公立の進学校に通う十二年生のネイトは、私がインタビューをはじめるとすぐに肺から一気に吐き出すように、高校生活でとった三つのA以外の成績に「呪われている」と語り出した。四年間でたったの三つだというのに、どうしてそれほど悩んでいるのか尋ねると、「ぼくはごくふつうの人間です。目立った特徴もない。クラスにはぼくとまったく同じような生徒——スポーツに励み、よい成績もとる——が二十五人います。だからこそ、ぼくは完璧じゃないと駄目なんです。完璧じゃないと抜きん出ることができない」。そしてほとんど自分に語りかけるように付け加えた。「競争がここまで激しくない学校に通っていたら、自分のことをこんなふうに思わずに済んだかもしれない。ついそんなことを考えてしまいます」

仲間と比較する——ライバルを見定める——ことは避けられない人間の本質である。そこへ周囲の状況も関わってくる。[1] ニューヨークで三月の気温が十六度ならば暖かいが、フロリダなら寒いと感じる。ネイトが数学の優等クラスで味わっているのも、これと同じ心の動きである。みんながAをとっているときにB+をとれば、どれほど打たれ強い生徒でも「落ちこぼれ」のように感じる。

教育の場において、このような周囲との比較を「小さな池の大きな魚効果」と心理学者は呼んでいる。大きな魚（優秀な生徒）が小さな池（それほど優秀ではない学校）に行けば、自分の能力にさらに自信を抱く。平均よりも上にいるのだから、自分は優秀だという思いが強くなる。反対に、数多くの優れた生徒（小さな魚）が競争の激しい進学校（大きな池）に行けば、ついていけないと感じて劣等感に悩まされる。[2]ネイトのように上位一パーセントから五パーセントのあいだに属する生徒であってもこの思いを味わう。AP微分積分BCのクラスでも平均より下に位置する生徒はいるのだから。これほど高いレベルになると、競争や比較は有害の極みに至る。ある母親は、子どもが通っていたワシントンDCの私立学校での激しい競争をふり返って、「賢い生徒もできそこないの気分にさせられる学校でした」と語った。

よって、毎日子どもが泳いでいる成績優秀者の海――子どもの大切さを蝕む海だ――について語ろうとしても、こういった歪んだ尺度に子ども自身が気づいて抗うのはとりわけ難しいだろう。というのも、泳いでいる子どもは水中の世界しか知らないので、水の存在に気づくことができないからだ。[3]この海流は子どもの生活のあらゆる領域に流れこむ。学校、スポーツ、音楽、演劇、ダンス、絵画――優秀な者たちがひしめく極めて狭い一帯で抜きん出るためには、がむしゃらに頑張らなければならない。そんな競争の激しい海でもがいていると、成績以外の価値に目を向けることが不可能になる。もしくは、*Race at the Top*（頂点に立つ人種）の著者ナターシャ・ワリコーが私に説明したように、恵まれた学校に通っているだけで「金色ではないかもしれないが、すでにメダルを獲得している」という事実に。彼女に言わせれば、真の意味で苦しい状況に置かれた子どもは、エリートが集まるコミュニティの外部に存在する。

そのような狭い範囲で互いを比べれば、クラスメート全員が暗黙のうちに競争の落とし穴にはまりこむ。そこでは、ある生徒が言ったように、相手の成功は自分の成功の妨げである。ある父親はタウン・アンド・カントリー誌の「今年の大学入学の恐ろしい真実」という記事で、「ハーバードの合格率が三パーセントであっても、そこからさらに計算が必要だ」と述べている。[4]「一族ではじめて大学に行く生徒、アスリート全員、卒業生の縁者枠を引いたらどうなるのか？　三パーセントのうちどれだけ残るというのか。つまりこういうことだ。子どもになにができるのか？　どうやって周囲との差をつけたらいいのか」

競争自体は目新しいものではない。しかし幼いうちになるだけ早く成功することが重視される最近の風潮に伴って、エリート学校での競争が激化したと心理学者は指摘する。九〇年代初頭、高校生であった私も大学進学を視野に入れて、優秀な成績とリーダーの地位を目指したのは事実だ。それでも、成績が十代の時間を決定づけたわけではない。だが今回取材した生徒の多くは、成績が自分の人生を決定づけると感じているようだった。いくつかのBが成績証明書に載るだけでなぜそれほど悩んでいるのかと尋ねると、ネイトはこう答えた。「自分の将来をぶち壊したかもしれないという恐怖を覚える」

ボーンと同様に、ネイトも机に向かうときやサッカーの練習をするときには、全身全霊を捧げなければならないとつねに駆りたてられると語った。本来なら楽しめたであろう遊びや休息の時間もそんな焦燥感のせいで台無しになる。「少しでも休めば、最悪の事態が待ち構えている」とネイトは語った。「テストの成績がイマイチだったり、サッカーの試合で失敗したりして落ちこんだ瞬間に、あのとき休んだからだと思ってしまう。もっと頑張らなかったからだと自分を責めて、これからは休まないようにしようと決意する」

ネイトは通っている高校を「むかつくほど競争が激しい」と語る。競争の激化によって、友情にもひびが入る。「ほかの生徒が賞をとると心からよかったとは思えません。それどころか、自分ももっと頑張るべきだったとか、自分が表彰されるべきだとか考えてしまう」。西海岸の学校に通う生徒も、過熱する競争のせいでコミュニティ内の信頼が損なわれると指摘した。「大学が最終目標になると、まわりの誰もが自分の足を引っ張っているように感じます」

なかには、仲のよい友人にも授業のノートを貸さない、スポーツではチームの勝利を犠牲にしても自分の得点を優先すると認めた生徒も存在する。ニュージャージー州の優秀な公立高校に通うジョンは、数学のAPクラスで一位と二位の座を争うふたりをほかの生徒たちが引きずり落とそうと画策した話を教えてくれた。カンニングが蔓延しているという噂を耳にした学校の管理職が匿名の調査用紙を生徒たちに渡して、名前を挙げず、ただカンニングを目撃した回数を報告するように指示した。授業のあと、数人の生徒が数学の「ライバル」の名前を記したと認めた。ふたりがカンニングをした証拠は皆無だったというのに、疑いをかけて大学入学のための教師の推薦を阻止しようとしたのだ。

何年にもわたって、ボーンはおとなが子どもの痛ましい本能を引き出すところを見てきた。強豪で知られるバレーボールのトラベルチームでの経験から、ひとつのポジションをめぐって子どもを争わせている親を目にしていた。同じポジションの子どもと仲よくするなと暗黙のルールを定めている家族もいた。試合になると関係がこじれるおそれがあるからだ。

ボーンが、アーチャー校のオンライン新聞であるオラクル紙に執筆するために、ジャーナリズムのクラスをとった授業初日のことである。自分が全国表彰もされてきたオラクル紙にふさわしい人物だと証明しなければならないと、バレーボールのコートで培った競争心を抱いて授業に臨んだ。しかし、同じクラスのもうひとりの生徒クロエ・フィドラーも同じ気持ちを抱いていることには気づいていなかった。私の取材に対してクロエはこう説明した。ロサンゼルスのような場所にある学校では、「競争が加速する」。ロサンゼルスでは物質的な価値がひときわ強調されるため、「成長するにつれて自分は劣っていると感じるようになります。お金持ちじゃない、可愛くない、頭がよくないって」。自分に足りないものを感じれば、他者を打ち負かして自分の価値を証明しなければならないという思いがいっそう強くなる。

身を切り裂くような現実が、交友関係やメンタルヘルスを危機に追いやっている。パンデミックで隔離される前から、孤独を感じる十代の子どもの割合は増えている。[5] 二〇一二年は一八パーセントであったが、二〇一八年にはその二倍を上回る三七パーセントになった。たとえ家庭が支えになったとしても、友情が激しい競争の波に呑みこまれると、子どもは自分の価値の証と帰属感を見失う。激しい競争のもとでは友情も打算的になり、進学し就職してからもその考え方から脱却できなくなる。「ここの校風には、望みの地に最速で到達したいという考えが深く根づいている」というスタンフォード大学の学生の言葉がスタンフォード・デイリー紙に引用されている。[6] 「その途中で友達を作るのも悪くないけれど、いつでも用済みにできる」

友人にとって大切であること

大切であることの起点は家庭にある。親と家族に大事にされていると感じることから生まれる。しかし、外の人の目から見て重要な存在であると感じるためには、家庭より大きなコミュニティで自分たちが果たす役割も重要になる。子どもにとって、家庭より大きなコミュニティとはまず学校である。起きている時間の大半を学校で過ごし、アイデンティティも学校で形成される。全国の思春期の子どもを対象とした縦断的研究（ＮＬＳ）において、七年生から十二年生の、三万六〇〇〇人を超える生徒の幸福の基盤となるものを調べたところ、苦しみ、摂食障害、希死念慮を防ぐ最大の要素は家族の絆であることがわかった。しかし、子どもにとって次に重要なコミュニティである学校との結びつきもまた、薬物濫用、低年齢の性行為、飲酒や運転を原因とする不慮の事故を防ぐ効果が高いことが判明した。

親の存在と並んで、仲間も思春期の子どものメンタルヘルスと幸福を守るかけがえのない要素になりうる。子どもが成長してティーンエイジャーになれば、「大切な存在でありたい欲求に応えてくれるようになる」のは仲間であるとゴードン・フレットは語る。[7] 大切という感覚を互いに満たすことによって友人との絆が強くなる。自分にとって大切な相手が自分のことを大切に思ってくれていることが判明すると、思春期の子どもの幸福が保たれる。反対に孤独を感じると、鬱や不安や薬物濫用といった深刻な問題に陥る危険性が高まる。

たとえ相手がひとりでも深い友情があれば、孤独がもたらす害悪から身を守り、自尊心と学業への意欲を高める効果がある。三六五人の生徒が小学校からミドルスクールに入るまでを追跡した調査によって、幸福と達成につながるふたつの重要な要因が見つかった。[8] ひとつは仲間に受けいれられている感覚であり、もうひとつは最低でもひとりの親しい友人を持つことであった。所属していると感じると、教室で恐怖に怯えながら過ごす必要もなくなり、貴重な認知資源を学業に振りわけることができるので結果的に成績が上がる。

思春期に良質な友情を築くことも長期間にわたって効果を発揮する。友人にとって自分は大切な存在であると認識することが幸せに直結するという調査結果がある。自分のことを深く理解して、癖や個性もあわせて一緒にいることを楽しんでくれる相手と友情を築けば、無条件に価値のある存在でありたいという思いが満たされる。バージニア大学の研究チームによる縦断的調査によると、十五歳のときに親友がいた生徒は二十五歳の時点においても、思春期に親友がいなかった者より社会不安を感じる程度が低く、自尊心が高く、鬱の症状も少なかった。思春期に親友がいた生徒は、生涯を通じて支えとなる友情を築いて維持する能力を備えていると研究者は主張する。対照的に、友人の数は多くとも良質の友情に恵まれていない子どもは、二十代半ばまでに強い不安を感じる傾向が強いという報告がある。[9]

親である私たちは、殺伐とした環境において、自分が大切であると強く感じられる安定した友情を子どもがはぐくめるかどうかコントロールすることはできない。自分の子どもが仲間と争っているのか、あるいは（ひょっとしたら）誰かに攻撃を仕掛けている側なのか、かならずしも把握できるわけではない。子どもが教室になじめなかったり、遊びに加われなかったり、お泊り会に誘われなかったりしても、私たちにはなにもできないし、するべきではない。それでも友情はなによりも大事で優先すべきものだと家庭でしっかり教えよう。競争と断絶が深まる社会だからこそ、結びつくことの価値を説かなければならない。他者への信頼と友人を支える力になる喜びを教えなければならない。

ボーンはアーチャー校に転入したときの心構えをこう語った。「助けてと言うくらいなら溺れ死んだ方がまし」。裕福なコミュニティに所属する親と同様に、子どももステータスを防御しなければならないと思いこんでしまう場合がある。弱さを見せず、他者に頼らず、さらには他者の成功すらも喜べなくなる。親は社会のつながりの重要性を教えることよりも、独立心旺盛な自立したおとなに育てることを重視しがちである。それが子育ての最終目標だと吹きこまれているからだ。

フィラデルフィア小児病院小児科の教授であるケネス・R・ギンズバーグと話しているさなかのことだ。私の頭に閃光が走り、他人の得点は自分の失点になるというゼロサム思考から逃れる道が照らされた。そう、子どもの独立心を育てることは重要である。しかし子どもに自分が大切だと感じさせたいのならば、もっと大事なことを教えよう。それは、互いに支える心、つまり相手を頼り、相手に頼られる健全な方法である。アメリカ各地での取材を通じて気づいたのは、競争の激しい海を上手に泳いでいる子どものまわりにはゼロサム思考をきっぱりはねつけるおとなが存在するということだった。親であれ、コーチであれ、教師であれ、そういったおとなは、クラスメートを応援したり、チームによい結果をもたらすために自分が犠牲になったり、友人を助けると同時に自分も助けを求めたり、仲間との競争から生じる居心地の悪さに向きあって対処したりすることを子どもに教えている。絶対にクリアできない〈ハンガー・ゲーム〉に備えさせるのではなく、互いに支えあう精神を培うことに力を注いでいるのである。

思いを可視化する

二〇二一年の春、ボーンとクロエと対面したとき、自分たちの友情について語るふたりの姿に胸を打たれた。前回の取材で語った不安感や孤独は見受けられなかった。どちらも声をあげて笑い、片方が話し出すともう片方が話を締めくくり、互いの呼吸や間を把握していた。もうひとりの友人であるセア・リモーニも会話に加わった。有望な水泳選手であるセアも新聞を作る仲間である。私と話しながら三人はそれぞれの長所をすぐに指摘し、互いを深く理解していることが伝わってきた。「セアはとってもやる気に満ちています」。「クロエはアドバイスするのが上手」。「ボーンは超がつくほど真面目なんです」。三人は気軽に助けあう関係を築いていた。自分が話し過ぎていると気づけば、あとのふたりにすぐにバトンを渡した。この質問にはクロエが答えてよ。まわりと比べてしまうことについてクロエの意見を聴くと、「そうだ、いつもなるほどって感心するもん」

いったいなにが起きたのか。知らねばならない。三人とも競争心を抱いてジャーナリズムの授業をとって、自分こそがこのクラスにふさわしいと証明しなければならないと感じていたのなら、どうやってそこから抜け出したのか。はっきりわかっている事実として、三人とも家庭でしっかり支えられ、親から無条件に愛され、スポーツの練習には車で送迎してもらい、悩みや不安にちゃんと耳を傾けてもらっている。もうひとつ挙げてみよう。三人とも素直な性格をしており、すぐに笑顔になり、自分の内面に目を向ける。さらにアーチャー校で過ごした数年間で、校風である助けあいの精神が植えつけられたのだろう。けれども彼女たちの話によると、心持ちが変わったきっかけはジャーナリズムの授業らしい。どういう点が三人の結びつきをはぐくんだのか。

ボーンが最初に答えた。三人の友情を生んだのは、ジャーナリズムの授業を担当しているテイラー先生が作りあげた気風だという。新聞の顧問であるクリスティン・テイラーは、二十五年ものあいだアーチャー校で教師を務めている。生徒に高い期待を課す一方で、効果的に支援するのが彼女の指導法だ。十年前に新聞を引き継いだときは、たった週に一回のクラブ活動に過ぎず、紙の新聞を発行するのは年に一回か二回だけだった。だがその時点からすでにオラクル紙はもっと大きな役割を果たすことができる——チームワーク、協力、コミュニティ、市民としての責任を生徒に教えることができると考えていた。テイラー先生の指導のもとで、オラクル紙は全国的に名高い複数の賞に輝いた。

テイラー先生は、競争をあおる現代社会のプレッシャーが友情を壊すさまを目撃してきた。よって教室内での競争については慎重に対処した。緊密なコミュニティで互いに競争すると、とんでもないストレスを招くおそれがある。とくに無視できない現実——全員が同じものをめぐって争っていること——について語りあうことができない状態であれば。教師の仕事は生徒が書いた記事の改善点を率直に指摘することだけではない。教室内で語られない力学にも率直になることも含まれている。彼女は、生徒が感じていながらも口に出せない事柄もたびたび取りあげた。初稿が完璧に仕上がっていないときの恥ずかしさや、編集長の地位をめぐる軋轢を。仲間に負けまいと頑張る心の奥には根深い感情が潜んでいることがあると気づいていた。嫉妬だ。

周囲と比べるのは、人間として自然な行為である。だが省みることなく放っておくと、恐ろしい孤独に陥りかねない。嫉妬は大切さの感覚を消し去る。嫉妬の致命的な問題は、人間は嫉妬を感じていないふりをするという点である。嫉妬をあらわにすると、自分に欠けているものをさらすことになるからだ。人間がもっとも認めづらい感情は嫉妬であると実験でも証明されている。嫉妬にともなう恥の感覚によって、心を開いて他者の助けを受けいれるのが困難になり、その結果、苦しい感情をやわらげる重要な結びつきが損なわれる。こういった理由もあり、テイラー先生は新しい学年がはじまるとすぐにこの授業の意義をはっきり伝えることにしている。民主主義において、その縮図であるアーチャー校において、ジャーナリズムが果たす役割を一緒に学んで実践するのが全員の目標である。記事を書いて賞をもらうためではないと強調する。互いに助けあい、全力を尽くして最高の新聞を作るためなのだ。すばらしいものを作るためには、記事を書くのも、編集も、写真を選ぶのも、校正も、ひとりではできないと学ばなければならないと先生は全員に語りかける。

誰の目にもあきらかなのは、アーチャー校の指導者たちは力強く支えあうという理念を築いているということだ。進学校に競争はつきものであるが、アーチャー校では教師陣が真っ向から競争に抗って、生徒に高い志を持って学習する楽しみを味わうように奨励している。矛盾していると感じる人もいるかもしれない。高い志を持てば必然的にストレスが大きくなり、楽しさが失われるのだから、と。アーチャー校が生徒に伝えようと努めているのは、目標とバランス感覚が備わっていれば高い志を持つことはすばらしいという考えである。学校長のエリザベス・イングリッシュと事務長のカレン・パヴリスキャクのように犬を連れてくる学校関係者も多く、学校全体が喜びに満ちているのが手に取るように伝わってくる。教師は全員と温かい挨拶を交わし、頻繁に名前を呼んで声をかける。廊下には笑い声が響きわたり、教室には揺るぎない理念が貫かれている。

なにより、教師同士が協力して学びあう手本を示している。ほかの教師の授業を見学してアイデアと気づきを探す。これがイングリッシュ校長の言うところの「指導ラウンド」であり、病院で若い医師と経験豊富な医師が患者を診る教授回診に近い。アーチャー校の理念を支えるもうひとつの信条は「思いを可視化する」である。テイラー先生は教室内に秘められた力学を語って、その信条を実践してみせた。教師もコーチも、子どもにとって自分が大切だと感じるための重要な拠り所であり、とくに本来の職務を超えて生徒を助けたときには、その重要性がいっそう高くなる。[10]

テイラー先生の授業には、アーチャー校の校風の最良の面があらわれていると言える。彼女は、生徒同士で結びつきを築いて、ひとりきりで戦っているという幻想を捨てるように何度も説いてきかせた。そんな先生の言葉にボーンは虚を衝かれた。週に一度、授業の冒頭で先生が指示したのは、クラスメートが授けてくれた貢献を口に出して称えることだ。教室では「愛を分かちあう」練習と呼んでいる。ライターは編集担当が時間を割いて記事を読んでくれたことに感謝し、編集担当は取材チームがニュースを報告してくれたことを褒める。「たちまち雰囲気がよくなります。教室が明るくなって、全員が楽しい気持ちになる」とボーンは語る。つまり、大切だと感じることは――とりわけ自分に価値がある理由を聞くことは――生徒の心に積極的に働きかけて帰属感を植えつける効果的な方法である。

テイラー先生は生徒たちの背中に紙を貼りつけて、そこに自分の名前は記さずに相手への感謝の言葉を書くように命じるときもある。「ただじっと座って感謝されている感覚に浸りなさいとだけ生徒たちに指示します」とテイラー先生は語る。「その紙をノートに挟んで、ついていない日には取り出して、みんなが書いてくれたすべての内容に目を通しなさいと言っています」

このクラスに流れる前向きな空気、誰もがみな掛けがえのない大切な存在だという考えによってボーンは変わりはじめた。オラクル紙を作ることは安全な居場所になり、ボーンの言葉を借りると「ユートピア」になった。自分の完全主義の性格がやわらいでいくのを感じた。「完璧な人間になって重要な任務を果たさなきゃいけないと思っていました。そうしないと褒めてもらえないから。でも、ささやかなことでも感謝されるのだとこのクラスで気づきました。記事の編集を手伝ったり、友人を力づけたりするだけでも」。真の共同作業がもたらした効力によって、ボーンは友人に弱みを見せることの恩恵を学んだ。「以前は感情を出してはいけないような気がしていました。完璧にふるまうべきだと。でも、このクラスのおかげで助けを求めて手を伸ばせるようになりました」。バレーボールのトラベルチームとは異なり、オラクル紙では「自分以外の全員と競争する」必要は感じなかった。そのうえテイラー先生はひとりひとりの生徒がよりよい自分になれるように背中を押してくれるのだ。

クロエとボーンとセアは、チームワークには自分たちを鼓舞する力があると気づいた。嫉妬を善に向かって推進する力に変えられると知った。「長期のプロジェクトやエッセイを抱えているときに、『よし、もう序章は書き終わったから次は第一章に取りかかる』とセアが言うと、私も頑張ろうと思います。お互いにやる気を引き出しあっています」とボーンは語る。新聞の宿命ともいえる問題――慎重に取りあつかうべき話題や緊急ニュースの瞬間――に直面したときは自分が不安に襲われることをセアとクロエはわかっている。「たとえなにも言わなくとも、ふたりは私のことを理解しています。

私が悩みはじめるとすぐに察して助けてくれます」。三人の友情が教室の壁を越えるのに時間はかからなかった。毎晩メッセージを何度も送り、互いに電話をかけた。

しかし十一年生の春になると、三人は難しい状況に陥った。来年度の執行部に立候補する期限が近づいていた――新しい編集長を決めなければならない。編集長になるためには、骨の折れる段階をいくつも踏まなければならない。さまざまな倫理上の問題がある状況でどう判断するかを他の生徒に説明することが求められ、さらに文法や編集能力のテストもある。つまり、十一年生の慌ただしいときに立候補に時間を費やすなんて、編集長になりたいと本気で思っていなければ不可能である。それでも三人とも編集長になりたかった。ボーンはふり返る。「その日のうちに、編集長になれるのは、私たちのなかでひとりだけだと理解しました」

健全に支えあうのは当たり前

新しい学年がはじまると、テイラー先生の授業ではまずグループディスカッションを開いて、フィードバックを受けるのを怖いと感じる心理について語りあう。上級生には自分の経験を話すように促す。自分の記事についたコメントをはじめて受けとったとき、どんな気分になったか。報告の方法や課題の書き方をどうやって学んだか。なぜフィードバックがこれほど有効なのか。「ほんと散々だった」と上級生はセアに語った。「はじめてフィードバックを受けとったときは、自分がどうしようもなく駄目だと感じた。それから気づいたの。編集者は手を差しのべてくれているんだって」。このディスカッションによって、生徒が安心するのがよくわかるとテイラー先生は言う。「コメントを求めるのも受けとるのも勇気がいると語りあいました。そうして上級生と下級生のあいだでちょっとした演習が盛んにおこなわれるようになりました」

自分と相手の価値を強固にするために簡単に実行できる方法は、助けを求めることだ。誰かに支えてもらえば、自分には助けてもらう価値があると感じる。だが競争の激しい環境では、助けを求めるのは自分ができそこないだと認めることだと考える生徒もいる。それゆえにおとなが気づかないうちに、あまりに多くの思春期の子どもが悩みを口に出せずについには爆発するのだ。

もともと能力の高い子どもにとって、助けを求めるのはさらに難しい。「私の家族はすごく頼もしく、助けが必要ならいつでも声をあげるように教えられました」とセアは語る。「なのに私は生まれつき独立心が強く、自分が賢くて有能であることを自分自身とまわりの人に証明したいとずっと考えていました」。たくさんの優秀な子どもに囲まれると、どんな形であれ自分の弱さを見せることは困難を通り越して現実的に不可能になる——ほかの誰も助けを求めていないのに、どうして自分だけそんなことができるというのか。「恥ずかしいという感情で、助けを求めることを覆いつくしてしまったのです」

クロエも同じように感じていた。テイラー先生のクラスに入って、はじめて自分が書いた記事に赤が入ったものを受けとったとき、思わず目を疑った。「自分を文章家だと思いこんでいました。書くことは好きだし、自分の得意分野だって。アーチャーのような学校では、そんな能力はとくに重要だと考えていました。生まれもっての才能が求められるのだと」。しかし返ってきた最初の課題には、編集担当の生徒からのコメントがびっしり書かれていた。「嫌だった」とクロエは言う。けれどもテイラー先生の指導を通じて、アドバイスを求めると変革する力が身につくことを学んだ。「他者の目に自分をさらすと、かならずよりよい自分が生まれます。それに気づいてからは、このクラスへの思いも変わりました」

　クロエが心を開いてフィードバックを受けいれると、周囲の人と好ましい関係を築けるようになった。「授業だけにとどまりませんでした。新聞作りで得た友達から生活のあらゆる場面でアドバイスをもらうようになりました。『あなたならよいアドバイスをくれると思った』『まだ自分を認められない状況をわかってほしい』と相談したのです」。おもしろいことに、毎週アドバイスを求め、自分からも与えたことによって弱気になることが減ったという。「親密に結びついた人たちから多くのアドバイスを受けとったおかげで、前よりも自信が持てるようになりました。いまは誰にアドバイスを求めることも、誰のアドバイスを受けいれることもできるような気がします」

　ボーンはジャーナリズムに情熱を持っている。だがこのクラスを続けた理由は、かならずしも記事を書くためだけではなかった。クラスメートがいたからだ。まわりの生徒に尊敬と思いやりの念を抱き、ともに過ごせることを心から楽しんでいた。もはや新聞を作り続けることは、大学入学を見据えた戦略ではなかった。一緒に作業することが純粋に楽しく、新聞の編集の枠を超えた友情が生まれたからである。完璧主義を自称するボーンはこう語った。「自分をとことんまで追いつめてしまう性分なのですが、助けてくれる友人たちのおかげで、以前は毎日のように感じていた不安がかなりましになりました」

他者を取りこむことがもたらす力をおとなが教えれば、子どもは恩恵を受ける。競争社会では、子どもは自立心を発揮して独力ですべてこなせるかのようにふるまわなくてはならない。しかし家庭で親が自分の弱さを口にして助けを求めることを実践すれば、家庭ではどんな感情も恐れも恥ずかしがる必要がないと示せば、子どもに安らぎを与えることができる。テイラー先生を見習って、助けを求めるには勇気を要するのだと教えよう。そして勇気をもって臨んでも予想どおりに事が運ばなかったときは、私たちが変わらず安全な居場所であり続けると伝えよう。寛大な心は循環することを教えなければならない。友人が困っているときには助ける義務があるのと同様に、自分が困っているときには助けを求める義務がある。この循環を止めると自分が助けを得られないだけではなく、自分を助けることで相手が得られる恩恵をも打ち消してしまう。

子どもと接するおとなはこのことを――幼い頃から何度も叩きこまなければならない。私は自分が働いてキャリアを築くうえで他者の助けを必要とし、仕事で手にした成功はすべて他者の助けがあったからこそだと子どもたちにしっかり教えている。かつてキャロラインが課題のレポートで苦しんでいたとき、その気持ちがよくわかると語りかけた。するとキャロラインは「でもお母さんはプロのライターでしょう?」と言って、私の言葉を退けた。そこで私は娘を自分の机に連れてきて、ワシントン・ポスト紙の科学欄に書いた昔の記事の第一稿を取り出した。まさに血みどろだった。至るところに赤が入っている。「うわ、すごい」とキャロラインはつぶやいて、目を見開いてページを見つめた。

「よくこれで書かせてもらったね」

「私は反対の意味で受けとめた。ベテランの編集者が私に力を注いでくれている証だって。私の可能性を見出したからこそ、わざわざこれだけ赤を入れてくれたのよ」。あなたは、子どもにありのままの弱さを見せているだろうか。欠点をさらしているか。助けを受けいれる姿を示しているだろうか。

心の奥の感情をおもてに出す

子どもがアーチャー校のように明確な理念を掲げる学校に通ったり、ボーンやセアやクロエのように思慮深い友人に囲まれたりする幸運に恵まれるとはかぎらない。しかし、家庭での親の助けによって、子どもが競争によって生じた不愉快な感情をおもてに出すことができれば、交友関係において健全な選択ができるようになる。ニューヨーク在住の母親であるアリソンが娘のケイトについて語った話を思い出した。小学生の頃のケイトにはメリッサという親友がいた。放課後の課外活動も同じものに申しこみ、夜もフェイスタイムで一緒に宿題をして、毎週金曜と土曜の夜はおきまりの遊びに興じた。なにもかも——家庭の悩み、学校での失敗、クラスメートとのいざこざ——打ち明けあって、ストレスがのしかかると互いを頼りにしていた。

ケイトとメリッサが八年生になると、つねに一緒に過ごしていたふたりの仲が突如として果てしないライバル関係に変わった。学校の演劇では主役をめぐって争い、同じサッカーチームに入って選手の座を取りあい、数学の特別クラスに入るための選抜テストで争った。メリッサの両親は、自分たちと同じアイビーリーグに入りたいなら必死で頑張らなければならないと彼女に言った。そのためには、まわりの友人と同じものではなく、クラブチームのラクロスなど「正しい」課外活動に取り組まなければならない。学校内で優秀であるだけでは足りない。誰よりも優秀でいなければならない。テストが返ってくると、すぐさまメリッサはケイトに点数を尋ねた。どちらかの点数の方がよければ、そのあと一日じゅうふたりの会話は気まずくなった。ケイトはメリッサとの仲を元どおりにしようと努力していたが、にわかにメリッサを打ち負かしたくなった。ふたりのライバル関係はほかの友人たちにも波及して、仲間内で互いの悪口を言って自分の評判とステータスを守ろうとするようになった。

家庭でケイトはあきらかに不安なそぶりを見せるようになり、そしてアリソンも同じ状態に陥ったという。メリッサの両親の追いこみのせいでアリソンの競争心もかきたてられ、気づいたらケイトに強みを与える方法を探している自分がいた。八年生のミュージカルのオーディションに備えるために、声楽のコーチを雇って数カ月間レッスンしてもらったり、数学ではB＋しかとれないにもかかわらず個人教師を雇ったりした。

そんな争いが頂点に達したのは、ある晩ケイトがインスタグラムを眺めていたときだった。メリッサが誕生日パーティーをひらくため、女子生徒のグループを誘っていた――ケイトを除いて。ケイトは愕然とした。ソーシャルメディア以前の世界では、パーティーに誘われていないことを知るのは事後だった。だが現在は、ケイトの目の前で――しかも細かなやりとりまで丸見えだ――自分を除け者にして遊ぶ計画が進んでいるのだ。誘われなかっただけでもじゅうぶんつらいのに、ふたりの仲が壊れたことがみんなに知られてしまった。ケイトは宿題どころではなかった。家族の食卓にも姿を見せなかった。そのとき、娘を救うためにはケイトの〈オンラインの世界〉と真剣に向きあわなければならないとアリソンは悟った。

　アリソンは部屋にこもっていたケイトに声をかけて、自分もインスタグラムにログインすると取り残されている気持ちや嫉妬を感じることがあると打ち明けた。ケイトも同じ気持ちを感じているの？　ケイトは頷き、それだけではなく混乱や裏切りを感じるときもあると語った。ふたりは話し続け、ケイトの感情が落ちつくとアリソンは提案した。その頃アリソンはヨガのクラスで慈愛のメディテーションを習ったところだった。少しばかり頭をからっぽにすれば、自分自身や日常で出くわす厄介な人々を受けいれる気持ちを持つことができる。ケイトもやってみない？　ふたり並んで壁に背をつけて床に座り、祈りの言葉を声に出して唱え、自分たち、そしてメリッサに恵みがもたらされるように念じた。**安心を得られますように。健康と強さを得られますように。幸せを得られますように。平穏と癒しを得られますように。**

　なにもかもうまくいく魔法の呪文ではないとアリソンは語った。けれども互いの思いを感じながら並んで座っていると、苦痛がやわらいだようだった。つらい気持ちになる状況から距離を置く方法についても話しあった。それからケイトはインスタグラムで友人たちがメリッサの誕生日を祝っているのを見て、スマートフォンからアプリを削除した。複雑な感情を当たり前のものとして共有する術を身につけると、ケイトは自分の競争心をうまくなだめられるようになった。一年後、ケイトはメリッサとの仲を修復し、以前の親密さを取り戻した。

　ケイトの経験を通じて、アリソンもまたメリッサの母親に対する居心地の悪さを掘り下げざるをえなかった。なぜ競争心があれほどかきたてられたのか。自分はケイトになにを望んでいるのか。もちろんケイトには優秀であってほしい。だがメリッサの母親のように子どもを追いこみたくはない。トップの座を手に入れるためなら、友情が壊れても仕方ないとは思えない。自分にはもっと大事な役割がある。もっと広い視野からの人生の教訓を娘に伝えなければならない。友情を破壊することなく、嫉妬などの複雑な感情を上手に処理する方法を教えよう。アリソンがケイトに教えたように、私たちは嫉妬を外に出して処理する力を自分で思っているよりも持っている。精神科医のロバート・コールズは書いている。「嫉妬によって自分に欠けているものを知らされて苦しくなるならば、嫉妬は内省ももたらすはずだ。羨んでいるうちに、気づけばもっとも重要な質問を自分に投げかけている。ほんとうの自分はどういう人間なのか。ほんとうに人生で手に入れたいものはなにか[11]」

高校生活について、親に知ってほしかったことはなんだろうか？

（私が実施した調査に対する生徒たちの回答より）

・「ずっとほかの生徒と比べられているように感じていたので、どれだけ勉強しても絶対に追いつけないと何度も思った。勉強についてはクラスメートから大きく後れをとっていると思っていた」

・「親友が高校で成績優秀者の上位一パーセントに入っていたので気が重かった」

・「（友人たちとの）いざこざが何度も発生したので、両親には時間を作って乗り越える手助けをしてほしかった」

・「高校でひどい鬱に陥って、高校生活の大半はなんとか耐えるだけで精一杯でした。その理由のひとつは、高校もまわりの友達も、成績や結果ばかり求める嫌ったらしい考え方に染まっていたからです」

周縁的な大切

ボーンがアーチャー校に転入したとき、家族はおおいに喜んだ。「学校を見学してすぐにボーンにふさわしい場所だとわかりました」と母親のティファニーは語る。ロサンゼルス生まれのティファニーはパラマウント・グローバル社の取締役副社長であり、現在はアーチャー校の学校委員を務めている。学校を選ぶうえで一家が重視したのは、多様性――アーチャー校の生徒の四七パーセントが有色人種である――と学業に力を注いでいる点だった。

ボーンはアーチャー校に見事になじんだ。素敵な仲間と出会い、教師陣にも敬愛の念を抱いた。サモア人と黒人の血が流れるボーンが十一年生のときにバレーボールの選手としてジョージタウン大学から推薦を得ると、学校は正式な署名セレモニーをもうけて祝福した。そのニュースが広まると、ボーンは思いもよらぬ質問を次々に投げかけられた。「マイノリティ枠なの？」。「家族のなかで最初に大学に行くの？」。ジョージタウン大学に入れるなんて「運がいい」とも言われた。並々ならぬ努力――トップの成績をとってACTでも高スコアを記録し、新聞を作って、スポーツでも競争を勝ち抜いた――の結果としてジョージタウン大学の入学許可証を勝ちとったというのに、そんな質問はすべての努力を帳消しにしているように感じた。

ボーンはこの経験をオラクル紙に綴った。「志望大学に入学し、ついにはそこが自分の居場所だと感じるようになるなんて、どんな気持ちなのだろうか。私には想像することしかできない」。なおも自分がジョージタウン大学のような学校にふさわしい人物であることを証明し続けなければならないように感じていた。

私が実施した全国の生徒を対象とした調査では、差別されていると感じたことがあるかどうかを尋ねた。返答の多くから、制度が「標準」とみなす――階級、人種、民族、性的指向、ジェンダー・アイデンティティなどの観点において――あらゆる枠からはみ出る生徒に対して、過熱する競争が相当な害悪をもたらしかねない事態が浮かびあがった。メキシコ系の女子生徒は、メキシコ人なのにどうして「そんなに頭がいい」のかと、クラスメートから訊かれた経験を書いてきた。中東出身の両親を持つ生徒は、ウサマ・ビン・ラディンが殺された翌日のできごとを回想した。「八年生のふたりの男子生徒がぼくに絡んできて、おまえのおじさんが死んでうれしいだろう、あいつと一緒に地獄へ堕ちろと言い放ったんです。ただイスラム系の外見をしているだけで」

アジア系アメリカ人の生徒は、「成功したマイノリティ《モデルマイノリティ》」というステレオタイプが生む害悪に耐えなければならないと口々に語った。要するに、アジア人はすべて「優秀な成績をとるロボット」で「数学が得意」といった思いこみである。そのせいで「教室では透明人間」のような気がして帰属感を得られないという。しかもそんな思いこみが彼ら自身を圧迫し、つねに優秀でなければならないというプレッシャーがのしかかる。アジア系アメリカ人の生徒のなかには、大学入学に関しても差別を感じると語った者がいる。テストやGPAでアジア系以外の生徒よりも高スコアをとらないと候補として認めてもらえないらしい。大学を志願する際に、高校の大学入試カウンセラーから「アジア人ではない」ように見せかけることをアドバイスされた生徒もいる。その方が「選抜において有利に働く」とのことだった。そのカウンセラーは、大学に入ったら女子学生の社交クラブの一員になりたいとエッセイに書くようにアドバイスした。本人には参加するつもりなど一切ないというのに。

ニューヨーク在住のある生徒は奨学金で私立の学校に通っているが、友人を家に誘うなんて絶対にできないと書いてきた。クラスメートの親たちが彼女の住んでいる地域を歩くのは危険だと考えているからである。高校に通いながら性別移行をおこなった生徒は「異常者」とみなされて、教室でクィアに関する話題が出ると「代弁者」にされると綴っていた。ある黒人の生徒に取材すると、白人が圧倒的多数を占める学校において特別クラスをとる唯一の黒人として、余計なストレスにさらされると語った。自らの成功について誰もが抱くプレッシャーもじゅうぶん感じているのに、万が一失敗した場合、彼の言葉を借りれば「黒人の生徒へのネガティブなステレオタイプが強化される」ため、いっそう努力する責任を背負っているのだ。ニューヨークの私立学校に通う黒人の生徒は、仲間に入れないと感じ続けて疲れ果てたと語った。同じ学年にいる別の黒人の生徒の名前で呼ばれるときもある。

「以前は訂正していたけれど、もうどうでもよくなりました」

こういった経験は心の奥底にある大切という感覚を蝕んでいく。マイクロアグレッションや差別というのは、コミュニティのなかに重要な人間と軽視される人間が存在していることを、まざまざと見せつけるものだとブレッシング・ウチェンドゥは指摘する。[12] ウチェンドゥはニューヨークでセラピストとして働きながら進学校の相談役も務めている。「裕福な白人が多数を占める学校で隅っこに追いやられ、周囲が理想とする規範から遠くかけ離れているように感じると、ますます自分ができそこないの落ちこぼれだと思ってしまいます」。競争が激しい環境では、周縁化された生徒はひときわ孤独感を覚えて、自分を価値のある存在だと認めさせるために奮起する場合もあるとウチェンドゥは語る。だがボーンとは異なり、多くの生徒にはそんな経験をオープンに話せる相手がいないので、孤独感は消えることなくいっそう強くなる。

競争が奨励されると生徒は激しい嫉妬と欠乏感に襲われ、その結果として、仲間の人間性を奪う態度やステレオタイプが助長されることになると学校コンサルタントのレイチェル・ヘンズは説明する。ジャマイカ系移民の二世であるレイナー・ハリスはこんなふうに語った。ニューヨークの進学校においては、「最低限の敬意を得るためだけに」生徒は自分の価値をとにかく証明しなければならない。大学の入学選考のあいだ、学校での競争は醜悪なものに変わった。アファーマティブ・アクションは白人の生徒が名門大学に入るのを阻止するものだとクラスメートが刺々しく話しているのを耳にしたこともある。最初に私が取材したとき、レイナーはコロンビア大学の一年生になったばかりだった。「コロンビアに合格したとき、まわりの生徒から敵視されました。おまえにはもったいないと思われていたんです。彼らがイェールなどの大学に落ちたのは、ぼくやほかの黒人の生徒のせいだと言わんばかりの態度でした」。そんな生徒たちは卒業生の縁者枠にも同じくらい文句を言っているのかとレイナーに訊いてみた。レイナーは笑って答えた。「いいや、まったくですね」

黒人の男子生徒が学校で自分が大切だと感じているかを調査するために、デラウェア大学の研究者であるロデリック・L・ケイリーはチームを率いてデラウェアの高校に通う十七名の黒人生徒に対し詳細なインタビューをおこなった。[13] インタビューの結果、ふたつの大きな問題が浮上した。ひとつは、黒人の少年は「周縁的な大切」しか感じられないという問題である。ボーンにマイノリティ枠なのか尋ねたり、大学に落ちたのをレイナーのせいにしたりするクラスメートのように、まわりの生徒や教育者が発する偏見に満ちた言葉によって、黒人の少年はコミュニティの周縁に留めおかれる。もうひとつは、黒人の少年は「部分的な大切」しか感じられないという問題である。教育者が褒めて伸ばそうとするのは、黒人の生徒の能力や才能のほんの一部なのだ。黒人であるケイリーは自らの経験を例に挙げた。「ボストン大学出身だと白人の知りあいに話すと、『サッカーをしていたの？』と訊かれるときがあります。私がボストン大学に入学できた理由は、学力ではなくスポーツにちがいないと決めつけているのです」

黒人の生徒に必要なのは、「丸ごとの大切」だとケイリーは語る。一人前の人間として価値を認められることである。ボーンはアーチャーの教師陣が丸ごとの大切さを伝えてくれたと語った。その決定的な瞬間は、当時の英語の教師が「ボーン、あなたがバレーボールをしていたなんて知らなかった。すばらしいわ」とクラス全員の前で口にして、ボーンを驚かせたときだった。このできごとは絶対に忘れないとボーンは満面の笑みを浮かべて言った。どうしてこの瞬間がそれほど大きな意味を持つのだろう。ボーンはこう答えた。ほとんどの場合、とくに有色人種の生徒がスポーツをしていると、まるでほかになんの取り柄もないかのように、周囲の人はスポーツ以外の特性に目を向けようとしないからだ、と。この英語教師が最初に優秀な生徒として自分を認識し、そのあとでバレーボール選手でもあると知ったという事実によって、すべての属性に目を向けてもらえたように感じたのだ。

健全な競争

十一年生の春、ボーンはオラクル紙の編集長に立候補した。予想どおり、選考試験は想像のシナリオにどう対応するかという質問からはじまった。いつも締切に遅れる生徒にどういう対応をするか、といったものだ。だが、最後の質問に面食らった。長い選考試験の終わり際にテイラー先生は鋭い質問を投げかけた。もし希望の座に就けなかったらどうしますか？

テイラー先生は質問の意図を私に教えてくれた。「長いあいだ教師を務めていますが、そのあいだに学んだ大事なレッスンのひとつは、教師は水面下で物事をくすぶらせてはいけないということです」。その言葉のとおり、ボーン、クロエ、セアから立候補用紙を受けとると、すぐに三人にメールを送った。「すばらしい能力と技能を持つ三人がこの仕事に立候補してくれたことをたいへんうれしく思います。ですが、みなさんおわかりのように、たったひとりしか選ぶことはできません。ここであらためて尋ねます。あなたたちはどう考えていますか。お互いに話しあいましたか。」

ボーンは立候補についてセアとじかに話をしていなかった（「彼女との付きあいでは、多くの場合、とくに報告もなく物事が進みます。なんでもオープンにする必要はないんです」とボーンは語る）。だがクロエは立候補について打ち明けてきたので、クロエとボーンは話しあっていた。「編集長の座は私たちが十年生のときの目標でした。そして私はその目標に向かって踏み出し、自分をさらけ出して立候補した。それだけで勝利なのだと自分に言いきかせていました」とクロエは語った。クロエは自分との戦いに集中してベストを尽くそうとしていた。戦う相手は過去の自分であり、友人ではなかった。

　もちろん、クロエもボーンも編集長に選ばれなければ落胆するだろうとわかっていた。だがそうであっても新聞への熱意は変わらないので、別の部門を統率して編集長になった友達を支えようと考えていた。クロエと話しあったことで気が楽になったとボーンは語る。ふたりのあいだの緊張は消え去った。

　この本の調査をはじめる前、競争は子どもにとって害悪だと私は考えていた。数年前、息子のジェイムズがコーチからバスケットボールの「猛特訓」クラスに誘われた。コーチは完全なる善意で声をかけてくれたのだが、その「肉体面でも精神面でも試される」クラスの謳い文句が目をひいた。「仲間に打ち勝つために自らを追いこむことを恐れない君にとって、これはうってつけのプログラムだ」。思わず二度見した。「仲間に打ち勝つ？」すぐさまげんなりした。高校と大学を通じて、競争が友人同士の仲を裂くのを見てきたのだから。

　インタビューで私が競争についての話題を持ち出すと、すぐさま親も譲れない一線を示した。私に同意して過熱する競争のストレスから子どもを守りたいと語る親もいれば、社会がどんどん脆弱になっているせいで、現代の子どもは「甘やかされてたくましさに欠けている」と反対の見地に立つ親もいた。

テイラー先生は新しい考え方を授けてくれた。もともと競争は悪いものではないと先生は語った。競争が悪いのではなく、私たちの競争に対する見方が不健全であることが多いのだ、と。つい他者と自分を比較して、自分が劣っているように感じる――そして嫉妬が湧きあがる――と、自分と相手との差を縮めて不快な感情を消し去ろうと脳が指令を送る。差を縮めるにはふたつの方法がある。ひとつは嫉妬を原動力にして相手の位置まで自分が上昇する。これは「良性の嫉妬」と言われている。もうひとつは嫉妬に駆られてライバルとみなした相手を引きずり落とそうとする。つまり「悪性の嫉妬」である。競争が有益なものになるか有害なものになるかは、嫉妬をどう扱うかにかかっている。テイラー先生のように、私たちは子どもが悪性の嫉妬ではなく良性の嫉妬を選択する力添えをしなければならない。

悪性の嫉妬はライバルとはゼロサム――相手が勝つと自分が負ける――の関係にあるという考えに基づいている。良性の嫉妬はライバルとは互いに有益な関係にあるという考えに基づいている。自分と相手の可能性を存分に発揮するためには、自分には相手が必要であり、相手にも自分が必要であると認識している。その結果、良性の嫉妬は大切であることを損なうのではなく強化する。競争をこのように捉え直すと――獲得もしくは達成したいものではなく、なりたい自分に焦点を当てると――結びつきの力が強くなる。

この事実はデータからも証明されている。イタリアで実施した調査において、一〇〇〇人を超える思春期の子どもに競争の動機について尋ねたところ、「まわりの人たちは争っているつもりがなくても、自分は競争心を抱いている」などのゼロサムの考えを持つ子どもは、交友関係に悩んでいる割合が高かった。[14] また、カナダで六一五人の思春期の子どもを対象としてタマラ・ハンフリーとトレイシー・ヴァイランコートが実施した調査によると、高校に入った頃に激しい競争心を抱いていた生徒は、最終学年でより直接的・間接的な攻撃性を示した。[15] そして攻撃的になればなるほど、歳月とともに孤独が強まることがあきらかになった。ほかの調査からも、競争心が激しい人間は、鬱、不安、ストレス、自傷に苦しむ割合が多いことが判明している。永遠に勝ち続けることは不可能なのだから、つねに勝利しようとすれば人生の苦悩が増えるとヴァイランコートは語る。[16] 反対に同じ調査において、仲間を「勝利を阻むライバル」ではなく、自分の能力を伸ばす「助けになってくれる」と考えていた生徒は健全な人間関係を築いていた。こうした、いわゆる「適応型競争スタイル」は、自尊心の高さと結びついている。このスタイルを身につけた子どもは概して他者の幸福にも配慮する。

　では、子どもが競争を否定的にではなく建設的に捉え直すために、私たちはどのような手助けをすればよいのだろうか。子どもはもっと大きな世界の一部であり、弱肉強食の社会にひとりで立っている存在ではないと伝えるために、私たちはどうしたらよいのだろうか。「ほかのみんなのおかげでよりよい自分になれる」といった呑気な掛け声は答えにならない。そんな中身のない文言は過酷な社会ではなんの役にも立たない。嫉妬をはっきりと言葉にして、同時に競争に対する子どものマインドセットを変える手助けをしなければならない。あまりにも頻繁に私たちは競争心をあおってしまう。**誰それはどこの大学を志望しているの？　誰それは今日の試合でどうだったの？**　といった具合に。これから子どもに質問するときには、仲間との結びつきを強化するように心がけて、ライバルの長所を探すように教えよう。ライバルの強みはなにか。なにが得意なのか。相手のどういう点を見習えるだろうか。どの方面で協力することができるだろうか。ともにプロジェクトに取り組み、共通のゴールを目指し、優秀であれという過剰なプレッシャーに立ち向かう方法はあるだろうか。

それぞれが目標とする自分になるためには他者を必要とし、また他者から必要とされるのだと理解すれば、競争は互いにとって有益なものになる。「ふさわしいライバル」とは、サイモン・シネックが著書 ***The Infinite Game***（無限のゲーム）で使った用語であり、特定の分野において自分よりも優れた能力を持つ相手を指している。[17] そんな相手に触発されて、私たちは自分が重視している能力を伸ばすことができるのだ。名著として知られる『インナーゲーム』（日刊スポーツ出版社　二〇〇〇年）で、W・ティモシー・ガルウェイは大きな波を待つサーファーのたとえを使っている。[18] すべてのサーファーは波に乗って岸へたどり着くことをゴールにしている。ならば、どうして大きな波を待つのか。小さく乗りやすい波の方が、成功が保証されるのではないか。ガルウェイは答える。サーファーが大きな波を待つのは、大きな波という挑戦に価値を置いているからだ。サーファーは自分の価値を誰かに証明したり自尊心を高めたりする必要はない。ただひたすら自分の能力を追求しているのだ。「サーファーがあらんかぎりの能力と、勇気と、集中力を発揮することになるのは、波が彼にとってとてつもなく大きいときだ。そのときはじめて、彼は自分の能力の上限を確認できる」。大きな波と同じく、手強いライバルも自分の敵ではないとガルウェイは書いている。ライバルは友であり、助けなのだ。障害をこしらえて自分の最高の力を引き出してくれるのだ。

一方、ふさわしいライバルも私たちが差し出すもの――考え、才能、成功――から恩恵を得る。ライバルが見習って糧にするのは自分のどの強みであるかを子どもに明確に認識させることも重要である。とくに女子生徒にとって、ライバルもまた自分の強みを必要としているという気づきは重要な意味を持つ。女子は競争が交友関係に影を落とすことに男子よりも悩む傾向がある。男子は仲のよい友人同士であっても競争することに慣れているが、女子は仲間とともにゴールを目指すように教えられているため、競争によって居心地の悪さを味わうからである。[19]

進学校に通う六年生から高校の最終学年までのおよそ六十名の女子生徒を対象として調査を実施したところ、自分の志を表立って認めてはいけないというプレッシャーが存在し、それがストレスの一因になっていることがわかった。[20] テイラー先生もアーチャー校で教える日々を通じて、この圧力が働いているのを目撃した。友人と争いたくないために希望を下げて、編集部員以外の地位を志望しないグループがいた。先生がその懸念を彼女たちに伝えると否定されたため、それ以上はなにも言えなかった。

男子は競争で新たな地位に到達できると教えられることが多いのに対して、女子の競争は悪意がふんだんに混じった偏見を向けられることが少なくない——キャットファイトに「女王蜂とその座を狙う者たち《クイーン・ビーズ・アンド・ワナビーズ》」だ。これは、ロザリンド・ワイズマンが著書（『女の子って、どうして傷つけあうの？』日本評論社　二〇〇五年）であざやかに切りとった言葉である。こういった理由から、競争と友情は相容れないものではなく「相次いで」生じるものだという気づきを女子生徒が心の底から理解できるように、私たちが力添えをしなければならないとリサ・ダムールは語る。[21] ダムールは親自身が健全な競争の範を示すことを提案している。子どもとゲームをする際に勝たせてあげるのをやめるのだ。相手に勝たせるのがやさしさだと子どもが受けとめかねないからである。勝たせるのではなくふさわしいライバルのありがたさを教え、勝つためにプレイすることを奨励して、賢い一手を打ったびに奮闘を褒めたたえよう。

ダムールは娘たちとオリンピックを観戦した際に、女性アスリートたちが競りあって戦いながらもゴールラインを越えるとすぐに抱きあって祝福することに目を留めた。ダムールと私はアメリカを代表する陸上選手であるダリラ・ムハンマドとシドニー・マクラフリンについて語りあった。両者とも互いの存在があったからこそ優れた選手になれたと公に語っている。ふたりが争った世界規模の大会四回で新記録が生まれている。ムハンマドに勝ちたいのならば、走るスタイルを変えなければならないと思ったとマクラフリンは語っている。ハードルのあいだを十五歩ではなく十四歩で走れるように練習して、クリティカルタイムを短縮した。「鉄を尖らせることができるのは鉄しかありません。ともに互いのベストの力を引き出しあったのです」とマクラフリンは語る。[22]

嫉妬を恥ずかしく思う必要はない。正しい心構えでの競争は健全になりうる。現代の風潮に逆らうこの二点を子どもが学ぶことには重大な意義がある。「競争するのはまったく悪いことではありません。私はとっても負けず嫌いです」とボーンは語る。そのあと、だがどこかで線を引かなければならないと続けた。「ひとりひとりの歩みはそれぞれ異なると理解できるようになりました。私が打ち負かしたいのはただひとり、自分自身です。昨日の自分を超えるために、日々向上し、前に進んでいます。仲間はそんな私を応援してくれます。ほかの誰かの成功を応援することは、自分自身の成功を妨げるものでもなければ、消し去るものでもないのです」

友達の成功は私の成功

編集長の選考がはじまり、結果が出るまでは苦しい時間が続いた。それでも三人は互いに支えあった。ボーンとクロエはすべての授業を一緒にとっており、そのうえ一日に五回も電話で話しあい、協力して課題や宿題に取り組んだ。どうしても結果を待つストレスが会話に入りこんできた。**いつ結果がわかるんだろう？　春休みのあとに発表されるのかな？　授業中？**「あれこれ考えてたっぷり語りあいました」とボーンは語る。競争の過酷なバレーボール部では、ポジションをめぐって争う選手は互いにほとんど口をきかないのだが、クロエとボーンは互いを支えあっていた。

何週間も待たされたあと、ある日の夜遅く、宿題を終えたボーンはベッドにもぐりこみ、息抜きをしようと小型のテレビをつけた。その瞬間、スマートフォンからメールの着信音が聞こえた。送り主は現職の編集長で、「極秘」と記されていた。

ボーンはその意味を悟った。憧れの編集長の座を手に入れたのだ。興奮して階段を駆けおりて両親に知らせた。けれども友人たちに連絡するのはためらわれた。ふたりが結果を消化する時間を与えたかった。成功はほろ苦い味がした。十分もしないうちにセアとクロエからお祝いのメッセージが次々に届いた。ふたりともボーンは編集長にふさわしいと断言し、温かい応援の言葉をびっしりと綴っていた。嫉妬のかけらも見当たらなかった。「言葉にできないほどうれしい」。「ボーンはすごい」。

「来年は最高のチームになる」

「もちろん、編集長になれなかったのは残念でした」とオピニオン欄の編集者になったクロエはふり返る。セアは特集欄の編集者に就任した。テイラー先生の考え抜かれた指導と、アーチャー校全体に流れる支えあいの理念のもとで、彼女たちは個々よりも大きな存在の一部であり、三人で協力すれば単に足したものよりも大きな力を発揮できることを学んだ。ふたりはこの学びを胸に刻んで失望を乗り越えた。ボーンは優秀な編集長への道を歩み、クロエはオピニオン欄の有能な編集者、セアは特集欄の頼もしい編集者になるだろうと三人とも確信した。それぞれの唯一無二の強みを活かし、一致団結して最高の新聞を作るのだ。

「だから、そう、どうして私じゃなかったのだろうとは絶対に思いません」。クロエは一点の曇りもない真摯さと確信をもってこう言った。「友達の成功は私の成功ですから」

第七章　大いなる期待

世界に価値を与えて強くなる

アダムは腕時計に目をやった。昼の一時だ。本来ならこれから英語のクラスに向かう時間だ。それなのにスノコルミー滝の頂上にいる。スノコルミー滝は、ワシントン州でも有数の大きな滝だ。曇り空の下、湿った冷気に包まれながら、自分を取り囲むようにそびえ立っている常緑樹の木々を見上げた。それから数歩進んで身を乗り出し、二百フィート以上も下にある滝壺に目をやった。濃い霧で視界は妨げられていたが、ただひとつはっきりわかったことがある。慣れ親しんだ世界《コンフォートゾーン》から足を踏み出したのだ。

耳もとで滝の音が轟《とどろ》いているというのに、十六歳のアダムはようやく最初のミッションに出動したことがまだ信じられなかった。この日の午前中に呼び出され、学校を早退して捜索隊に加わったのだ。授業の途中でスマートフォンが鳴って、アダムが教科書を片付けはじめると教師は不機嫌そうな表情になった。しかし郡の法律によって、このような緊急事態には学校を退出することが認められている。アダムは廊下を走って駐車場に出た。車のトランクにはつねに携帯するように言われている非常用持ち出し袋を備えている。そのなかにはミッションの際に必要になるであろう物資が詰まっている。応急処置セット、懐中電灯、水のボトル、栄養補助食品、防水シート、寝袋、雨具、ハイキングブーツ。

現場に到着すると、保安官補たちがアダムと八人の隊員に状況を説明した。ひとりの少年が行方不明になり、取り乱した母親が遺書を発見したという。アダムはただ少年が自分と同じ歳でこの滝の近くに住んでいるということ以外、なにも知らされなかった。

アダムはキング郡の地上捜索救助部隊で働く何十人ものボランティアの一員として、保安官事務所の管轄のもと、旅行者や猟師や子どもが迷子になったり怪我を負ったりしたときに救出活動をおこなっていた。捜索や救出の要請は二、三日に一回のペースで発生し、年間ではおよそ二百回に達する。ボランティアメンバーは洪水や嵐や地震などの自然災害の際にも出動し、墜落した飛行機を探すといった事態でも召集された。アダムの部隊には、さまざまな背景を持つメンバーが所属していた。マイクロソフト社の重役、家事育児に専念している親、十代の若者など。全員が自然のなかでのナビゲート術や生存術、応急処置法を学んでいた。そのなかでもアダムは群を抜いて若く、大きく歳の離れた最年少のメンバーだった。

私が取材した生徒たちと同様に、アダムも公立の進学校に通っていた。だが、学業における経歴はほかの生徒たちとあきらかに異なっている。小学生のときは、すべての科目で苦労した。「最底辺のグループに属していて、しかもそのグループでも下位二〇パーセントに入っていました」とアダムは語る。三年生になると、教師に勧められて母親はアダムに学習障害の検査を受けさせた。その結果、重度の失読症だと診断された。両親はアダムを特別支援学校に入れて、補習講座を受けさせた。アダムが一年遅れで九年生になると、地元の高校に転入した。見知らぬ生徒ばかりだった。「両親からはテニス部に入ったら友達ができると言われました」。学校になじむのは簡単ではなかった。とりわけつらいのはランチタイムだった。テニス部の部員が集まってランチを食べているのを見つけると、そっと同じテーブルに座った。部員たちの邪魔をしないように視線を避けてうつむきながら、なるだけすばやく食べ終えて自分の存在を消し去ろうとした。

家ではテレビを観て暇をつぶした。時間はあり余っていた。学習指導相談員の助言に従い、高校では優等クラスもAPクラスもとらず、履修したのは簡単なコースのみだった。努力とは縁がなかったが、よい成績をとることができた。だがそれ以上頑張る意欲は湧かなかった。本人の言葉を借りると、ただ必要な動作をこなしていただけで、孤独でやる気もなく、目標も見つからなかった。無気力を通り越して、こんな勉強に意味があるのかと冷笑すら浮かべる始末だった。

しかしそんな折に、相談役として参加していたボーイスカウトのキャンプで捜索救助部隊を紹介された。時には危険をおかしてキング郡の山中に入って捜索し、行方不明者を見つけて家族のもとへ返すという任務に興味を持って参加を決めた。六カ月かけて必修の訓練を終えた。最初は、行方不明者を見つけて救助する最良の手段、さまざまな種類の地図の読み方、GPSを使わずに特定の位置を見つける方法など、教室で基礎を習った。基礎を身につけたあとは、このような事態に対応するために野外実習に取り組んだ。

捜索救助隊が現場に到着して三十分もしないうちに少年が発見された。だが、誰も望んでいなかった形だった。少年の身体は滝の下にある岩に打ちつけられていた。捜索は回収に一転した。母親が最後の別れを告げられるように遺体を運ぶことがチームの使命となった。三時間かけてアダムと捜索隊は滑車を使って慎重に遺体を引きあげた。岩場から二〇〇フィート以上も上の崖までゆっくりと運んだ。

アダムと捜索隊が少年の遺体を担架に乗せて身元確認のために母親のもとへ運ぶと、母親は甲高い叫び声をあげて泣き崩れた。ふたりきりの時間を与えるためにアダムは駐車場に立って地面を見つめた。自分がとことんまで無力に思えた。過酷な経験だったとアダムは語った。いまでも思わず身体が反応する。思い返すたびに震えてしまう。

その晩、母親のミニバンを運転して家に帰り、たった一日で靴じゅうにこびりついた泥をそぎ落としているあいだ、アダムの頭はひとつの疑問で占められていた。**この人生で、自分はいったいなにをしているのか。**ふり返ると、子どもの頃の目標は単純なものだった。学校で優秀な成績を収めて、よい大学に入って仕事で成功する。そうして社会に貢献する手段に思いをめぐらせた。自分はまだ十代だ――他人の人生に大きなインパクトを、いや、たとえ小さなへこみでも残せると考えたことはなかった。けれども、少年の自殺という悲劇によって、アダムの内側でなにかが変わった。その晩、アダムは十代を対象とするホットラインのボランティアへの申込用紙を記入した。そこには自分の人生を終わらせようかと悩んでいる者がいるはずだ。もしかしたら、あの少年と同じ運命をたどるのを防ぐ力になれるかもしれない。

広い視野を持つ

裕福なコミュニティで育った子どもは、えてして他者を助ける心を失ってしまう。徹底育児がもたらしたのは、子どもの視野が狭まって自己収束的になるという予想外の事態だった。生まれた瞬間から親がせっせと子どもの世話を焼き、中国語の特別講座などを受けさせて能力を伸ばそうと努めた結果、コミュニティに貢献する人間になるといった、昔の社会で重視されていたおこないが子どもの視界から締め出されてしまった。そしていま、私たちは過度な自己収束の行きつく先を目撃している。全国の高校や大学から集まったデータを分析した結果、現代の若者はコミュニティを尊重して社会に奉仕する価値観を手放し、それよりも自己の利になる考え方に関心を寄せて、金や名声、世間のイメージを追い求めるようになったことが判明した。[1] ミシガン大学の研究者が一万四千人の大学生のデータを分析して調査を実施したところ、警戒すべき事実があきらかになった。[2] この三十年にわたって、他者を思いやる力《エンパシー》が下がり続けているのだ。今回の調査に参加した大学生の性向をテストで測定したところ、ほんの二、三十年前の対照群よりもエンパシーが四〇パーセントも低かった。この急低下に衝撃を受けて、「ナルシシズム流行病」と宣言する研究者すらあらわれた。[3]

急低下の原因はなにか。研究者の仮説を紹介しよう。超競争的な個人主義の社会では、自分の目標のみに集中しないとやっていけない。将来の金銭面に不安を抱けば、他者を思いやる心の余裕が失われる。こういった不快な風潮によって、極端な個人主義と自助の精神がおとなだけではなく子どものあいだにも広がり、自分のことをまっさきに考えることが一種の義務となった。

しかもそんな心構えを奨励する親もいる。ある母親に子どもたちがボランティア活動をしているかと尋ねると、「いまは自己中心的になるべき時期です」という答えが返ってきた。そして大学を出たらお返しをすると続けた。子どもたちの声や考えは無用だ。いまはそれどころではない。子どもたちの目の前にはすでに道が敷かれていて、まっすぐ進むための詳細な道案内も立てられている。道から逸れないようにガードレールも設置されている。

このように入念に整えられた自己中心的な人生を歩むと、十代の子どもは冷笑を身につける。たとえ外の世界に貢献していたとしても、成績証明書のための手口だとあしらうことも少なくない。ある生徒は夏休みに南アメリカで家の建築を手伝うプログラムに参加した。しかし、地域の現状を改善するには至らなかったと少しばかり恥ずかしそうに認めた。「ハンマーや釘の使い方も知らない白人の金持ちの子どもが山ほど集まっただけだった」。別の生徒は、私がまったく知らなかった「スラックティビズム」〔「怠け者（slacker）」と「社会運動（activism）」を掛けあわせた造語〕という言葉を教えてくれた。スラックティビストとはソーシャルメディアで大義を喧伝《けんでん》し、他者に配慮する自分の思いやりの深さをフォロワーにアピールしつつも、現実ではほとんど行動に移さない者を指している。大義を訴えるメッセージをアップするのは簡単だが、スポーツや勉強の時間を割いてまで現状を変えようとする者が身のまわりにどれだけ存在するのか。そんな言いまわしで疑問を投げかけた生徒もいた。

はじめてアダムに会ったとき、私が圧倒されたのは自らの人生を省察する彼の頭のよさだけではなく、突きぬけた明るさだった。アダムの大志には確たる喜びが吹きこまれているように感じられた。これまで会ってきた無気力な生徒たちや逆に燃え尽きてしまった生徒たちとまったく異なる角度から世界を眺めていた。目を閉じて運動場をひたすら走るモリーの姿を思った。名門大学から関心を持ってもらうために、「偽りの情熱」が必要だと語るブルックリンの生徒を思った。成績表のいくつかのBに「呪われている」ネイトを思った。

私たちがどれだけ力を尽くしても、どれだけ子どものためを思っていても、子どもの人生に過剰に口出しすると子どもの飛翔を妨げてしまう。大半の子どもは――真面目で、従順で、親を喜ばせたいと願っている子どもは――言いつけを守る。宿題をして、チェロのレッスンを受けて、早起きをして学校に行く前にプールで何往復もして、社会奉仕の活動に参加を申しこむ。自分たちが立たされている道が明確に指し示す方向へ進もうとする。しかし、その道は子どもが探している意義を与えるものではない。皮肉なことに、私たちが子どもの「成長」や「達成」や「幸福」に過度に集中すると、それらすべてが阻害されるのだ。

そう、あなたはこう思っているかもしれない。十代の子どもが自分のことをまっさきに考えるのは、成長過程において当たり前ではないかと。だがおとなが子どもの自己収束を放置して、他者を理解して思いやるように注意しなければ、他者を助ける方法を教えると同時に助ける義務を叩きこまなければ、まちがいなく子どもは傷物になると専門家は語る。私たちがはぐくんでいる成長そのものが台無しになる。スタンフォード大学教授であり人間発達学を専門とするウィリアム・デイモンによると、現代の子どもが不安とストレスにさらされている理由は、おとなによって学業や課外活動に過剰に駆りたてられるからだけではなく、努力の目的が不明だからである。子どもが従うべきロードマップには一連の試練やテストが据えられているが、どうしてそんなことをしないといけないのかという大局的な目的を教えられることはない。

子どもが広い視野を手に入れ、もっと大きな世界に目を向けて、自分の役割に気づけるようになるためにはおとなの支援が欠かせない。といっても、成績証明書のためにクラブ活動でリーダーの座に就かせるという意味ではない。自分が手を差し出せば大きな影響を与えられるのだと子どもが実感できるように手助けをするのだ。クラスメートとコミュニティに対して重要な助けになれるのはどこか。力を蓄えてリーダーシップを発揮し、より多くの人を助けることができるのはどこか。

私たちはみな、子どもがすこやかに成長して、さまざまな分野で活躍する満ち足りたおとなになってほしいと願っている。だが、成長とは大学入学の出願書類を完璧なものにしたり、ACTのスコアや打率を上げたり、ひとりひとりの個性をたいらにならして満点を目指すものではない。自分の部屋や教室の外の世界に目を向けて、関心と思いやりを寄せる範囲を広げること――まさにアダムのように、自分はもっと大きな世界の一部であり、もっと大きなコミュニティに属していることに気づくこと――それこそが成長であり、おとなはその手助けをしなければならない。つまり、子どもには他者に対する義務があり、どんなおこないをするかということが大切なのである。

子どもが自らの願いを成し遂げて向上するために親が過剰な労力を費やせば、子どもはもっと大きな目的と結びつくことができなくなる。この世界に自分の役割が求められる理由や他者に価値を与える方法を知ることは、コルゲート大学やコルビー大学に入ることよりも意義のある目的である。「実際のところ、現代社会で成長するうえで最大の問題はストレスではない」とデイモンは指摘する。[4]「目的がないことだ」

価値を与える

この本の前半にも登場したエイミーに取材したのは、彼女がイェール大学の三年生になって半年が過ぎたときだった。二十一歳のエイミーは大きな笑みを浮かべて落ち着いた口調で語り、インタビューのあいだもじっくり考えながら慎重に言葉を選んでいた。よって、エイミーが高校に入学した瞬間から、父親の出身校であるイェール大に合格することだけを目標にして綿密に準備を進めたと聞いても意外ではなかった。

エイミーが育ったのは、ウィスコンシン州マディソンから車で三十分くらいかかる人口三〇〇〇人の小さな農村だ。「まわりのみんなよりも大きな夢を持っていたので、オールAの成績をとってスポーツでも突出しないといけないと自分にプレッシャーをかけていました」とエイミーは語る。高校は近くにある小規模の私立校に通った。卒業時には同級生が二三人しかいなかったほどの小さな学校だった。毎朝登校すると、イェール、ハーバード、ペンシルベニア、コロンビアといった名門大学のペナントに出迎えられた。入学初日、学校に足を踏み入れたとたんに、「すぐさまハードルが上がったと感じました」。学校にはプレッシャーが渦巻いていたわけではなかったが、それでもエイミーは学業面で完璧な成績を維持するために懸命に頑張った。すべての課題に一一〇パーセントの力を出さなければならないと感じていた。これでじゅうぶんだと思うことはめったになかった。

家に帰ると、別の任務が待っていた。家の仕事から逃れることはできなかった。どれだけ遅くまで勉強しても、鶏に餌を与えて、暖炉にくべる薪《まき》を割らなければならなかった。家族で過ごす週末は、家が所有する十エーカーの土地を整備するのに費やされた。草を刈り、やぶを伐採し、果てしなく降りつもるウィスコンシンの雪を私道から取りのぞき、庭の雑草を抜いて、ミツバチの世話をした。

毎週エイミーは文句を言った。やらなければならないことがたくさんあるのだと。しかし週末になると、両親はエイミーや妹たちに家の仕事を続けるように命じた。エイミーは優秀な子どもだと周囲からみなされていた。成績はオールAでスポーツも得意。飲酒もしない。「すべてのチェック項目をクリアしていました」。けれども両親はエイミーの言葉を聴きいれなかった。**エイミー、それはあなたの項目でしょう。自分で選んで、自分でクリアしたのよ。**アッパーイーストサイドの家庭に生まれたらよかったとエイミーは冗談を言った。そういう家庭なら、「私が学業とスポーツで獲得したメダルで両親はじゅうぶん満足したでしょうから」

その頃をふり返ると、たしかに自分の生活と成功ばかりに気をとられていたとエイミーは語る。自分のことに集中すると完璧主義がいっそう強くなった。どれだけ文句を言おうとも、森に入って草を抜いて薪を割っていると自分の頭から抜け出すことができた。両親にとって成績や勉強は大事ではあったが、なによりも重視していたわけではなかった。両親がもっとも重視していることは明白だった。家族はエイミーの助けを求めており、エイミーには家族に意義のある貢献をする能力がある。両親は内側に焦点の向けられたレンズを外側に向ける方法をエイミーに伝授し、どうすれば社会の一員として有用な貢献ができるのかを示していたのだ。

両親はエイミーに謙虚であれ——自分を卑下してはいけないが、自分のことばかり考えてもいけない——と言った。[5]謙虚であれば、自分の人生で手一杯にならずに他者の人生に積極的な関心を寄せることができる。謙虚さは心の健康をはぐくみ、不健康な自己没入の特効薬になる。物事を適切な見方で捉えて、自らに課した非現実的な要求をゆるめる効果がある。

エイミーと同じく、かつての私も週末の家の仕事にうんざりしていた。郊外の家に住んでいたので芝刈りが必須だった。さらに同じく、私も家の仕事から逃れようと必死だった。怒ったり泣きついたりして抵抗したが、父親はやさしく私を諭して――どうして父親があれほど忍耐強かったのかわからない――結局、週末が終わる直前の日曜のディナーのあと、つまり期限ぎりぎりに夕暮れの空の下で芝を刈った。

カリフォルニアで十代の子どもを三人育てている母親と家の仕事について語りあった。彼女が子どもの頃は、まわりの誰もがやるべき仕事を抱えていた。たとえ裕福な家の子どもでも、子守り、家事の手伝い、あるいはアルバイトをしていた。そういった仕事は「わざわざこしらえた」義務ではなく、口うるさく言ったり、「お手伝い表」を用意したりする必要はなかった。彼女の母親は学校に通っていて、そのあと働いていたので、一番下の弟の面倒は自分がみるものだと当然のように理解していた。「母親は私に言いつけるわけではなく、ただ家を出て仕事に向かうだけでした」。家の仕事を手伝わないという選択があるなんて思いもしなかった。

だが多くのコミュニティにおいて、早期の成功を求める現代の風潮によって、家の仕事は子どものやるべきことのリストから排除された[6]。わが家も例外ではない。正直なところ、かつて父親から諭されたように、子どもたちに家の仕事をするよう懇々と言いきかすのは、私の手に負えないほど面倒な仕事になってしまった。自分で食洗機に食器を入れて取り出し、ごみを捨て、洗濯物を片付けた方が断然すばやく簡単に終わる。私だけではない。全米の一〇〇一人のおとなを対象とした電話調査の結果、八二パーセントが子どもの頃に家の仕事をしていたにもかかわらず、自分の子どもに家の仕事をさせているのはわずか二八パーセントであった。なかにはこう言い放った親もいた。「娘に学んでほしいのはベッドメイキングではなくて中国語です」

しかし私が実施した調査では、勉強やサッカーの練習を優先させるために家の仕事やイベントを免除すると、子どもの自分中心的な見方を助長してしまうことが判明した。その結果、子どもは利己主義に陥って自分のことばかり考える、ともに暮らすのが難しい人間になってしまう。そのうえ、自分のことばかりに集中すると、子ども自身の健康が損なわれる。鬱病や、人格障害、不安障害が引き起こされることになるのである。[7]

ミネソタ大学名誉教授のマーティ・ロスマンは、家の仕事がもたらす恩恵について数十年にわたって調査している。ある調査では、八四人の子どもを二十年間追いかけて、幼稚園、思春期のはじめ、十五歳前後、二十代半ばという人生の四つの時期にデータを採取して分析した。そこでわかったのは、幼稚園の頃から家の仕事をしていた若者は、家の仕事をしていない若者や十代になってからはじめた若者と比べて、学校で優秀な成績を収め、就職すれば早々に成功し、満足した人生を過ごしている割合が高く、成長してから薬物やアルコールに手を出す割合が低いということだった。家の仕事がもたらす恩恵は何年ものあいだ続く。

史上最長の幸せに関する科学的研究において、ハーバード大学の研究チームは、幼い頃の体験が健康と老化にどのような影響をおよぼすか数百人の十代の少年の人生を通じた追跡調査をおこなってきた[8]。その成果のひとつが、十代の頃に家の仕事などを通じて身につけた確固たる勤労倫理は、中年期の幸福の重要な予測因子になるという興味深い報告である。かつて研究の責任者を務めていたジョージ・ヴァイラントは、十代の頃からしっかり働いていた若者は、愛情深い結婚、友人との固い絆、仕事における充足感に恵まれて、全般的に幸せな人生を送る割合が同世代の対照群よりも高いことに気づいた。数年前、私が当時執筆していた記事のためにヴァイラントに電話でインタビューした際も、勤勉に働くことに価値を置く者が、同種のエネルギーを結婚、仕事、家族、友情に振りわけて成就させるのは「理にかなっている」と語った[9]。

家の仕事は、責任感と勤労倫理を教えることだけが目的ではない。まして親がごみ捨ての手間を省くためにやらせるわけではない。家の仕事によって、もっとも身近なコミュニティである家庭での地位が確立し、まわりの人に価値を与えられるようになるのだ。家の仕事を通じて、世界にはあなたを必要とする場所があり、あなたの貢献によって世界を変えられるのだと子どもに教えることができる。家の仕事を通じて、子どもは頼られていると感じる。言いかえると、家の仕事によって、子どもは自分が大切だと心の底から感じることができるのだ。他者を思いやると自分も恩恵を受けることは事実だが、まずはそれが正しい行為であると認識させることが重要である。

〈ファミリー・リーダーシップ・センター〉の創設者として親の教育にあたり、自らもシングルマザーとしてメイン州ヤーマスでふたりのティーンエイジャーを育てているマージ・ロングショアーは、家庭への貢献をもう一歩前へ進めた。家庭のアイデンティティの一部にしたのだ。「わが家ではまったく家の仕事として扱っていません。今日はどうやって家族の役に立って、わが家を少しでも楽しくできるかというふうに考えています」

　夏の午後、マージの家のキッチンで語らっていると、マージはある夜の修羅場を思い出した。その晩は彼女の娘が家族のディナーを用意する順番だったが、作文の宿題で四苦八苦していた。娘は宿題を中断するのを渋った。渋ったというのは控えめな表現だ。マージは娘がラップトップコンピューターを閉じるのを手伝いつつ、「わが家では宿題をするなんて贅沢なことなのよ」と念を押した。すると娘は「宿題が贅沢だなんて思っているのは、この町で母さんだけだよ」ときつい口調で言い返した。マージは娘にこう言ったのを覚えている。「あなたがどう思うかは自由。でも家族のために動かないと」

　娘はうなだれながらキッチンに足を運び、わざと大きな音を立てて鍋やフライパンを取り出して不満をあらわした。マージはそのときのことを思い出して軽く笑った。「びんから出したトマトソースを温めてパスタを茹でるだけなのに、とんでもなく大きな音がした」。しかし数分後に音が静かになったかと思うと、娘がキッチンの隅から顔を出してマージを見つめていた。「ねえ、これってお母さんの子育てのコツなの?」と娘は小さい声で尋ねた。「うん、うまくいってる」。テーブルにつくと、マージはパスタの茹で具合が上手だと娘を褒めた。ほんの一瞬、娘の顔に家族の食事を作ったという誇らしさがよぎった。役に立ったと感じると力が湧きあがる。他者に価値を与えると子どもは成長する。自分は価値のある存在だと感じるからだ。

年齢に応じた家の仕事

二歳から三歳	おもちゃを片付ける	ごみを捨てる	食事の支度を手伝う
三歳から四歳	テーブルを整える	食べ残しを捨てる	ごみ箱をからにする
四歳から五歳	食器を食洗機に入れる	家族の献立を考える	居間のほこりを払う
五歳から七歳	ペットや植物の世話をする	食洗機から食器を片付ける	ごみ出しをする
七歳から十歳	食料の買い物リストを作る	家族の洗濯物をする	ごみの分別をする
十歳から十三歳	近所の人の雪かきを手伝う	家族の食料を買いに行く	芝生を刈る
十三歳から十八歳	家族の食事を作る	きょうだいの面倒をみる	家の外の用事を済ます

マーティ・ロスマン作成「子どもが家の仕事をはじめる年齢」に基づく。

現状を変える力を手に入れる

アダムが十代を対象としたホットラインで聴いた話の大半は、ささいな悩みだった。学校や友人にまつわる悩みを抱えているが、相談できる相手がいないと語る者もいた。ただ誰かとつながりたいというだけで何度も電話をかけてくる者もいた。ホットラインにかけてくる子どもは、たいていおとなよりも同年代の十代とつながりたいと思っているため、電話を受ける相手も十代が理想的だった。しかし、急を要する電話もちらほらあった。電話の途中で相手が自殺を口にしたり、病院に収容する必要が生じたり、自傷行為をおこなっていたりしたときは、アダムは九一一に電話をかけた。

「そんな緊急の瞬間は助けることができます。でも、そのあとどうなったのかわからないことが、とにかく気がかりでした」とアダムは語る。「相手と言葉を交わして、じっくり打ち解けて話せたとしても、電話を切ってしまえば――その後の行方はさっぱりわかりません。そんな電話がいくつもぼくの心に残っています」。そんな不安が積み重なり、たった一回のやりとりでは相手の肉体や精神の健康を守れないのではないかと考えるようになった。継続する関係を築く術を見つけたかった。時が経つにつれて結びつきが強くなり、力強い助けを授けることのできる関係を。なんといっても「転入生」として高校に入ったアダムは、孤立する痛みなら身をもって知っていた。

こんな思いを胸に抱いてホットラインのカウンセリングを二年間続けたのち、十一年生のときにアダムは生徒のサポートグループを立ちあげた。高校の上級生と下級生を結びつけるものだ。構成員は男女混合だが、設立したのが男子生徒だったため、同級生の男子の一部はメンタルヘルスの問題を打ちあけることの抵抗や恥ずかしさが軽くなったようだった。「男子生徒が泣いている写真を〈スナップチャット〉で送ってくると、こちらからテキストメッセージを返します」とアダムは言った。テキストのやりとりは面と向かって話すよりも男子生徒に安心感を与えた。実際、アダムがじかに話しかけても、彼らはけっして悩みを認めようとしなかった。このサポートグループを通してなら、アダムのまわりの生徒は胸の奥の不安や鬱に対処できる。成績やセクシャル・アイデンティティの揺らぎや社会からのプレッシャーや孤独について話しあえたのである。

アダムが学校での活動について話すのを聴いていると、同級生に対して抱いている強い責任感が伝わってきた。アダムが同級生の話をさえぎることなくひたすら耳を傾けると、彼らは理解してもらえたと、ついに自分に注目して話を聴いてもらえたと感じるのだという。捜索救出隊と同じく、学校でもサポートグループによって、アダムは自分が大切だといっそう強く思うようになった。自分は必要とされている重要な存在だと心の底から感じることができた。上級生に対しても支援の手段や、能動的な話の聴き方、ごく当たり前にメンタルヘルスについて語りあう方法についてアドバイスした。大切さを感じるためには、自分には能力があるという思いが欠かせない。失読症に長年苦しんできたが、ようやくアダムは自分には能力があり、自分は価値を与えることができると心から思えるようになった。

すべての子どもがアダムのように価値を与える役割を自然に果たせるようになるわけではない。けれども、私たちの誰もが世界に価値を与えることを願って生まれてきたのだ。価値を与えることを奨励されると使命感が湧きあがる。だが、自分のことばかりに目を向けると使命感がやせ細る。肉体と同じく、私たちの思いやりの筋肉もふだんから鍛えねばならない。子どもに季節ごとのスポーツをさせることをルールとする親がいるように、ボランティア活動にも同様のアプローチをとる親もいる。

サンフランシスコのベイエリアに住む母親は、ボランティアの義務はなにがあっても免除しないと語った。子どもたちは自分で選んだボランティアの仕事を週に五時間おこなわなければならない。夏休みになると時間は倍になる。この決まりを実践するにあたって、まずは手本を示すことにした。子どもたちと一緒に地元のフードバンクに行って、寄付された食料の棚出しをした。「あまりに忙しいからといってルールを曲げて休ませると、きまって子どもたちの心が不安定になることに気づきました」と母親は語った。「スポーツの練習と同じように、子どもたちの毎週のスケジュールに文字どおり押しこまないといけないのだと理解するのに数年かかりました。以前はボランティアに行かされることにしょっちゅう反発していましたが、いまは楽しみだと言っています」

現在二十代のシドニー・モンタージュは、奉仕を義務とする家で育った。当時は不満を覚えていたが、成長するにつれてありがたく思うようになった。ボランティアで最大の喜びを感じる瞬間は、自分が支援している相手とじかに結びつくときだ。学校の放課後に補習授業を教えていた時期がまさにそうだった。支援している生徒たちと親しくなると、自分がやっていることには意義があるのだと実感した。心の底から感じる大切さは他者との交流から生まれる。[10] 他者との交流を通じて自分の価値を学び、人間として成長するのだ。シドニーは教え子たちの頭のなかで光が灯り、その表情に理解したという色が浮かんで、彼らがさっきまで首をひねっていた数学の問題を解いていくのを目の当たりにした。

実のところ、シドニーがニューヨーク大学で教育学を専攻して教師を目指すことにしたのは、この夏の講師業のおかげだという。「ボランティアを義務づけてくれた母に感謝しないといけません。講師をしていなければ、人生の目標を見つけられなかったかもしれませんから」

三年ものあいだ、タラ・クリスティ・キンゼイはプリンストン大学で副学部長を務めていた。多くの学生が彼女のオフィスを訪れ、鬱や不安、生きている意味が感じられないことを訴えた。「学生の落ち度ではありません」とキンゼイは語った。「社会の仕組みに問題があるのです。現代の学生は驚くほど勤勉になり、がむしゃらに苦難を乗り越えようとします。けれども大切さの感覚が身についていません。自分は大切な存在であり、価値を与えることができると感じていないのです」。学生はプリンストンに入るために必要だとされたことをきっちりこなし、外面的な成功が幸せな人生を運んでくるという約束を信じている。だが言うまでもなく、何十年にもわたる研究によって、目的を失った達成は労力に応じて期待される報酬をもたらさないことがわかっているとキンゼイは言う。「うまくいっているものといっていないものが見えてきました」。そこで彼女は上流に目を向けた。**プレスクールからの十三年の義務教育期間を解体して分析すれば、求めている結果を得られるのではないだろうか。**そのためだけにキンゼイはプリンストンを去り、ニューヨークの私立女子校であるヒューイット・スクールの校長になった。そこで彼女は同僚と協力して、カリキュラムを変えて「現実という茨《いばら》の道」に対抗しようと試みた。

生徒が学びの内容に真剣に取り組めば見事な成果が生まれることは、研究からはっきりと示されている。そのためヒューイットではニューヨーク近郊のＮＰＯ団体やさまざまな施設と連携して、社会問題をただ学ぶだけではなく、有意義な変化をもたらす機会を生徒に与えている。ヒューイットの小学一年生は障害者の権利について学んだ後、セントラルパークに行き、遊具のアクセシビリティを調べた。生徒たちはすでに学んだエンジニアリングの原理を活用して、車椅子でも利用できる滑り台や介助人が入る空間のある大きなぶらんこを考えた。その成果を書面にまとめてセントラルパークの事務局に送り、新しい遊具を提案した。ていねいな回答が返ってきて生徒一同は大喜びした。ヒューイットの生徒は学校に通いながら、世界にとって真に価値のある取り組みに携わっていると心に刻み、大いなる善とつながる喜びを味わっているとキンゼイは語った。

子どもに「なぜ」と問いかけて、会話のなかで気づきを引き出そう。ウィリアム・デイモンはこんな質問を推奨している。[11] **数学や読み書きを学ぶことが大切なのはなぜだろう？　きみにとってよい人生とはなんだろう？　よい人間とは？　どんな人を尊敬するか？**　十代後半の子どもには、さらに踏みこんだ問いかけをしよう。**これまでの人生をふり返って、自分のことをどんなふうに覚えておいてほしいか？　なにを覚えてもらいたいか？　なぜ？　そういった目標を達成するために、きみのどんな特性が役に立つだろう？**

キンゼイはふたりの思春期の子どもを持つ母親として、目的のある人生とはどういうものであるかを教えようと考えていた。時おり日曜の午後に家族をおいて職場へ向かうと、ふたりはこう言った。「お母さんったら、ほんとうにかわいそう。そんなに一生懸命働かないといけないなんて」。キンゼイは思案をめぐらせて返事した。「あなたたちと一緒にいることに勝るものなんてない。心からそう思っている。そのうえで、やらなければならない大切なことがある。この街で女の子たちを指導する方法を変えることが私の務めなの」。自分の果たすべき任務にやりがいを感じていると説明して、いつかあなたたちもそんな仕事を見つけてほしいと語った。

そしていま、子どもたちもまた興奮に衝き動かされて人生の目的を見出しつつあることにキンゼイは気づいた。気候変動を扱う授業をとっている娘のシャーロットは、学んだことを共有しようと毎日はりきって家に帰ってくるようになった。「コロラド大学の温室効果ガス排出シミュレーターに夢中になって、居間に自分のコンピューターを持ちこんで私たちに見せています」とキンゼイは語った。娘の内部に火花が点《とも》ったのだ。「なので、どうにかしてその火花を完全な炎に変えようと夫と話しあっています」。ある晩の食卓で、気候変動について学校でどんなアクションを起こすべきか先生に相談したらどうかとシャーロットに提案した。

多くの場合、「責任者」、つまりおとなが世の中の問題を解決するだろうと考えられているとキンゼイは話す。子どもの送り迎え、サッカーの練習、特別クラスを取りまとめているのはおとななのだから。しかし、それでは次世代の者がなにに着目して、アイデアを整理して実行に移せばよいのかを見つける助けにならない。そこでキンゼイはリリー・トムリン〔アメリカの女優・コメディエンヌ〕の有名な言葉を思い出した。「どうして誰かが手を打たないのかと私はかねがね不思議に思っていた。そこで気がついた。私がその誰かなのだと」。子どもにそのような考え方を奨励するためにはどうしたらいいのか？ **ええ、それは問題ね。では、その問題についてあなたはどうするつもり？ 私はどういう手助けをすればいいの？** というふうに、あくまで子どもを中心にしなければならないとキンゼイは語る。さもないと、どんなときもおとなが降臨して子どもの仕事を奪う結果に終わる。娘の内部の火花を見極めて行動を促す手法は成功した。学校でシャーロットは同級生とともにＴＥＤ形式のプレゼンテーションをおこない、肉を消費することで温室効果ガスの排出が増えると説明した。そこでいま学校では、毎週月曜は〈ミートレス・マンデー〉としてベジタリアンメニューのみが提供されている。シャーロットは自分たちの力でヒューイットの温室効果ガスの排出量を削減し、ひとつの学校が世界に影響をおよぼすところを目撃している。

目的のある人生とは、社会における大義を追求することだけを指しているわけではない。たとえば、よい隣人になるといった、ささやかな日々の活動のなかで――とくに逆の選択肢の方が無難である場合は――実現しうる。メイン州のマージはある隣人の話をした。マージは高齢の独身者である隣人の男性を家族として迎えることにしたのだ。「とても孤独な人だというのはあきらかでした」。毎晩夕食が終わると、隣人はガソリンスタンドの安売りコーナーで買ったドーナツを十個ほど持って呼び鈴を鳴らし、やあ、と挨拶するのだった。きちんとした家柄の人だとマージは言った。親しくなろうとする方法はちょっと奇妙だけれど。社交が上手なわけではないものの、コミュニティの一員として人との関わりを求めている。だからマージは子どもたちに言った。**私たちはあの人の力にならないといけない。**マージは当時十二歳だった息子のバレットが、隣人と話す気まずさを克服するのにつきあった。こんにちはと挨拶して出身地や週末の過ごし方といったことについて尋ねる練習をしたのだ。そのうちにバレットは時おり隣人の家に寄って、大工仕事を手伝うようになった。隣人がフロリダの別邸に行って留守にすると、バレットがその家の芝生を刈った。寒くなると、バレットは隣人のボートをカバーで覆った。お返しに隣人はバレットと家族にポストカードを送って、一家の親切と友情に感謝していると述べた。バレットは自分が隣人の人生に価値を与えているというたしかな実感を抱くことができたのだ。

他者より優秀になるのではなく、他者のために優秀になろう

親以外のおとなも子どもの思いやる心をはぐくむ力添えができる。セント・イグナチオ高校を訪れたとき、その場面を目撃した。セント・イグナチオ高校はクリーブランドにある男子校で、イエズス会によって設立された。この学校にはなにか特別なものがあると地元の心理士は語り、その「秘伝のソース」を見つけてごらんと私にけしかけた。どの年もとびきり優秀な生徒が集まっているというのに、学校におけるメンタルヘルスの問題がきわめて少ないとはどういうことか。この事実は、教育系のNPO団体〈チャレンジ・サクセス〉の調査からも示されている。数多くの学校関係者から話を聴いたが、そのひとりが長年にわたって教壇に立ち、サッカーのコーチとしての受賞歴もあるマイク・

マクローリンである。マイク先生も父親や祖父と同様にこの学校の卒業生である。教員や経営陣に取材すると、自分も卒業生だという割合が驚くほど高かった。この学校のなにが彼らを呼び戻すのか？

卒業生が惹きつけられるのは、この学校が有する価値観と使命であるとマイク先生は語る。指導者、学究者、そして他者のための人を育てるという使命だ。四年間の学校生活で、生徒は自分の個人的な欲求や目標と他者に対する責任の釣りあいをどうやってとればよいのかを教えられる。他者に対する責任とは、他者が欲求を満たして目標を達成する手助けをすることだ。つまり、この学校は他者のために働くという心構えを植えつけることを目的としている。この心構えを実践するために、学校全体で毎日五分間だけ小休止して考えをめぐらせる時間を作っている。学校を訪問した際、私もこの模様を目にした。昼の二時に授業を中断して消灯し、すべての生徒が目を閉じて机に頭をのせ、学校の管理者、教師、事務員、もしくは生徒がスピーカーをとおして世界の困難について語るのを聴く。気候変動が貧しい家庭におよぼす影響や、インフレーションが低収入の家庭にとくに大きな打撃を与える不平等が語られるときもあった。こうして考えを深めると、生徒の世界が広がって思いやりが学べる。さまざまな方面から、他者は自分の力を必要としていると気づくことができる。セント・イグナチオ高校の教員や経営陣と同様に、私たちはみな子どもが最高の自分に到達することを願っている。マイク先生が生徒に教えているとおり、自分よりも広い視野を持ってはじめて、最高の自分を手に入れることができるのだ。

十年生になるとマイク先生が担当する奉仕の授業が必修科目になり、生徒たちはこの「他者のため」という心構えについて深く掘り下げることになる。授業ではコミュニティにおける奉仕の責任について学ぶ。私も教室の席に座り、マイク先生が奉仕について特別授業を進めるのに耳を傾けた。どうすれば他者の視点に立つことができるのか、どうすれば共感と思いやりを率先して発揮できるのか、どうすればお返しを与えることができるのか。「ほかの授業はすべて頭を探るものだ。頭はたしかに必要だ。だが世界には心も必要だ。この授業はみんなの心を探っている」。私は思わず背筋を伸ばしてまわりに目を向けた。マイク先生の言葉に感銘を受けたのは私だけではなかった。すべての生徒がじっと聞きいっていた。

マイク先生は生徒に簡単な練習問題を与えた。まずは成功を手に入れるために誰の助けも借りずに独力でやってのけたことをすべて書き出すように生徒に指示した。次にこの二十四時間で他者に助けてもらったことをすべて書き出すように指示した。そうしてこのふたつを比較してパーセントであらわすように言った。「毎回おもしろいですね。生徒は『うん、五十対五十ってところだよ』と言います。そこで私は『ほんとうのところを教えてくれ。きみはなにをしたのか』と尋ねるのです。するとこんな答えが返ってきます。『ええと、車で送ってもらって、服を買ってもらって、家も用意してもらって、食事を作ってもらって、愛されているし、お金も出してもらってる。五対九五の方が近いかも』と。重要なのは、彼らには疑いなく他者が必要であり、そして世界には彼らを必要とするはずの人々も存在するという考えを植えつけることなのです」。「なにより自分が大事」という考えに支配されたこの社会で、しかも男子校という環境でありながら、マイク先生の教えは現代の風潮に真正面から抗っているように感じられる。

生徒はその教えを吸収して、コミュニティに変化をもたらす。はじめのうち、ほとんどの生徒は他者にこれほど親密なかたちで奉仕することに対して腰が引けるとマイク先生は語る。そこで自分の内面の気まずさから焦点を外して、助けを求めている他者へレンズを向けるように生徒に指導する。「他者が求めるもののうち、とりわけ重要なのはきみたちの関心だ」と語る。

十代の子どもに与えられる奉仕の仕事は、その多くが定型的な作業である。一時間作業に組みこまれ、あとから思い返すこともなければ、実際に困っている人たちに会いに行くわけでもない。けれども真心の奉仕とは、他の人間とつながり、相手の人生をよりよいものにすることである。自分と相手に共通する人間性を見出し、苦しみを軽減して互いに対する責任をまっとうするために力を注ぐことである。たやすくできるものではない。そのような結びつきを築くには時間がかかる。「といっても、意義のあるボランティアをするために、ハイチまで飛んでシェルターを建設する必要はありません」とマイク先生は言う。セント・イグナチオ高校の生徒は、がん病棟の訪問、難民支援、下級生への指導といった活動をおこなっている。こういった活動はすべて人と人との関わりであり、生徒は他人とつながることを要求される。日曜の夜、ホームレスに食事を提供するために現地へ出向き、相手と握手をして視線を合わせ、「こんにちは。ティミーといいます。お名前を教えてください」と声をかけなければならない。

奉仕の授業が功を奏すのは、週に一回、三時間のボランティアの時間がすでに学校のカリキュラムに組みこまれているからでもある。大半の学校では奉仕が必修とされているものの、放課後や週末にそのための時間を捻出しなければならないことが多い。だがおよそ五十年前、この学校の司祭たちはボランティアをカリキュラムの必修科目にして、化学と同様に大事なものとして扱った。司祭たちが、他者の欲求と自分の欲求の釣りあいをとりながら人生を送ると幸福度が高くなるという研究でも証明された知見を得ていたのはまちがいない。事実、宗教がメンタルヘルスを改善する理由のひとつとして、宗教が自分中心の考えを修正して、もっと大きな全体への帰属感を生むということが判明している。[12]「他者に奉仕することで世界が形づくられ、きみたち自身も形づくられる」というのがマイク先生の口癖だ。

他者重視の心構えは、奉仕の時間のみならず、子どもの生活のあらゆる領域に取り入れることができる。家に帰ってから、セント・イグナチオ高校で聞いた言葉を使ったのは、子どもたちが夏休みの仕事をはじめるときだった。十四歳になると、最初の夏休みの仕事としてキャンプの監督者になる。その意義と目的は、キャンパーたちが安全に楽しく過ごせるように援助して、新しい友達の作り方を手ほどきすることであり、子どもたちもそれはしっかり理解していた。だが次なる仕事は、意義を見つけることが前回ほど簡単ではなかった。一日に八時間、フローズンヨーグルトを売る仕事だった。そこで私は心のなかでマイク先生を召喚して、子どもたちにこんな説明をした。もちろん、ヨーグルトを販売し店を清潔に保つために雇われているのはまちがいない。だがそれだけではなく、客である子どもたちや家族が楽しい夏休みの思い出を作ることを支援する役割もある。どうすれば思い出をもっと楽しいものにできるだろうかと話しあった。単に列に並んだ大勢のひとりとして客を扱うのではなく、まるで彼らが店の一員であるかのように歓迎することが重要だ。「他者のために」生きることは、毎日のささやかな瞬間から実践できるのだと子どもたちもわかりはじめている。

思春期の子どもが目的を見つける力添えをしよう

——ウィリアム・デイモン *The Path to Purpose*（目的への道）より[13]

・火花が弾けるのを聞き取って、炎をかきたてる
・方向性を導くように問いかける
・子どもの興味に関心を抱く
・自ら率先しておこなうように奨励して責任感を持たせる
・常日頃から子どもに家の細かい仕事を頼み、労力に応じて感謝を示す
・あなた自身の交友関係、仕事、目的について話をする
・メンターになってくれそうな人物に引きあわせる

深いつながりを確立する

他者を助けるとは相手とつながりを築くことである。同時に、私たちは、と、も、に、ボランティアをおこなっている人たちとも深いつながりを築くことができる。セアラは裕福なコミュニティで育ち、彼女の言葉を借りると「息が詰まるほど競争が激しい公立学校」に通っていた。当時を思い返すと、憂鬱

ではあったけれど、まわりでくり広げられている競争がメンタルヘルスに影響をおよぼしているとは思いもしなかったという。そのことに気づいたのは、所属する教会の青年団の一員としてワシントンDCへの一週間のボランティア旅行に参加したときだった。そこで生まれてはじめて成績や自分以外のことに意識を向けて話しあえる人たちに出会ったのだ。「私が関心を寄せていたホームレスの支援活動をボランティアの人たちは実践していました。そこからつながったのです。あの一週間でようやく仲間に出会えました」。関係とは打算ではなく相互に補うものだと仲間が教えてくれた。この旅行はセアラの人生のターニングポイントになった。「価値観が完全に変わりました」

その旅行のあと、学校の外で興味を持てる事柄を探した。「私はずっと陸上をしていました。でも優れた選手でなければ、コーチから見放される。一流の選手ならば注目を集めることができるけど、そうでなければ補欠扱いになります」。そこでセアラはグラウンドを出て、昼間はボランティア活動をすることに決めた。関心を外へ向けて他者を助けると、自分のストレスも軽くなった。ボランティア旅行で親しくなった新しい友人たちと充実した深い会話を交わすことができた。この経験によって、学校での友人付きあいが表面的なものに感じられた。「自分が悩んでいることについて、否定することなく耳を傾けてくれる相手を見つけると、こんなに温かい気分になって安らげるとは知りませんでした」。いままでは自分がそんな友人になって、相手に寄り添う責任を感じていると語った。「鬱で悩んでいる友達にメッセージを送って、単刀直入に尋ねています。『薬は効いている？　一緒に話しあおうね』と。かつての私も同じ状態だったと友達もわかっていますから」

撤退や失敗にくじけない度量を築く

アダムは十二年生になると、これまでの捜索救助隊、十代のホットライン、学校でのメンタルヘルス支援グループの活動をふり返って、医療方面に進もうと考えるようになった。救急医療――一刻を争う危機にある人を救う――にもっとも心がひかれた。十八歳になると救急治療室で医師たちに随伴して学ぶ資格を得て、外傷外科手術、心臓移植まで見学をゆるされた。「患者と医師のつながりをこの目で見て、医療の助けがなければどうなるのか考えました。それがとてつもなく大きな原動力になりました。ぼくは化学や生物が好きではないけれど、将来の仕事のためには科学の知識を体系的に学ぶことが重要だとわかりました。目指すべきものが見つかり、『そうだ、この仕事に就くために努力すれば、もっとみんなの役に立てる』と思うことでやる気が満ちてきました」

やる気が湧いたのは、そのあいだ口を挟まなかった両親のおかげでもあるとアダムは語った。両親は彼が自分の道を進むのを見守り、その姿勢が巨大な助けとなってアダムは目標を定めることができた。両親はアダムが興味を持った課外活動やボランティアに自由に参加させ、車で送ったりボーイスカウトの費用などを払ったりという方策で支えた。新しいものに挑戦し、実地で経験を積むことができたおかげで、よい人生とは一本のまっすぐな道であるという固定観念――よい大学に入って、給料の高い仕事に就くことがよい人生であるという考え――から脱出できたという。そうではなく、成功とは人生に意義を見出すことだとアダムは確信した。考え方を変えると、コミュニティ・カレッジに行こうともハーバードに行こうとも、世の中に変化をもたらす生き方ができるのだとアダムは語った。

おもしろいのは、新しい見方を身につけても、アダムがこれまでの成果に安住しなかったということだ。むしろその逆だった。さらなる高みを目指して懸命に努力した。目標が定まった以上、簡単な授業を手早く終わらせるだけで済ませるつもりはなかった。自分に挑戦を課して、どこまでできるのかを見極めたかった。「集中しないといけないと思っていました。どうでもいいことに気をとられて、時間の無駄遣いをしたくなかった」。アダムは数学の優等クラスに入れてほしいと学校に訴えた。優等クラスに入って一カ月後、最初のテストでFをとった。「失読症にとって数学はほんとうに難しいのです」。それでも通常のクラスに戻ろうとは思わなかった。ようやく見つけた新しい大志のために、「身の丈を超えたものに取り組んでいると承知のうえで」クラスにしがみついた。数学の教師が毎日授業のあとに補講すると提案してくれたので、その申し出を受けた。アダムの成績は上がり、Fから最後にはB＋になった。「世間には生まれつき知能が高い人がたくさんいます。ぼくはそうじゃない。でも努力によって望みを成し遂げる力はあります」とアダムは語るが、賢さにはさまざまな形がある。もちろん、アダムはまちがいなく賢い。

私が取材しているあいだに十二年生の冬を迎えたアダムは、大学の合否結果を待っていた。九年生のときのように目的を見失うことなく、自分が求めているものにひたすら集中していた。それにしても、優等クラスとAPクラスを目いっぱい受講して大学の選抜に臨み、そのうえボランティアも数多くやっていて、どこにそんな時間とエネルギーがあるのか尋ねると、照れたように笑ってこう言った。「エネルギーならたくさんあります」。アダムは救急医療の勉強の一環として、救急救命士になるための訓練をはじめた。午後三時に学校が終わると、午後四時から八時まで救急救命士の講習を受講する。そのため、毎日抜かりなく時間をやりくりしないといけない。「自分に相当のプレッシャーをかけて達成しようと頑張っているのは事実です。でも自分のためではありません。こうやって努力しているのは、他者を助けるのに必要な知識と経験を得るためです」

自分の意義を見つけるとエネルギーが湧きあがる。だがそれだけではない。うまくいかないときの立ち直る力と度量が増強される。他者からの理解や感謝をつねに感じることができるとはかぎらない。しかし、自分以外のなにかに価値を与えることができれば、自分は価値のある存在だと実感する。このように、目的は苦しみからメンタルヘルスを守る盾になるだけではなく、苦しみから脱却する道を切りひらく健全な燃料になる。自分よりも大きなものの存在を感じると、今日、あまりにもたくさんの若者が悩んでいるストレス、不安、鬱、燃え尽き症状が軽減される。この考え方によって、若者の自傷衝動が抑えられると示されている。[14] まさにそのとおりだとアダムは思った。目的を見つけたことによって自己を保ち、失読症の困難を乗り越えることができたのだ。もし第一志望の学校に入学できなければ、コミュニティ・カレッジに通ってメディカルスクールを目指す。自分には目的があるのだから、どんなものにも邪魔をさせない。

どうすれば目的のある人生を送ることができるのか、どうすれば他者にとって意義のある貢献ができるのかを子どもに教えると、意欲が燃え尽きることなく長続きする。目的があれば気力が湧き、やる気がでて、たとえ困難や挫折に見舞われても、くじけることなく突き進める。完璧主義が抑えられ、自分の存在はたった一回の失敗よりもずっと意義のあるものだと気づく。挫折は人間が持って生まれた価値のすべてを反映するものではない。他者に対する使命感を抱けば、長い目で物事を見ることができる。つまり自分の価値は成し遂げた結果によって上下するものではなく、失敗した瞬間はすべてが終わったように感じても、挽回できることがわかる。このより大きな目的によって、私たちの心は欠乏と恐怖から脱出して、あり余るほどの豊かさを手に入れる。この世界に存在する自分は、もっと大きな全体の一部なのだと理解するからである。そして寛大さを発揮するためには、豊かな世界を生きているという認識が必要であり、寛大さを発揮するとその認識がさらに強化される。[15] こうして幸福と健康が増していくのだ。

　次にアダムと会ったのは、アダムがＵＣＬＡの一年生になった春だった。メディカルスクールへの進学を目指していた。花が咲き誇る早春のキャンパスで、アイスティーを片手に持ち、広い芝生でフリスビーをして遊んでいる学生たちのあいだをぬって散策した。高校に入ったときは学業に興味を持てず適当にやり過ごそうとしていたのに、アメリカでも有数の難関大学に合格するなんてどういう気分かと尋ねた。

　アダムは顔を赤らめてうつむき、「正直なところ、ぼくは並の学生に過ぎません」と答えた。本人はこう語ったが、アダムは並外れた人物である。弱点を克服して能力を活かす方法を身につけたのだ。通りや建物の名前を覚えるのは、失読症の自分にとってきわめて困難だとアダムは言う。けれどもＵＣＬＡのキャンパス内で救急車を運転するという現在の任務においては、欠かすことのできない知識である。当然ながら、人命を救うためにはまちがいが許される余地はなく、地図を長々と調べる時間もない。「電話がかかってきたのに、どこへ行ったらいいのかわからないなんてありえません。一分一秒を争う問題なのだから」。そこでアダムが頼みの綱にしたのは自らの強みだった。根気、思いやり、職業倫理を発揮して、数週間かけてキャンパス内のすべての建物、小径、アクセスポイントを記憶した。金曜の夜、夕食に向かう途中に友人からクイズを出してもらったことすらあった。「捜索救助隊での活動やホットラインでのボランティア、救急処置室での経験を積んだおかげで、自分の能力に対する自信がつきました」とアダムは語る。そこからさらに大きな挑戦に立ち向かう意欲が湧いた。「学んだだけで実際にはなにひとつ経験していないのに、高校の教室で椅子に腰かけて『世界とはこういうものだ』と口にするなんて、苦行以外の何物でもありません」。失読症の学生にとって外国語を学ぶことはとてつもない困難だとアダムは語る。しかし救急処置室で働く医師にとって、スペイン語は重要なスキルである。新型コロナウイルスのパンデミックのさなかに大学の授業がオンラインになると、アダムはスペイン語の勉強のために南米へ行った。エルサルバドルの赤十字社と救急部隊でボランティア活動をおこなった。

「いまもっとも興味を持っているのは、問題行動が高《こう》じたときの対応を救急医療という面から検討することです」。そう言ってアダムは説明した。救急救命士は現場にまっさきに駆けつけるが、メンタルヘルスの危機に対処する方法については三十分の訓練しか受けていないそうだ。「患者を落ち着かせる方法を習っていないのです。教わっているのは拘束着を着せる方法くらいです」。現在ロサンゼルスでは、メンタルヘルスの問題に苦しむ患者の第一対応者として救急で対応できるように救急医療従事者を訓練する試みに取り組んでいて、アダムはその委員会を手伝っている。

救急医療はひときわ難度の高い仕事だと言えよう。人生は公平ではなく、不運がふりかかるものだとアダムは語る。「そんなふうに考えると、どんなことであっても助けることが自分の目標だと定まりました。患者を助けられないのならば、その家族、あるいは目撃した人を助ける――とにかく現状をよい方向へ変えたいのです」。それすらも不可能なときは、その経験から学んだことをいつか誰かを助けるときに役立てようと考えている。

大学の授業について尋ねると、苦労しているという答えが返ってきた。化学の教授は採点が厳しいことで有名だそうだ。だから結局のところ、必死に勉強したにもかかわらず、期待していたような高得点には手が届かなかったとアダムは言った。だがそんなことは問題ではない――自分はもっと大きなものの一部なのだ。「優秀な成績をとらないといけないとプレッシャーを感じていたけれど、懸命に勉強してベストを尽くせばよいと考えるようにしています。そのおかげでいまここにいるのですから」。とはいえ、その化学の授業がメディカルスクールを志望するうえで障害にならないだろうか。だが私がその懸念を口にすると、アダムはこう言った。「自分を超えた目的があれば、そこへたどり着く道はいくらでもあることに気づきます」

アダムと語りあっているうちに、私が子育てにおいてどの方面に力を注いでいるかという話題になった。高給の職に就いて税金を払うことで社会に貢献する子どもを育てることが親の役割だと信じているならば、学業の成績に焦点を絞るのはもっともだ。けれども、社会への経済的な貢献だけが子どもの価値ではないと示して、全体の善に貢献する思いやりある市民を育てることが親の役割であるならば、そのため
の訓練をすることも学業に負けず劣らず重要である。ここ最近、私と夫は夕食の席で、どれほどささやかな形であっても、私たちの助けを必要とする人々や社会問題について話し、ニュースをめぐって議論するようにしている。この時間を死守することによって、家庭において、もっと大

きなコミュニティにおいて、子どもたちが価値を与えることができる。燃え尽き症候群に対する特効薬はスイッチを切ることだけではなく、身のまわりの世界によい変化をもたらすために力を振りわけることだと気づいた。そうすれば私たち自身も力を得る。

子どもが目的を見出せずに疑問——なぜ成し遂げなければならないのか、この労力はいったいなんのためなのか——を抱えて漂流することのないように、意義のある人生を生きる秘訣を教えなければならない。その秘訣とは、著名な心理学者であるクリストファー・ピーターソンの言うところの「他者が大切」である。[16] 自分が他者にもたらすことのできる価値を知ると、人生はいっそう意義深いものになり、他者に価値を与えれば与えるほど、人生の意義が高まる。アダムとの三年におよぶやりとりを通じて、そしてマージにリチャード・ワイズボード、マイク先生から学んだのはこのことである。

第八章　さざなみ効果

まわりの人の大切という感覚を解き放つ

五十歳になるのはどんな気持ちかと訊かれて、私はこう答えた。ありがたい。何人かの親友はその機会を持てなかったのだから。歳を重ねることを、当然の贈り物として受けとるつもりはない。というわけで、祝いの会を催すことにした。新型コロナウイルスのせいで招待客の名簿は短くなったけれども。二年間のロックダウンを経たおかげで、友人たちはこの誕生日会について、まるで生まれてはじめてパーティーに参加するような気分だと口々に語った。私の両親も夫の両親も出席した。数人の親しい友人が飛行機で来てくれたのでびっくりした。しかも人生最大の驚きが待ち受けていた。誰かが誕生日を迎えると、当人の好きなところを家族それぞれがひとつ挙げるというのがわが家のしきたりなのだが、パーティーの数週間前、私の知らないうちにキャロラインが私の友人たちにこっそりメールを送って、わが家のしきたりについて説明し、「お母さんのここが好き、あるいはお母さんとの友情のここがすごい」というテーマで、おもしろい話や心温まる話、もしくはその両方を教えてほしいと連絡していたのだ。

ディナーが並べられる直前、ピーターが参加者に呼びかけると、シーッというさざめきが部屋じゅうに広がった。次になにが起きるかを察知して——乾杯の時間だ！——私はすぐさま壁を背に待機して、部屋の前方に並んで立っている夫と三人の子どもに目をやった。

するとなんということか、夫と子どもたちは大切であることについて語り出し、その意味を友人たちに語りはじめた。四人は友人たちから返ってきたメールを集めて、「忠実な友人」「助言する友人」「仲間の成功を喜んでくれる友人」「奉仕する友人」といった見出しをつけて編集し、私が友人たちやコミュニティにとって大切な存在である理由を乾杯の挨拶として述べた。大切ということを学び、テーマにして執筆していたけれども、これほど身をもって、これほど心の琴線に触れる形で体験するのはまた別物だった。

乾杯の挨拶で自分は大切な友人だと聞かされたのは、ちょうど私がこの本の最終原稿に取りかかっていて、泣く泣く友人付きあいの時間を減らしていた時期のことだった。めったに姿を見せなかったので、「ジェニファー、生きてる？」と生存確認のメッセージを送ってくれる友人もいた。この乾杯の挨拶によって、まわりの人と結びつくことの重要さをあらためて思い知った。なにより胸を打たれたのは、子どもたちからの言葉かもしれない。この三年間、大切であることについて語り続けた結果、この話題を持ち出すと子どもたちはうんざりと言いたげに目をまわすか、もしくは、ジェイムズが「お母さん、またその話だよ」とこぼすようになった。

それでも子どもたちは私の言葉を吸収していたのだ。乾杯の挨拶を読んだあと、三人は私のおかげで自分が大切な存在だと感じるようになったと話し出した。ウィリアムは私がいつも自分を尊重して

「対等」に扱い、どんな悩みについても有益な考えを授けてくれると語った。ジェイムズは、まちがうことは悪ではなく、まちがえたからといって落ちこんだり、もう愛されないと不安になったりする必要はないと学んだと私の目を見つめながら語った。キャロラインは「お母さんは私たちにとって最高のお手本であり、自分の価値を感じたいのならば、世界に価値を与えなさいといつも教えてくれます」と語った。私は壁に背を向けたまま立ちつくし、すべての言葉を受けとめた。

翌日、目が覚めると、どうして昨夜のできごとがあれほど深く胸に刻まれたのかを解き明かそうと思いをめぐらせた。こんな結論に達した。子どもたちは自分が大切だと習得し、実践して、さらに他者へ渡そうとしている――大切という視点から、世界と世界における自分の立ち位置を眺めている。私が調査の過程で学んだのは、自分には生まれつき価値があり、世界に価値を与えることができると理解すれば、その思いがさざなみのように広がっていくということだ。ある友人からこんなメッセージが届いた。「大切な人たちには大切な理由を伝えないといけない。なぜ私にとって大切なのかを伝えるのに、友達の誕生日まで待ってられない。そのことを気づかせてくれてありがとう」

欠乏ではなく豊かさ

この本全体を通じて、社会が私たちに突きつける欠乏、嫉妬、過酷な競争について綿密に検証した。欠乏という錯覚の奥底で、恐怖と不安と嫉妬とステータスへの欲望の奥底で、私たちはみな人間としての基本的な欲求を満たそうともがいている。自分には価値があり、居場所があり、自分の核にある人間性によって愛されていると感じたいと願っている。

大切だと感じることが欠乏マインドセットへの強力な対抗手段であることがわかってきた。人間の価値はありのままの姿にある――成し遂げたもの、生み出したもの、手に入れたものではなく――と知ることによって、競争による窒息から逃れられる。考え方が変わり、自分に欠けているものではなく、手にしているものが見えるようになる。自分のステータスがすこやかに上昇する。自分と相手の最良の部分が結びつく。言いかえると、大切だと感じることで豊かさの視点が手に入り、ゼロサム思考から解き放たれて、全員に行きわたる恵みがあると気づくことができる。大切だと感じているかどうかは、私たちが自分をどう扱うか、そして相手をどう扱うかという局面であきらかになる。たとえ不安と恐怖に襲われても、大切だと感じることに従うことが、私たちが日々実践できる賢明な選択である。

この本のために何人もの子どもや親に取材して、大事なことがわかった。家族や友人や周囲のおとなにとって、自分は大切な存在であると強く感じている子どもは、自分にとって他者が大切な存在であることも素直に表現できるようだ。そのような子どもに成功の秘訣を尋ねると、たいてい他の人たちのおかげだと言葉を尽くして説明する。両親や教師やコーチやクラスメートが自分を支えてくれたからこそ成長することができたと語るのだ。クリーブランドのセント・イグナチオ高校出身で、最近ハーバード大学を卒業したジャック・クックは、高校のAPクラスで困ったときには自分より「賢い」仲間が助けてくれたと語った。難易度の高いクラスを受けるように背中を押してくれた教師たちは、ジャック自身よりも先に彼を信じてくれた。インタビューが終わって電話を切ろうとしたとき、ジャックは多くの人がさまざまな方面から支えてくれたおかげで、人生がよい方向に進んだことに気づいたと感謝を述べた。「今晩はこれから高校の教師やコーチ、そのほかにもこれまでお礼を伝え損ねていた人たちに連絡します」

大切だと感じることで善意に満ちた好ましい循環が生まれる。自分は他者にとって価値がある存在だと感じるとき、自分は他者に価値を与えていると理解したとき、満ちたりた感覚が湧きあがって他者と分かちあうことができる。他者は自分の人生に価値を与えてくれる大切な存在であると伝えられるようになる。

言いかえると、大切とは二倍三倍と増えていくものである。自分が愛されて、慈しまれて、大事にされていると感じると、よりいっそう他者の成功を受けとめて、他者の喜びを感じることができる。ほかの誰かの喜びに感動するという考えは、ゼロサム思考が基盤にある競争社会を脱出する力になる。サンスクリット語には、他者の幸せを喜ぶ気持ちから生じる愉楽をあらわす言葉がある。「喜《ムディタ》」である。「喜《ムディタ》」とは利他の喜びを意味し、この世界には誰もが幸せと成功を味わう余裕があるという信念をあらわしている。つまり、アーチャー校のクロエとセアのように、たとえ負けたとしても参加できただけで幸せを感じ、勝利を手にした相手のために喜ぶことすらもできる。**友達の成功は私の成功。**それが「喜《ムディタ》」である。

大切ということを学べば、のびのびと解き放たれる。だが、そこには責任も伴っているのではないだろうか。大切という力を理解して味わえば――反対に大切にされていないという思いも味わえば――、その力を善なるものに使って周囲に拡散する責任が伴っていると気づくだろう。私が気づいたように。家族や友人やコミュニティにとって、真に、心から、疑いなく、自分は大切な存在であると誰もが感じることができれば、世界がどう見えるか、どう感じられるか、どうなるのかを想像してみよう。私たちは大切だと感じることで衝き動かされ、誰かがほんの一瞬でも大切だと感じる助けになりたいと願うようになる。自分にはいったいなにができるだろうか。

大切であることの拠り所

数年前、作家のブルース・ファイラーは希少がんと診断された。[1] ベストセラーになった著書 *The Council of Dads*（父親団）によると、もし自分が病に打ち勝つことができなければ、誰が妻と娘たちを支えてくれるのか不安になった。そこでファイラーは友人たちに連絡し、自身が命名した〈父親団〉の一員になってほしいと告げて、子どもたちが人生を築きあげる支援をしてほしいと頼んだ。

ファイラーのエピソードでとくに私の心に残ったのは、親は自分たちだけで子どもの欲求に応えなければならないと考えてしまいがちだという指摘だった（私のベッドサイドテーブルの上で入れ替わり続けるハウツー本の山がその証拠だ。子どもたちのためのセラピスト、栄養学者、やる気を引き出すコーチといった、ありとあらゆるものになるために自らに課したシラバスである）。欠乏マインドセットからのメッセージを体現している。つまり、子どものためにあらゆる役割を担い、あらゆるものを確保し、あらゆるものを制御しなければならないという考えだ。子どもの将来はひとえに親の手にかかっているという神話は親と子どもの関係を破壊し、さらには子どもそのものを損ねる。

しかし大切という心構えがあれば、その反対のメッセージが見えてくる。子どもを育てるのは親だけではない。ネットワークが広ければ、子どもが得るものはずっと大きくなる。その理由には、多様性によって子どもがより多くのものに触れられるという点も挙げられるが、それだけではない。目の前の家族を超えたつながりから価値のある存在だとみなされる感覚によって、自分が大切だということが強化されるからである。子どもを愛情深く見守るおとな――子どものありのままの姿を知って、理解して、関心を寄せるおとな――が身のまわりで増えれば、子どもは自分の価値を心に深く刻んで、他者に価値を与える機会をふんだんに手に入れる。私はこんなふうに考えるようになった。**子どもたちの人生で私に代わるものを見つけるためにどうすればよいだろうか。信頼できるおとなの力を借りて、私が取り組んでいることを拡大するためにどうすればよいだろうか。**

おとなのネットワークが広がれば、子どもを守る力が強くなる。愛情深いおとなに囲まれると、子どもは危険な行動から遠ざかる。[2] その理由のなかには、自分のことを気にかけてくれるおとなをがっかりさせたくないという気持ちがある。ある母親は高校生の息子の学業がほとんど終わり、あとは卒業を待つだけという時期に、高校生活の最後の数週間でトラブルに巻きこまれないように注意した。「わかってる、心配しないで。絶対にフィリップ先生（校長先生）をがっかりさせないよ」と息子は答えた。母親はがっかりさせてもよいのかと、心のどこかでしょんぼりしたと母親は言った。だが次の瞬間、身近なおとなへの尊敬の念はとてつもなく強い力になるのだと気づいた。

信頼できるおとなで子どもを囲めば、親は心身をすり減らして子どものためのあらゆる役目を果たそうとする義務から解放される。そのかわり、おとな同士のネットワークに注力し、積極的に誘いかけることで、子どもに自分が大切だと感じさせることができる。自らに問いかけよう。この拡大したコミュニティで、子どもに寄り添ってくれる「人生の先輩」は誰だろうか。子どもに自分が重要だと思わせてくれて、子どもが言うことに耳を傾けてくれるおとなは誰だろうか。サウスカロライナ州のチャールストンに住む大学四年生のビー・ウィルソンは、十三年間ダンスを続けている。長年ダンスに打ちこんできたにもかかわらず、心の底から夢中になったのは六年前だった。たまたま参加したスタジオで自分の価値を感じることができたのだ。そのスタジオでは、ビーは単なるダンサーのひとりではなかった。講師陣はビーをひとりの人間として扱った。ビーが体調を崩したときには、淋しいけれど家でゆっくり休みなさいとメッセージを送ってくれた。

ビーがお返しをする機会も与えてくれた。週に一回、ビーをはじめとするボランティア数人で〈パープル・チュチュ〉というクラスを開いて、発育面と精神面で障害のある子どもたちにダンスを教えるようになった。講師陣が自分にしてくれたように、ビーは全員の名前を呼んで挨拶し、髪型や衣装の素敵なところを見つけて声をかけた。ビーはひとりひとりの好き嫌いを覚えるようにした。そのうちに生徒の親から、子どものダンスの能力だけではなく、自信も伸ばしてくれたと話しかけられるようになった。私と話しているうちにビーの声がかすれた。心から感謝していますとビーは言った。講師陣が大切だと伝えてくれたこと、そしていま、自分が生徒に同じものを与えていることに。

友人の息子である十四歳のジョージは、この二年、夏になると地元のデリで働いている。オーナーはジョージに関心を寄せて趣味を知ろうとし、さらにジョージの仕事意識の高さと責任感の強さに感謝していると言った。ジョージが好んで家で料理していることを知ると、店で売るスペシャルデリを作るように促した。そして〈ジョージのワカモレ〉がメニューに入った。いまジョージは自分が重要で大切な存在であるという感覚を、週末に世話をしている子どもたちに伝えようとしている。そのなかに、紐でブレスレットを作るのが上手な少年がいる。ジョージは友人へのプレゼントとして買いたいので何本か作ってほしいと依頼した。そこで少年は自分の価値を実感した。こうして大切であることがさざなみのように伝わっていく。

メイン州のマージ・ロングショアーは、家族の輪をつなぐためにはこつこつと手をかけなければならないと考えている。たとえば、友人たちとともに休暇を過ごし、歳月とともに拡大家族と言えるものに成長させる。二十年前、マージは親友のエミリーと出会った。どちらも一番上の子どもがまだ一歳で、同じ公園で遊ばせていた。ふたりはそれぞれ相手の子どもたちとこまやかに心を通じて揺るぎない関係を築いた。さまざまな遊びを教えたり、スポーツイベントに連れていったり、オープンキャンパスに一緒に行くことすらあった。「自分以外のおとなが子どもたちに目を向けて、私が分け与えるものよりも大きく新しい世界を見せてくれたのです。どれだけ心強く感じたか、簡単には言いあらわせません」とマージは語る。

パロアルト地区に住む母親は、子どもが十代という難しい年頃を迎えたときに〈母親団〉を結成したいきさつを教えてくれた。グループの子どもひとりにつき、電話番号を教えた五人の母親が話し相手になる。学業のプレッシャーであれ飲酒であれ交友関係であれ、聴いた内容は秘密にすると約束した。こうして母親団が公式に発足した。ひとりの子どもが成績で悩んでいれば、五人の母親のうちの誰かがコーヒーを飲みながら語りあう。パーティーから安全に家へ帰る手段がないことに気づいたら、五人のうちの誰にでも電話をすればよい。何時であっても問いただされることはない。母親団は単に連絡先を子どもに教えるだけのものではない。家庭の外の信頼できるおとなに子どもが悩みを打ち明けることによって、家の事情を仲間に垣間見せ、家庭を外に開いて支援を受けやすくすることが目的である。

こういった策を講じれば、子どもに対応するおとなも自分が大切だと実感する。自分は信頼されていて、他者に与えるものを持っていると感じることができるからである。「正直なところ、自分の子どもたちからつねに望みどおりの感謝の言葉をもらえるわけではありません」と自分の息子が所属するリトルリーグのコーチを務める父親は語った。「だからチームの子どもを支えることにやりがいを感じています。感謝の意をはっきりと伝えてくれますから。自分は疑いなく大切な存在だと思えるのです」

大切だと強く感じさせる

パンデミック後に学校に戻ると、すべての子どもが変化を味わった。ある母親は、マスクをつけて、ソーシャルディタンスをとり、プレキシガラスを挟んで静かに食事をするのは五年生のあるべき姿ではないと語った。息子のスティーブンが、それまで問題なく学校を楽しんでいたのに、もう通学したくないと言ったとき、学校を嫌がる理由がどこにあるのか探ろうと彼女はあれこれ質問した。学校に行かなければ、みんなが淋しがってくれると思ったのだろうか。学校にひとりでも気軽に話しかけて相談できるおとなはいないのだろうか。そこで気づいた。息子が学校で味わっている断絶は、教師の誰とも密接なつながりを感じられないから生じているのだと。マスクをつける義務によって、匿名の人物になったような感覚がどこかに湧いたのだ。

子どもにとって、学校は家庭の次に重要なコミュニティである。社会の縮図である学校で、子どもは価値のある貢献をする方法を学ぶ。だが欠乏マインドセットは学校への偏見をもたらし、親と教師のあいだ、あるいは親と学校管理者のあいだに一種の緊張関係を生む。子どもの将来への不安から、たとえ明確に意識していなくても、親にとって学校の使命とは、できるかぎりよい大学に子どもを送りこむことになった。北東部の公立の進学校に勤める教師が語るとおり、親は金を払うお客様としてふるまうこともある。「いつだってお客様が正しいのです」と教師は言った。なんであれ教師や学校管理者による行為が、大学入学の妨げになりうるものなら脅威とみなされる。

「私の親は教師から電話を受けると、『なにをやったの？』と私に尋ねたものでした」とある母親は語った。「いまや、親である私たちは『あの先生になにをされたの？』と尋ねます。そのあとは校長か弁護士に電話して事態を収拾しようと考えます」

スニヤ・ルーサーが生徒に実施した調査によると、生徒の幸福度を損なう深刻な事態のひとつには、親と学校との関係にひびが入っていると生徒が察した場合がある。身近なおとなの協力態勢がうまくいかないことを感知した生徒では一貫して、ストレスを訴える者がもっとも多かった。学校がたしかに第二の家であるならば、親と教師の関係が悪化すると、子どもは泥沼離婚のただなかに放りこまれるのと同種のストレスを感じることになるとルーサーは指摘する。子どもはどちらかの味方をすることを強いられて、プレッシャーがさらに増える。

子どもにとって、教師は自分が大切だと感じるための重要な拠り所である。ペンシルベニア大学の四年生であるダリヤ・ベルシャスカヤは、ストレスに満ちた高校生活を乗りきることができたのは、新聞部の顧問や部員たちと作りあげた心地よい関係のおかげだと語った。ダリヤをはじめとするすべての部員は、毎朝とびきり早い時間に学校に行った。新聞に関する作業についてだけではなく、本や趣味、そして教室の外での生活について話しあった。「家族同然に思っていました」

つまり、新聞部の顧問はダリヤや部員たちを生徒としてだけではなく、人間として見てくれたのだとダリヤは語った。その結果、生徒に惜しみなく力を捧げる顧問に感化されたダリヤは大学を卒業したあと、〈ティーチ・フォー・アメリカ〉の二年間のプログラムに参加して教育困難地域に赴任することになっている。大学生活では、人生のすべてが知性や交友関係や自分の価値といった条件で判断されることに悩んでいると思われる学生の多さに驚いたという。人間としての自分に顧問が目を向けてくれる場所があったのは幸運だった。「顧問や部員たちとともに、新聞部の一員として無条件で受けいれられたと感じたからこそ、成長するための道を切り開くことができました」

豊かさのマインドセットによって、学校というコミュニティは、子どもと同じように、教師もまた自分が大切だと感じるべき場所なのだと認識できるようになる。教師もコミュニティにとって意義のある影響と価値を与えているのだと実感して、自らのメンタルヘルスと幸福を守らなければならない。自分の価値を感じたいと教師が願うのはもっともなことだ。もしかすると教師にホリデー用のプレゼントを買うのはすでに不可欠になっているかもしれない。ランチ会で先生への感謝を示すのもよいだろう。だが結びつきを築くためには、素敵な贈り物を渡すだけではなく、私たちの立ち位置を変えなければならない。敵対するのではなく、橋を架けなければならない。マーサーアイランドで取材したリアナ・モンテギューは、毎年子どもたちとおこなう習わしを教えてくれた。先生がどれだけ大切な存在であるかを伝えるために、ありがとうの手紙を子どもたちに書かせているのだ。これによって、子どもたちは毎日の生活でお世話になった人に礼を伝える習慣を身につけられるし、教師もまた自分が生徒にとって大切な存在であると強く感じることができる。

親と教師が健全な関係を築くと、子どもに多大な恩恵がもたらされる。成績においてもよい結果が生じる。ニュージャージー州の郊外に住むデイナは、六年生の息子のジョンが英語の教師に剽窃《ひょうせつ》の疑いをかけられた話を語った。「こんなにおとなびた視点で、身のまわりを題材にしたエッセイを書けるはずがないと先生に言われたんです。ジョンは泣きながら帰ってきました」

デイナはすぐさま学校に電話して教師を怒鳴りつけたい衝動に駆られた。けれども、かわりに友人に電話をして鬱憤《うっぷん》を吐き出した。「まずは息子に反論させなさいというのが友人のアドバイスでした」。次の日、ジョンは教師と話をしたが解決しなかった。そこでデイナは教師に連絡して話しあう約束を取りつけた。話しあいの前、デイナは自分も教師も息子の人生のなかで同じチームに所属しているのだと思い起こした。ふたりとも息子の成功を願っているのだから。「初対面の相手なのだから大目に見ようと思いながら話しはじめました。私たちが願っているのは、ジョンにとってもっとも望ましい結論に至ることですから」とデイナは語った。「ジョンには優れた書き手だという誇りがあり、文章を書くことはジョンのアイデンティティの大部分を占めているのだと落ち着いて説明しました。

たしかに私はエッセイを確認しましたが、句読点をいくつか足した以外には手を加えていないと伝えました」。これは完全に息子が書いたものだと、穏やかでありながら確信のある口調でデイナは教師に告げた。

少しの間を置いて、教師はデイナの冷静な対応に感謝を示した。「互いに敬意と礼節を示した瞬間から、私たちが手を取りあった最高の一年がはじまったのです」。ふたりが協力したことによって、ジョンの文章力はさらに伸びた。「結局のところ、その先生が今年ジョンの一番のお気に入りです」。もし自分が学校に乗りこんで謝罪を求めていたら、教師と息子の関係を壊していただろうとデイナはふり返った。そんな事態を回避したおかげで、ジョンはエッセイを書くたびに教師をもっと感心させようと懸命に取り組んだ。「万全の支えで、ジョンの文章が新たな次元に達するのをこの目で見て感慨を覚えました」

大切という枠組みを使うと、私たちの立ち位置は競争から協働へ変化する。切り離された感覚ではなく結びつきを手にする。スティーブンにとって学校に行きたくない気持ちを克服するために、スティーブンと母親はある計画を企てた。スティーブンにとって教師がどれだけ大切な存在であるかを教師陣に伝えようと試みるたのだ。授業に耳を傾けてひたすら集中して、教室を出るときには教師に礼を述べた。ただこれだけの取り組みで前向きな力がぐんぐんと高まった。スティーブンが教師に伝えた感謝と返ってきた反応によって、スティーブンが教師にとって大切な存在であり、教師がスティーブンにとって大切な存在であることが証明された――こうしてスティーブンはもう学校に行きたくないと言わなくなった。

大切だと伝える

自分にとって大切な存在であることを他者に伝えれば、たとえさりげない方法であってもコミュニティ全体に響きわたる。マーサーアイランドを訪問した際、メガナ・カクバルという生徒を取材した。膝の上に載せたデリのサラダを食べながら、クラスメートの投票によって、メガナが学校のマーチングバンドで三人のドラムメジャーのうちのひとりに選ばれたことについて話した。学校を取材したとき、フィールドの内外で三百人のバンドメンバーを束ねるドラムメジャーがみんなの憧れのポジションなのだと知った。フィールドではドラムメジャーが指揮をとり、パレードではバンドを率いる。裏側ではリハーサルを指導し、スピリットデー〔LGBTQの子どもへの支援を表明する日〕を取りまとめたり、イベントの手はずを整えたりして、生徒と監督者の橋渡しの役目を務める。

インド系移民の娘であるメガナは、白人が大半を占めるコミュニティで時おり自分が透明人間のように感じる心持ちには覚えがあった。リーダーの地位に就く名誉に真剣に向きあい、すべての生徒が重要な存在として注目されていると感じられるように尽力するのが自分の役目だと思った。

容易にできることではないだろう。バンドは大人数で構成されているため、外向的な性格でなければ、通常は存在を認識されることも帰属感を味わうこともない。内向的な性格を自称するメガナは、おとなしいというだけで軽んじられているように感じるときがあった。「だからドラムメジャーに立候補したときのスピーチでは、内向的な人間も自分の価値を感じられる場にしないといけないという点も主張しました。バンド内で誰よりも声が大きい人間にならなくとも、バンドの成功を担う存在になれるのだと」

前任のドラムメジャーから業務を引き継いだとき、前任者のひとりがこんな助言をした。「全員を知ろうとする必要はないよ。誰かになにか言われたら、『そうね、わかった』とだけ返事すれば問題ない」。メガナは言い返さなかったが、この助言はまちがっていると思った。過去を変えることはできないが、今年のバンドのあり方を変えることはできる。バンドメンバーに対しただ頷くのではなく、ひとりひとりの名前を覚えようとした。ドラムメジャーになって最初の数週間は、週末になるとバンドメンバーの名前の暗記テストを自分に課した。その年の終わりに、ある下級生からのお礼の手紙がメガナに届いた。そこにはメガナがつねに名前で呼んでくれたことがどれほどうれしかったか、そのおかげで自分はバンドにとって大切な存在であると感じることができたと書かれていた。ひとりひとりが自分の価値に気づき、とりわけ、自分は軽んじられていると思っていた生徒たちも自分が大切だと感じられるようになると、バンドのあり方が変わっていった。この変化によって、内向的な生徒がどんどんリーダーの地位を目指すようになり、一度は帰属感を抱けずにバンドをやめようとしていたのに、最終的にリーダーに就任した生徒もいた。

今回の調査で私が得た大きな学びは、人間はプライバシーを守ることよりも自分が大切だと感じることを重視しているという発見だった。クリーブランドのある家庭がこのことを教えてくれた。この一家と知りあって私がなにより感銘を受けたのは、家の壁を打ち壊し、交友関係を軸にして生活のすべてを営んでいることだった。一家にとっては人とのつながりがもっとも重要なのだ。私を歓迎して家族の夕食に招き入れてくれたときの印象も、一家の方針を明確に伝えるものだった。家のつくりにも反映されていた。リビングには二〇人もの席が用意されていて、特別サイズの長いカウチが置かれていた。私たちの会話に参加する子どもたちのくつろいだ雰囲気もその証となった。

母親は息子を指導していた教師の妻が体調を崩したときのエピソードを語った。息子は教師に何度も連絡し、一家で力になりたいと学校に申し出た。十代の子どもが恥ずかしがることなく率先して思いやりをあらわすなんて、そうあることではない。私は胸を打たれた。誰かの人生に事件が生じたならば、「見ないふりをするのは失礼です。きちんと把握することが礼儀ではないでしょうか」と母親が語った。このような考えが私たちを結びつけ、自分が他者にとって大切な存在であることを教えてくれるのだ。

大切であることはもっと深いレベルでの結びつきも生み出す。ウィルトンで取材したバネッサ・イライアスは〈ウィルトン・ユース・カウンシル〉で貢献を果たしたあと、他者と結びつく方法を自ら築くことができるのではないかと模索しはじめた。ウィルトンを再構築してコミュニティの絆を再生し、断絶や孤独といった感情と戦うのが自分の使命だと決意したのだ。そして二〇一八年から、夏のはじめと終わりを告げる六月と九月の週末に、町全体の住民が集うブロックパーティーを開催して、近隣の子どもたちが外で一緒に遊ぶ機会を設けることにした。パーティーのテーマは「ブロックごとにコミュニティを作ろう」であり、集まった面々は見事に成し遂げている。最初の年は四〇ものパーティーが開かれ、一二〇〇人を超える住民が参加した。[3] ブロックパーティーというきっかけを通じて隣人同士がつながり、垣根の向こう側にある「サイロ」を打ち壊すことができた。「小麦粉一カップでも気がねなく頼めるわね」とバネッサはウィンクして言った。

バネッサが思いつきで開いた〈大人の女子会〉で子育ての悩みを仲間に打ち明けたとき、ブロックパーティーはたしかに有用だけれども、母親たちに必要なのは目的のない集まりではないだろうかと思いついた。なんの課題もなく純粋に楽しむだけの会を開こう。はじめのうちは警戒された。「最初に友人に声をかけたら、『それで、私はそこでなにをしたらいいの？　ボランティアの仕事をさせるつもり？』と訊かれた」とバネッサはふり返る。

バネッサはくじけなかった。フェイスブックに告知を投稿した。〈ウィルトンの女たち《ウィミン・オブ・ウィルトン》〉略して〈ワオ〉（ＷＯＷ）という集まりをはじめる予定だと案内した。その場では参加者全員が「互いの相談役となって、ささやかな話や愚痴や笑いを共有し、自分の感情とつながる」ことができる。現在〈ワオ〉には独自のフェイスブックのページがあり、メンバーの年齢層は三十代から五十代までと幅広く、その数は四百人を超えている。パンデミック以前は月に一回ミーティングを開いていた。ようやくパンデミックが収束しつつあるいま、再開の道を歩みはじめたところだ。

大切であることを実践すれば、見かけにとらわれた生活に風穴があく。助けは不要だという誤った考えから解放される。そんなささやかな瞬間が積み重なって、家族を守っていると見せかけながら実際は孤独をもたらしていた外壁が壊される。ニューヨークは私の愛する街であるけれど、外面をなにより大事にする街でもある。けれどもまわりの人とともに大切という感覚をはぐくめば、私たちがつい被ってしまう表向きの仮面を外すことができる。思いがけず雪が降って、子どもたちのスノーパンツがもう小さくなっていることが判明したとき、親として失格だと落ちこむのではなく、さっとメッセージを送ればよい。**お願い、サイズが一〇のスノーパンツを持っていたら貸してちょうだい**、と。

そうすれば現実の問題を解決すると同時に、ひとりきりで生きていかなければならないという考えに反旗を翻すことができる。大切であることは社会のセーフティネットを強くする。わが家の子どもたちも、もし困った状況に陥っても頼れる相手はいくらでもいるとわかっていれば不安を抱くことはない。夜遅くに終えた宿題を印刷しかけてインクが切れたときや、料理の途中で計算を誤ったことに気づいて牛乳一カップ分を借りにいくときも、いつでも助けを得られる。隣人は自分の駄目な暮らしぶりをさらす相手というだけではなく、助けてくれる信頼できる人物でもあるのだ。

他の人の大切という感覚を解き放つ

大切という心構えを持つと、子どもにとって成功とはどういうものなのか、子どもにとって真に必要なものはなにか、広い視野から考えることができる。ニューヨークの高校に通う十年生のジョニーは憂鬱な毎日を過ごしていた。学校生活になにか足りないものがあると感じていた。母親によれば、ジョニーは学校に友達もいるし、みんなから好かれていた。けれどもジョニーは友人たちとのあいだに強い結びつきを感じられず、遊びに行こうと誘ってくれる者もいなかったという。大切だと感じられなくなると、自分から声をかけるのに尻ごみするようになった。孤独の罠にはまってしまったのだ。

秋学期に入って三週間経ったとき、ひとつのできごとで状況が変わった。学校のミュージカルで大事な役に穴があいたため、代役をやってほしいと何人もの友人から誘われたのだ。その大役が埋まらなければミュージカルを上演することができないと真剣に頼まれた。ジョニーは選択を迫られた。ミユージカルに参加すれば、毎日二時間近く練習しなければならず勉強時間が削られる。母親にアドバイスを求めた。

「そんな時間はないとか、ほかにやるべきことがあるとか反対しても、よかったかもしれません。でも、勉強に時間を割くことがジョニーの望みではないとわかっていました」と母親は語る。やってみなさいと背中を押した——内心ではこんなふうに考えていた。**そうすれば息子は友人から大切に思われているると気づいて、再び結びつきを感じることができる。**

ミュージカルに加わったジョニーは大事な役目を果たした。演じることに長《た》けていたというだけではなく、演技が成功するとまっさきに仲間の背中を叩いて、袖から誰よりも大きな声援を送ったからだ。仲間は、もともと演劇に興味があったわけではないのに参加してくれたことに感謝の念を抱き、ジョニーの存在と熱意があったからこそ劇が成功したのだと伝えてきた。自分には価値があり、他者に価値を与えているという思いによって力が湧きあがり、ジョニーは学校に対して強い帰属感を抱くようになり、自分は友人にとって大切な存在なのだと心の底から感じている。

いま、私の子育てのすべては大切ということで彩られている。家庭で物事がうまく運ばないときや、子どもたちが孤独やストレスを感じているときも、子どもたちが幸せになる道を探そうとは思わない。子どもたちが自分が大切だと感じられる道を見つけ、大切という枠組みを活用して、子どもたちの力になる最良の手段を考える。自分の価値が感じられなくて悩んでいるのだろうか。価値を与える方法がわからなくて悩んでいるのだろうか。あなたたちが幸せならばそれでじゅうぶんと語りかけることすらもやめてしまった。幸福や充足というものは、日々の生活で自分の価値を感じつつ他者に価値を与えていると思いがけず手にする恵みなのだ。

優秀であれと求められるコミュニティに属する子どもにとって、自分以外の他者に真の価値を与える場を見つけるのは難しい。ある母親に取材すると、家庭内で十代の子どもたちのあいだに生じるいさかいについて話し出した。下の子どもはけっして手伝いをしようとせず、姉は自分ばかりが家族の用事のために働いていると感じていた。十二歳になっても弟は自分のことばかり考えていると母親は語った。家族の誰かが手を差しのべてくれても感謝することもなく当然だと思っている。「自分が大切な存在だと過剰に思っているのです」

そこで私たちはともに策を練った。弟になにか用事を与えているかと尋ねた。頼られて役に立っている存在だと感じられる特定の仕事を割りふっているだろうか。母親は目を見開いて、いいえと答えた。弟が自分以外の誰かに価値を与えるように頼まれたことは一度もない。弟が自分ばかりに目を向けるのは、他者にとって大切な存在ではないことに対する一種の埋めあわせではないだろうか。母親はいくつかの用事を与えて実験することにした。一週間の献立を考えてシッターと一緒に買い物に行けば、変化が生じるかもしれない。

二週間後、母親からメールが届いた。弟はシッターの買い出しを手伝っただけではなく、ヨーグルト漬けチキンという「お得意」の料理も作れるようになったらしい。弟の料理がはじめて食卓に並んだ夜、姉はこれまで食べたチキンのなかで一番おいしいと言った。そしていま、弟は寝る前に時おり料理本を開き、おいしいメニューを新たに開発して家族を驚かせようともくろんでいる。以前ほど自分のことに集中しなくなったと母親は証言する。いまでも手伝いなさいと弟に注意するときもあるが、大切さのレンズを家庭に据えつけたことによって、弟の前に新しい道が切りひらかれた。自分の大切さを感じて、他者にもっと関心を寄せるようになったのだ。

高校生の息子を持つステイシーは、息子とふたりの親友にまつわる話を教えてくれた。息子が十年生になって最初の二週間のうちに、親友のふたりがガールフレンドと真剣に付きあいはじめた。三銃士のひとりのはずが、五つ目の車輪、つまり余り者になったのだ。息子が映画やビデオゲームに誘うと、ふたりはきまって忙しいと答えた。一緒にランチを食べることも少なくなった。ふたりはしょっちゅうガールフレンドと学校でデートしていたからだ。息子は親友たちにとってどうでもよい存在になったように感じた。

ステイシーは陽気だった息子が元気を失い、ひきこもりがちになったことに心を痛めた。十一年生になる夏が近づくと、成績証明書に盛りこむためにインターンシップに行くのではなく、監督者としてサマーキャンプにもう一度参加することを息子に勧めた。サマーキャンプは息子が自分が大切だと心から感じられる場所だった。息子はキャンプに行って一週間もしないうちに落ちこみから脱出した。電話で息子と話すと、その声に興奮と力強さが蘇ったのがわかった。自分が価値のある存在であることを思い出したのだ。

ステイシーはさざなみ効果について話し出した。息子はキャンプ場で監督した子どもたちに大切という感覚を手渡した。子どもの誰かが余り者の気分を味わうと、ボートハウスからヨットを引き出すなどの重要な仕事を任せるといった手段を講じて大切な存在であることを伝えた。子どもたちが周囲から感謝されると、息子は自分が役に立っていると実感して、この小さなコミュニティで重要な役目を果たしているのだと確信した。

私たちはひとりきりで自分が大切だと感じることはできない。人間は他者との関わりを通じて大切な存在になる。自分の価値を自分に訴えかけるのは難しい——あっという間に見失う。どれだけマインドフルネスや感情のコントロールに取り組んでも、自分の価値を教えてくれるわけではない。人間関係による証明が欠かせない。自分には生まれながらの価値があり、世界になにかを与える存在であることを他者が教えてくれて、胸に刻みつけてくれて、思い出させてくれるのだ。他者もまた自分の価値に気づくために私たちを必要としている。子育てコミュニティとして人気の高い〈グロウン&フロウン〉の共同創設者であるリサ・ヘファーナンは、悩める親がコミュニティに意見を求めたとたん数千人ものメンバーが集まり、親身に話を聴いてアドバイスを分かちあうさまを目にしてきた。「投稿があればメンバーが集結して、次々に有益なコメントや助言が書きこまれます。彼らが悩んでいる親になにより伝えたいのは、あなたを大切に思っているということです」

現代では、あまりにも多くの人が自分が大切だという揺るぎない感覚を失っている。人々は自分の重要性や意義、生来の価値を疑い、それが過酷な競争や礼節の欠如、あるいは怒りという形であらわれている。地球上のすべての人が自分は疑いなく大切な存在であると心から感じることができれば、どんな世の中になるだろうか。かつて南カリフォルニア大学の教授クリストファー・エムディンが投稿したツイートは、大切だと感じることへの誘いかけのように思える。「誰かのなかに美と魔法を見出したならば、本人に伝えよう。本人がまだ気づいていなくとも、きみの言葉で自分に対する新たなビジョンが解き放たれるかもしれない。一歩踏み出して、魔法を解き放とう」。まさにそのとおり——

──まわりの人の大切という魔法を解き放とう。ひとりでもさざなみ効果を起こせるのだ。
私の誕生パーティーのあと、友人のひとりからメッセージが届いた。友人は大切という概念はなんて奥深いのだろうと綴り、いまではスーパーマーケットのレジ、スポーツジム、職場などで周囲の人とやりとりするときも、そのことに目を向けてしまうと書いていた。また別の友人からは、キャロラインからの課題、つまり友達が自分にとって大切な存在である理由を言葉であらわすことが楽しかったというメッセージが届いた。「心のなかでは友達の大切さをわかっていても、それを言葉であらわす機会はめったにない」と友人は語った。「これからは、私にとって友達がどれほど大切な存在であるか、その理由をきちんと伝えることを日々実践していくつもり」。パーティーの帰り道にメッセージを送ってくれた友人もいる。「大切だと感じることには力がある。自分が大切だと感じると同時に、相手が自分にとって大切な存在であることを伝えられたら、人生はどんなにすばらしいものになるだろう」

家庭および人生に私を招き入れてくれた人々、私自身の大切という感覚と目的にそれぞれのやり方で影響を与えてくれた人々への感謝を忘れることはないだろう。そうして交わした会話は私の胸に刻まれ、数えきれないほど多くの面において私は親として成長することができた。まるでペットの仔犬のように玄関で子どもたちを出迎えるとき、コネチカット州のスーザンを思い出す。子どもたちが目一杯まで詰めこもうとしているとき、親の仕事はやかんを火からおろすことだと語ったマーサーアイランドのジェインのアドバイスが頭に浮かぶ。不安に押しつぶされそうになるとき、そう、たとえば長男が大学に願書を提出したとき、ウィルトンのジェネビーブとバネッサの知恵を思い返す。子育てに疲れ果てたとき、子どもと根気よく向きあうためには自分と自分の友人付きあいを第一に考えなければならないと私に言いきかせたスニヤ・ルーサーの言葉が頭のなかで響く。仕事に集中し過ぎて友人関係がおろそかになったとき、目標のバランスを保つべきだと語ったティム・カッサーの助言を思い起こす。子どもたちがどことなく思いつめているときには、メイン州のマージを心のなかで呼び出して、子どもたちがレンズを外に向けて他者に関心を寄せる手助けをする。

　このような人たちと叡智に満ちた深い会話を交わし、あらゆる怒り、不安、嫉妬、恐怖、過剰な競争心の奥底で、私たちがみな子どもに心から望んでいることは本質的に同じなのだと気づいた。寄り添って導くことが不可能になっても、子どもにはよい人生を送り、人生の支えとなる深い結びつきを手にして、意義のある人生を生きる喜びを感じてほしいということだ。最初に触れた世界よりも、少しでもよい世界を築いてほしい。家族や学校やコミュニティなど周囲の人に大切にされていると感じ、他の人たちも大切だと感じられるように手助けしてほしい。真に大切だと感じられる人生を歩んでほしい。それが私たちの願いだ。

謝辞

「本とは、あなたが手に抱える夢である」とはニール・ゲイマンの言葉だ。そして夢を現実に変えてくれた多くの人々に感謝を捧げたい。

この企画の最初から最後まで励ましと鋭い知見を与えてくれた、私のすばらしいエージェントであるクリスティ・フレッチャーとグラニー・フォックスに感謝する。傑出した編集者であるニキ・パパドプロスの頭脳と明快なビジョン、そして大きな全体像からひとつひとつの詳細まで見通す並外れた能力の助けを得られたのはほんとうに幸運だった。発行者のエイドリアン・ザッケイムは、最初の打ちあわせの時点からこの本への熱意を語ってくれた。そのおかげで私の心に火が点り、最後までその火は消えることはなかった。最初から最後まで思慮深く入念に導いてくれたキンバリー・マイランにもお礼を言いたい。この本の制作、編集、デザイン、編集管理を担当してくれたジェリカ・レジオン、カーリン・チロンナ、マシュー・ボエジ、メグ・ゲリティ、ミーアン・キャバノー、ダニエル・ラギン、カイトリン・ヌーナン、本文のデザインを担当してくれたアリッサ・セオドラ、思わず目を奪われるカバーをデザインしてくれたサラ・ブロディにもおおいに感謝する。腕利きの宣伝とマーケティングのチームを結成したステファニー・ローゼンブラム・ブロディ、ローレン・モナハン、ジャクリーン・ガリンド、ローレン・ラベルにも特大の感謝を捧げる。

この本に登場する研究者たちが寛大にも時間を割いて専門知識を授けてくれたことには、どれだけ感謝の言葉を述べても言い尽くせない。思春期の子どもの最大の理解者であるスニヤ・ルーサーによる長年の調査がこの本の基盤になっている。大切であることと完璧主義について先駆けて研究したゴードン・フレットのおかげで、大切という命題に向きあうことができた。私の人生を変えてくれたアイザック・プリレルテンスキーが提唱した大切という枠組みは、この本を作る原動力になっただけではなく、私自身の日々の活動の指針にもなった。デニース・ポープの指導と啓発によって、子どもや学校や家庭がすこやかに目標を達成する方法が見つかった。リック・ワイズボードとリサ・ダムールの見識と適切な助言はこの本の隅々にまで息づき、私自身の子育てにも大きな影響を与えた。莫大な感謝の念を伝えたい。ロビン・スターンの激励によって、いまこの本は私の手で書かれるべきだという信念を抱くことができた。ほんとうにありがとう。

私に心を開いて貴重な話を教えてくれた、すべての学生、生徒、親、教師、学校管理者、コーチに深いお礼を申しあげる。その正直さと知恵は、全員の人生をさらにすばらしいものに変えるだろうと確信している。すでに私の人生はよい方向に進んでいる。

いくつもの考えが集合して流れはじめた瞬間、執筆はまさに夢のようである。しかし、そううまくはいかないとき、考えがまとまらないとき、世界的なパンデミックの渦中にいるとき、その夢が悪夢のように感じることもある。新型コロナウイルス感染症のパンデミックのさなか、山のような調査結果やインタビューを選別しながら子どもたちを家で勉強させ、防護服を着て食料を買いに出かけていた私の生活を援助してくれた編集者のケイト・ロデマンとギャレス・クックに感じた恩義を永遠に忘れはしない。ふたりの抜きん出た編集能力、怜悧《れいり》な頭脳、深い洞察が、さまざまな形でこの本に染みわたっている。ふたりがいなければ、この本を書きあげることはできなかっただろう。この大規模な子育て調査の結果を分析することができたのは、エリック・トーレスの強力な支援のおかげである。驚嘆すべき知性の持ち主であるジェフ・ガッセンは、生徒の調査とそのほかの重要な研究を取りまとめる手助けをしてくれた。インタビューの準備、調査、そして編集を手伝ってくれたのは、才能豊かなアマンダ・ピードである。いかなるときも鋭さを失わないシャーロット・ゴドーが事実確認を抜かりなくおこなってくれた。朗らかさと綿密さを両立させたミカエラ・コーニング＝マイヤーズが注釈を整理する助太刀をしてくれた。

この本の考察や文章の一部は、かつて私がウォール・ストリート・ジャーナル紙とワシントン・ポスト紙に書いた記事から引用している。編集者のゲイリー・ローゼン、リサ・カリス、エイミー・ジョイスに深謝する。これほど優秀な編集者たちとともに仕事ができるのは、ライターにとってまたとない喜びである。

友人たちには心からのありがとうを伝えたい。ミシェル・アイエッリ、ジェイミー・バカルとマット・バカル、リサ・ブランカッチョ、ローレン・スミス・ブロディ、ヴィッキー・フォーリーとデイヴィッド・フォーリー、アイナ・ガーテンとジェフリー・ガーテン、リサ・ヘファーナン、レイチェル・ヘンズ、デイナ・ジョーンズとマイケル・ジョーンズ、フランシス・ジョーンズ、ジェニー・カバカーとマット・カバカー、ベス・コジマとクリス・コジマ、マリアム・コランジー、クリス・パヴォーネ、レベッカ・ラファエル、ジョン・ロディンとレイチェル・ロディン、メレディス・ロリンズ、ピラー・クィーンとアンドリュー・ロス・ソーキン、ジビー・オーウェンズ、何年ものあいだこの本の構想についてえんえんと語り続ける私に耳を傾けてくれて、しかも（あるいは）、草稿を読んで意義深く貴重なフィードバックを返してくれて、ほんとうにありがとう。ケイティ・スパイクスとティラ・グレイは、友情がどれほど深い恵みのあるものになりうるかを教えてくれた。彼女たちに勝る応援団、もしくは導き手はこの世に存在しない。そのほか、身近な場所からさまざまな形でわが家を支えてくれた全員にお礼を言いたい。あなたたちとともに人生を歩める幸運に感謝している。アレクサンドラ・レオン、私の子どもたちの手本になってくれたうえに、彼らを自分の子どものように愛してくれてありがとう。そして〈大切促進活動《マタリング・ムーブメント》〉の仲間たちに伝えたい――あなたたちと力を合わせて働くことができたことに心の底から感謝している。

義理の親であるエリザベス、クリス、ロレインにもお礼を言いたい。二十年以上ものあいだ、途方もない支援を与えてくれた。そして何物にも代えがたい家族を授けてくれた。義理の妹のキャサリンにはひときわ大きな声で感謝を伝えたい。彼女の意見のおかげで、この本が一段とよいものになった。

私の両親であるキャロルとパットが与えてくれた――いまもなお与えてくれている――すべてに感謝を捧げる。ふたりは親のあるべき姿を示してくれた。ナタリーと私が大切な存在であることを、どんなときも言葉と行動で伝えてくれた。そのように育てられたのは恩恵と言えよう。生まれた日から私の大切な親友になってくれた妹のナタリーと、義理の弟であるピートにも感謝している。草稿に目を通し、あらゆる手立てを講じて昼夜を問わず私たち家族にずっと寄り添ってくれた。

ウィリアム、あなたの穏やかな忍耐、思いやり、やさしさのおかげで、母親とはどうあるべきかを学ぶことができた。しかも、ここ最近はフルタイムで私の技術面をサポートするという名誉ある（かどうかはともかく）役職まで担い、パニックに陥った私が送りつけるメールに対して授業中に返信してくれるときすらもある。キャロライン、あなたの心の知性の高さを毎日見習っている。この本を執筆しているあいだ、目に見えるところから目に見えないところまで支えてくれてありがとう。なにより、調査の旅に出る前にはかならず充電器が作動するかを確認して、詰め忘れないように注意してくれたのには感謝している。ジェイムズ、あなたが生まれてわが家は完璧なものになった。いつも励ましの言葉をかけてくれて、首の「ツボ」をマッサージしてくれて、笑い声を聞かせてくれてありがとう。いや、必要なときに肩に手をまわしてくれるだけでもじゅうぶんうれしい。あなたの愛情と労わりはまわりの人の最良の部分を引き出すことができる。

最後に、私の最高の夫であるピーターにお礼を言いたい。あなたの情熱と人生への喜びはどこまでも広がり、あなたの関わるすべてのものに吹きこまれている。子育て、友情、仕事、旅行、料理、絵画、そのほかのなにもかもに。比類ないパートナーとして、親として（そして編集者として）、私たちの日々を愛情と勇気で包みこんでくれる。何年も前、私たちがブラインドデートに足を運んだことに感謝したい。あなたが私にとってどれほど大切な存在であるか、言葉では言いあらわすことができない。

付　録

行動編　家庭でできること

本を執筆していると親たちに話すと、最初に訊かれるのは、「調査した結果、あなたの子育てはどう変わりましたか?」という質問だ。以下に示すものが、わが家にもたらされた変化の一覧である。あなたへのヒントであると同時に「自分のための覚え書」でもあるので、今回学んだ教えを心に刻んで、これからも日々実践していくつもりだ。

けっしてひとりで悩まない。[1] 親が子どものためにできる最大の尽力は、自分自身の幸せと心の健康をまっさきに守ることだと研究によって判明している。そうでなければ、子どもを支えることができない。疲れ果てたとき、私はかならず親しい友人たちに援助を求めて、健全に助けあう手本を子どもに示している。いまやわが家では「けっしてひとりで悩まない」が合言葉になっている。

自分主義者になる。心理学者のカリン・ルーベンスタインは、子どものために自分を犠牲にする現代の落とし穴にあっという間に落ちてしまった経験について書いている。[2] そのような事態への処方箋《しょほうせん》として、自分の欲求を家族の欲求と同じくらい重視する「自分主義」という概念を提唱した（利己主義と混同しないように）。自分主義者は自分も大事にされるべき存在だと信じている。

完璧ではなく、ほどよい親、ほどよい教師、ほどよいコーチを目指す。[3] 子どもは完璧なロールモデルを求めていない。それどころか、子どもにとってもおとなにとっても、完璧は無用の長物である。子どもが求めているのは、ほどよく満ち足りたおとなである。子どもに愛情を注いで、完璧でなくとも愛される人間のあり方を教えるおとなである。自分自身を無条件で愛することを子どもに教えるためには、身近なおとなが欠点なども丸ごと含めて自分を受けいれる手本にならなければならない。

相談相手と集まる機会を設ける。日頃からおとなが無条件の受容の手本を示すためには、自分が無条件に受けいれられていると感じる必要がある。スニヤ・ルーサーが推奨するように、どの友人と一緒にいれば無条件に愛されていると感じるのかを自分に問うてみよう。そんな相手を少なくともひとりかふたり（パートナーは除く）確保するように努めて、ルーサーの〈仲間との真の絆〉のように、そういった仲間と定期的に集まる機会を設ける。

家庭を「大切の聖域」にする。親は子どもが大切にされていると感じるための最大の拠り所になる——だが一方では、子どもが自分が大切だと感じるのはよい成績をとったときだけ、といった条件づきの大切にとって最大の拠り所にもなりかねない。子どもは優秀であれと絶え間なく吹きこまれているのだから、家庭は自分が大切であることを疑う必要のない安心できる場所にしなくてはならない。

まずはランチからはじめる。子どもが帰ってきて玄関に入ったとたん、今日のテストはどうだったの？　と成績について質問攻めにするのではなく、「今日のランチはなにを食べたの？」という問いかけから会話をはじめよう。このような無難な質問によって、子どもの心が開き、成績や達成よりも子ども自身に目を向けているとさりげなく伝えることができる。なにを訊いても十代の子どもはひとことしか返事をしないという場合もあるが、くじけてはいけない。どんどん質問して会話を続けるように努めよう。

ストレスを生む会話の日時を固定する。心理学者のスーザン・バウワーフェルドは自分の息子が十二年生のあいだ、大学にまつわる会話はストレスを生むため日曜の午後に限定した。おかげでほかの時間は、息子の人生のなかで大学以外の重要なものに集中し、家族で楽しく過ごすことができた。

価値観をはっきり伝える。手本を示すことも大事だが、私たちがほんとうに重視するものを言葉にしてくり返し伝えることも重要である。価値観について一年に一回だけ長々と講釈するのではなく、一分間の話しあいを一〇〇回続けることを目標にしよう。あなたが大切だと口にする事柄は行動にも反映されているか、子どもに尋ねてみるのもよい。

価値観の点検をする。あなたの価値観と行動が一致しているかを調べるために、心理療法士のティナ・ペイン・ブライソンは以下の項目の確認を提案している。（1）子どもに関する支出の内訳、（2）子どものスケジュール、（3）子どもに尋ねる質問の内容、（4）子どもと口論する原因。多くの親は成績ばかりに注目しているわけではないと思っているが、この四つの項目を確認すると、言葉で語っているものと異なるものをもっとも重視していると行動で伝えていることに気づく。

複雑な感情を当たり前だと考える。時として人間は他人を妬《ねた》んだり比べたりするものだ。誰もが抱く感情が湧いても自分を責める必要はないが、そんな感情にどう対処するかは自分の責任だと子どもに教えなければならない。健全な競争と不健全な競争のちがいを子どもと語りあい、たとえ苦痛が伴っても自分を知って成功するために、競争心を掘りおこす術を教えよう。そしてなにより大事な点は、ありのままの子どもを受けいれて愛することで嫉妬の感情を断つことである。

バランスを保たせる。子どもは自分を労わる能力を身につけないといけない。ＮＰＯ団体〈チャレンジ・サクセス〉が推奨しているのは、子どものために遊び時間（playtime）（年長の子どもの場合は「充電時間」）、休憩時間（dountime）、家族の時間（familytime）を毎日確保することを忘れないという〝ＰＤＦ〟を教えることである。

エネルギーを節約して賢く努力する。 あなたの家庭における「よい生徒」とはどういうものだろうか。リサ・ダムールの考える「よい」とは、すべてに一〇〇パーセントの力を注ぐことではない。完璧主義の傾向が強くなって心身が消耗してしまうからだ。そうならないように、エネルギーを上手に使うことを学ばなければならない。ダムールの同僚の言葉を借りると、九一点と九九点のちがいが人生なのだ。

成績を広い視野で眺めることを教える。[4] 成績とはその日の理解度を測ったものに過ぎないと親が教えると、子どもは「悪い」成績を広い視野で眺めることができる。悪い成績は将来の成功や失敗を決定するものでも、教師に好かれているかどうかを示すものでもない。あるいは、親にとって子どもが大切であることを揺るがすものでもない。このことを子どもにしっかり理解させなければならないとダムールは指摘する。

失敗について語る。 子どもに隠し立てせずに堂々と生きよう。そうすれば、子どもは身近なおとなも失敗を犯すのだとじかに学ぶことができる。失敗を犯したら、自分を慰めるために語りかける手本を示そう。失敗したけれど大丈夫。これでひとつ賢くなった。もう自分を責めるのは終わり。人間なのだから誰だって失敗する。失敗が私のすべてではない。

健全な助けあいの術を教える。独力ですべてを成し遂げなければならないという考えを子どもに植えつけるのではなく、必要なときには助けを求める術を教えて、親が率先して実践しよう。

家の仕事を義務にする。「みんな一緒にここにいる」という意識を高めるために、請求書を支払う、新聞をリサイクルに出す、掃除するなどの家の仕事を親が片付けるのではなく、子どもに任せよう。家の仕事をしたからといってお小遣いをあげたり、必要以上に褒めたりしないように心がける。家の仕事は家族の一員としてやることであり、もっと大きな全体への貢献である。

関心と思いやりの輪を広げる。子どもの日常が、いかに他者から価値を与えられているか教える。用務員が懸命に働いて学校を清潔に保ち、教師は自分の時間を割いて放課後も指導しているというように、他の人々の仕事に注意を向けて、子どもの関心と思いやりの輪を広げよう。親も店員やバスの運転手に礼を言わなければならない。子どもに親切と思いやりを教えるのは、身近な人に対する態度だけではなく、知らない人に対する態度も大きく関わるとリチャード・ワイズボードは指摘する。

ボランティア活動を義務にする。私が取材したいくつかの家庭は、ボランティア活動を義務にしていると語った。さまざまな種類のボランティアを体験させて、子どもの関心に沿った活動を選び、スケジュールを調整して任務を果たせるように支援しよう。

「大切の発掘人」になる。 子どもが身のまわりの誰かに価値を与えた瞬間を指摘しよう。おおげさに褒める必要はなく、ただ気づくだけでよい。「隣の人の買い物袋を運んであげたのを見たよ」。あるいは「今週学校を休んでいたセアラにノートを貸してあげたんだね」

教師とよい関係を築く。 親が教師について悪く言っていることが子どもに伝われば、離婚した両親の憎みあいと同様に、子どもにとって重要な関係が損なわれるとスニヤ・ルーサーは指摘する。教師に親しみを感じると子どもの学びが最大化する。しかも教師は成績にまつわるストレスをやわらげる重要な役目を担っている。教師について語るときや、教師とやりとりするときには敬意と理解を示そう。子どもが最良の支援を受けられるように、積極的に教育者と協力関係を築こう。

自分の「代わり」を見つける。 自分の代わりになる親の集団を作ることを計画する。まずは子どもの身近にいるおとなに価値を見出し感謝しよう。感謝を伝える機会を設けて、子どもを支援するセイフティーネットを広げよう。私が取材した何人かの親のように、親の一団を公式化して、連絡先の電話番号の一覧表をつくり、会合を開くのもよい。

感謝をあらわすことを奨励する。 自分にとって大切な存在である理由を相手にきちんと伝える習慣を子どもに身につけさせよう。「誕生日を迎える人の好きなところをひとつ挙げる」など、感謝をあらわす練習を家庭で定期的におこなう。感謝する気持ちを子どもに教えよう。誰かが手間をかけてプレゼントを用意してくれたときや、誰かの親切なふるまいで生活に好ましい変化が生じたときは、子どもにきちんと伝えなければならない。研究者たちが指摘するように、感謝は結びつきを強化する糊なのだ。[5]

行動編　学校側でできること

優秀であれという過剰なプレッシャーから子どもを守るためには、子どもに関わるすべての者——親、教師、コーチ、コミュニティに属する信頼できるおとな——が協力しなければならない。学校の有害なプレッシャーを最小限にする方法について、各分野を代表する研究者の知見を取りまとめたものを以下に示す。

大切という枠組みを取り入れる。学校のコミュニティに関わるすべての者——教師、職員、生徒、管理者、コーチ、親——に大切さという枠組みを教える。子どもが自分が大切だを感じて、他者に価値を与えられるように力添えをする。自分は大切な存在ではないと子どもが受けとめかねない言葉を発さないように心がける。

コミュニティのメンタルヘルスを優先する。教師は自分が大切だと感じているだろうか。自分には価値があると思っているだろうか。労わってもらえるコミュニティに属しているだろうか。教師や職員のメンタルヘルスを調査して、どうすればよりよい支援ができるかを考えよう。ＮＰＯ団体〈仲間との真の絆〉と〈チャレンジ・サクセス〉は、親だけではなく教師、管理者、教師以外の職員にも支援を提供している。

学校のメンタルヘルスについての外部評価書を作成してもらう。教育機関は専門家の力を借りて個々の学校でメンタルヘルスのデータを集めることができる。ＮＰＯ団体〈チャレンジ・サクセス〉は関係者全員を含む学校全体について詳細な調査を実施し、生徒とおとながより意義深くバランスがとれた時間を学校で過ごせるように、それぞれの学校固有の課題を浮き彫りにしてくれる。〈仲間との真の絆〉も学校の状況を査定して、個々の学校の強みと課題、実行できる改善策を提案している。

関係者全員を巻きこむ。〈チャレンジ・サクセス〉は学校と協力してあらゆる角度から校風を検証している。時間割を組み替えて、生徒とおとなの交流や生徒同士のやりとりを増やしている。子どもが意見や選択や自主性をさらに発揮して、問題を解決する真の能力を身につけるために、教師はさまざまな手段を講じる必要がある。生徒は優劣としての評価だけではなく、学ぶための評価の裏側にある理由を教わらなければならない。〈チャレンジ・サクセス〉は、教師、事務員、生徒の幸福と帰属感を高めるためのワークショップも催している。

「価値観」の点検をする。学校ではどんな価値観を子どもに教えているだろうか。表向きのものと裏に秘めたものがあるはずだ。学校に入ったとたんに成績優秀者の一覧表が目に入るのではないか。スポーツのトロフィーが並んでいるのではないか。ディベートのトロフィーかもしれない。あるいは大口の献金者の名前だろうか。大学のペナントが壁にかかっているのではないか。その場合、もっとも高々と掲げているのはどれか。たとえ学校が親切や思いやり、もしくは大切であることを重視していると謳っていても、コミュニティとしてそうしたものが真に重要であることをどうやって生徒に伝えるのか？

注目されずに軽視されている生徒に関心を寄せる。学校内の「無名の英雄」の存在を認識して褒めているだろうか。ある学校に取材すると、毎週〈隠れたスター誕生〉を催していた。恥ずかしくて生徒全員の前に立てない生徒に対しては、学校新聞やニュースレターで取りあげるといった手段で、秘められた能力を称賛しよう。

どの生徒にも学校のなかのおとなが最低ひとり寄り添って、彼らが大切な存在であると伝えられるようにする。ハーバード教育大学院による〈メイキング・ケアリング・コモン〉は、生徒とおとなの結びつきを偶然に委ねるのではなく、「結びつきの地図」と呼んでいるものを作ることを推奨している。教師陣は内々に集まって、校内のおとなと強い結びつきを築いていないと思われる生徒について報告する。そしてその生徒たちは学校内でメンターとなる存在とペアにされる。一年を通してメンター同士は互いに助け合う。（結びつきの地図についてより詳しく知りたい場合は、〈メイキング・ケアリング・コモン〉のウェブサイト（https://mcc.gse.harvard.edu/）を参照されたい）

ダイバーシティとインクルージョンの重要な試みを推進する。教師や生徒が無意識のうちに大切であることを損ねる言葉を発することのないように、学校のコミュニティを教育しよう。コミュニティにおいて一部の人だけが重要だという隠れた信号を学校が発信していないかどうかを検証する。学校の職員には多様性が反映されているだろうか。自分の一面にしか目を向けられていないと感じている生徒はいないだろうか。全員の生徒が丸ごとの大切を感じるためになにができるだろうか。

思いを可視化する。競争が激しい環境でたびたび生じる気持ちを表に出そう。スニヤ・ルーサーが推奨するのは、周囲と比較する悪い面、嫉妬、不健全な競争にまつわる経験を生徒同士で分かちあい、どうやって乗り越えたのかを語りあう機会を学校全体で設けることだ。複雑な感情を当たり前に受けいれて、健全に対処する方策を子どもに教えよう。

すべての生徒に価値を与える手段を用意する。オプラ・ウィンフリーは、四年生のときの担任だったメアリー・ダンカン先生のおかげで自分が大切だと感じられるようになったと語っている。[6] その理由のひとつは、ダンカン先生がオプラに教室の用事を割りあてたからである。学校のすべての生徒に価値を与える機会を授けているだろうか。

心からの奉仕の機会を設ける。クリーブランドのセント・イグナチオ高校のように、他者に対する奉仕と責任の授業を学校のカリキュラムに組みこんでみよう。複数の学期にまたがる重要な奉仕の機会をさまざまな形で生徒に与える。授業時間を割いて充てると、数学の勉強と同じくらい奉仕が重要だと伝えることができる。

現実社会の問題を解決する機会を与える。取材したある学校では、他者に価値を与えることをカリキュラムに組み込んでいた。クリーブランドのマスタリー・スクールでは、生徒を地域活動のメンバーとともに働かせて社会問題を解決する支援をしている。私が訪問したとき、生徒は投票率の上昇や地域活動に協力する市民の増加を目的とする斬新なアイデアをクリーブランドの市長候補にプレゼンしていた。

しきたりを変える。不健全な競争を最小限にするために、しきたりを廃止することを検討しよう。たとえば志望する大学の名前が入った服を着る「トレーナーの日」や、校内の掲示やコミュニティの新聞に大学の入学許可証を掲載するといったしきたりを終わらせよう。

成長マインドセットを採用する際は慎重に。すべての生徒にもっと努力するように指導するのは不適切である。実際にはブレーキの踏み方を学ばなければならない生徒も存在する。ルーサーが指摘するように、教師は圧力を弱めるタイミングを見極めて、「ほどほどに頑張れ」というように教え方を変える必要がある。

エリートコース以外の進路を示す。アメリカを代表する名門大学に通わなくとも自らの道を切りひらいて成功した人物をスピーチのゲストに迎える。成功につながるのは一本の「由緒正しい」狭い道しかないという常識をひっくり返す話をしてもらおう。

大学名を伏せて説明会を開く。のぼりや宣材を掲げた昔ながらの大学フェアではなく、大学名を伏せた説明会では、各校の代表者が大学の五つの特色やプログラムをリストにして一枚の紙にまとめる。生徒は最後まで大学の名を知ることなく各テーブルをまわるため、「ブランド」ではなく「相性」に集中できる。

大学入学について高校と家庭が契約書を作成する。〈メイキング・ケアリング・コモン〉のウェブサイト（https://mcc.gse.harvard.edu/）では、大学入学の選抜過程をめぐって親と高校が互いに望むことを確認するための契約書のサンプルを提供している。

親を対象としたワークショップを催す。優秀であれというプレッシャーについて、専門家を招いたり読書会を開いたりして、コミュニティ全体での話しあいを続けよう。〈チャレンジ・サクセス〉が推奨しているのは、生徒が匿名で親宛ての手紙を書いて、親にこんなふうに支援してほしいと説明し、夜間に開催する親の会でその手紙を読みあげることである。

行動編　大学側でできること

くじ引きで選抜する。ハーバード大学のウェブサイトによると、志願者の大部分は学業面で求められる条件を満たしている。現在では毎年の入学者数は二〇〇〇人だが、アメリカ国内の志願者のうち八〇〇〇人がGPA満点をとっている。SATの数学で満点をとっているのは三四〇〇人で、英語で満点をとっているのは二七〇〇人だ。スワースモア大学名誉教授のバリー・シュワルツは、高倍率の学校においてはくじ引きで選抜することをかねてより提唱している。学校は合格基準を定めて、その条件を満たす生徒のなかから合格者をくじで選ぶ。シュワルツの説明によると、くじならば生徒のプレッシャーをやわらげ、大学入学は運に左右されるという認識を広める効果がある。そうすれば進学校に通う高校生も解放感を味わい、立派な成績証明書を作りあげることにとらわれずに自分の興味を追求できる。

非営利として正しく機能する。[7]イェール大学法科大学院教授のダニエル・マルコヴィッチは著書 *The Meritocracy Trap*（能力主義の罠）で、大学は非営利団体として税金を優遇されているのだから、慈善の精神を発揮すべきだと訴えている。その主張の一部には、「少なくとも学生の半分は所得配分の下位三分の二に属する家庭の子どもであるべきだ」とある。エリート教育がこれほどの贅沢品になっているのだから、大学は、とくに莫大な寄付を受けている大学には、定員を大幅に増やす余力があるはずだとマルコヴィッチは語る。たとえわずかな定員増加であっても激しい競争を緩和する効果があり、すべての生徒がその恩恵を受けるだろう。

心身の健康についての評価書を公開する。〈仲間との真の絆〉と〈チャレンジ・サクセス〉の例にならって、キャンパス全体のメンタルヘルスと幸福度について調査し、その結果を生徒、教員、職員だけに開示するのではなく、入学志願者とその親にも公開しよう。

行動編　コミュニティでできること

自分の町で大切だと感じるための働きかけをおこなう。メイン州が二〇二一年に実施した大規模な健康調査において、五一パーセントの高校生と四五パーセントのミドルスクールの生徒が、自分は住んでいる町において大切な存在ではないと回答したことが判明した。〈メイン州レジリエンス構築ネットワーク〉で代表を務めるキニ＝アナ・ティンカムはその数字を目にして、現状を変えようと州全体に働きかけた。その詳細は会のウェブサイト（https://maineresilience.org/）に掲載されている。あなたの町でも関係者一同（学校、小規模事業主、地方政治、警察、ソーシャルワーカー、非営利団体）と協力して、身近なところからはじめてみよう。

信頼できるおとなで見守り団を結成する。隣人のように、助けを求めることのできる身近なおとなについて子どもにしっかり教えよう。名前や連絡先をまとめて渡せば、子どもは真剣に受けとめる。

よその子どもにとって信頼できるおとなになる。信頼できるおとなとして、身近な子どもの声にきちんと耳を傾け、敬意をもって接しよう。子どもが最高の力を発揮することを期待し、決定に参加させて意見と助言を求めよう。新しい考えや経験を子どもに教えることのできるおとなと結びつけよう。

コミュニティの再構築に取り組む。親は助けを求めている。教師とコーチも支えを求めている。子どもには多くの信頼できるおとなで結成されたセイフティーネットが必要である。全員が結びつき、心を開くことができる安全な場を作る。結びつきから立ち直る力が生まれるとスニヤ・ルーサーは語る。

「成功」にまつわる会話を広げる。どこの大学を目指しているか、大きくなったらどんな仕事に就きたいかではなく、どういう社会問題を解決したいかを子どもに尋ねてみよう。「どこ」の大学に行きたいかと話しあうのではなく、大学で「なに」をしたいのか尋ねよう。「成功した人生」とはどういうものだろうかと子どもと徹底的に語りあい、成功とは個人の達成よりも大きいものだと教えなければならない。

推薦図書・映画

この本で取りあげた問題をさらに深く考えるために、推薦する図書と映画を以下に挙げる。

成果を求める社会について

推薦図書

・*Doing School: How We Are Creating a Generation of Stressed-Out, Materialistic, and Miseducated Students* by Denise Clark Pope

・*The Gift of Failure: How the Best Parents Learn to Let Go So Their Children Can Succeed* by Jessica Lahey

・*How to Raise an Adult: Break Free of the Overparenting Trap and Prepare Your Kid for Success* by Julie Lythcott-Haims
（ジュリー・リスコット・ヘイムス『大人の育て方――子どもの自立心を育む方法』多賀谷正子、菊池由美訳、パンローリング、二〇一八年）

・*Raising Kids to Thrive: Balancing Love With Expectations and Protection With Trust* by Kenneth R.

Ginsburg, Ilana Ginsburg, and Talia Ginsburg

・*Love, Money, and Parenting: How Economics Explains the Way We Raise Our Kids* by Matthias Doepke and Fabrizio Zilibotti
（マティアス・ドゥプケ、ファブリツィオ・ジリボッティ『子育ての経済学――愛情・お金・育児スタイル』鹿田昌美訳、解説：大垣昌夫、慶應義塾大学出版会　二〇二〇年）

・*The Meritocracy Trap: How America's Foundational Myth Feeds Inequality, Dismantles the Middle Class, and Devours the Elite* by Daniel Markovits

・*Overloaded and Underprepared: Strategies for Stronger Schools and Healthy, Successful Kids* by Denise Pope, Maureen Brown, and Sarah Miles

・*The Parents We Mean To Be: How Well-Intentioned Adults Undermine Children's Moral and Emotional Development* by Richard Weissbourd

・*The Path to Purpose: How Young People Find Their Calling in Life* by William Damon

・*The Price of Privilege: How Parental Pressure and Material Advantage Are Creating a Generation of Disconnected and Unhappy Kids* by Madeline Levine, PhD

・*The Self-Driven Child: The Science and Sense of Giving Your Kids More Control Over Their Lives* by William Stixrud, PhD, and Ned Johnson
（ウィリアム・スティクスラッド、ネッド・ジョンソン『セルフドリブン・チャイルド――脳科学が教える「子どもにまかせる」育て方』依田卓巳訳、NTT出版　二〇一九年）

・*The Tyranny of Merit: What's Become of the Common Good?* by Michael J. Sandel
（マイケル・サンデル『実力も運のうち――能力主義は正義か？』鬼澤忍訳、早川書房　二〇二三年、文庫）

・*Under Pressure: Confronting the Epidemic of Stress and Anxiety in Girls* by Lisa Damour, PhD

映画

・*Chasing Childhood*, directed by Margaret Munzer Loeb and Eden Wurmfeld

・*Race to Nowhere*, directed by Vicki Abeles

大切ということについて

推薦図書

・*Family Matters: The Importance of Mattering to Family in Adolescence* by Gregory C. Elliott

・*How People Matter: Why It Affects Health, Happiness, Love, Work, and Society* by Isaac Prilleltensky and Ora Prilleltensky

・*The Psychology of Mattering: Understanding the Human Need to be Significant* by Gordon L. Flett

周縁化された子どもについて

推薦図書

- *Biased: Uncovering the Hidden Prejudice That Shapes What We See, Think, and Do* by Jennifer L. Eberhardt, PhD
（ジェニファー・エバーハート『無意識のバイアス——人はなぜ人種差別をするのか』山岡希美訳、解説：高史明、明石書店、二〇二〇年）
- *Dream Hoarders: How the American Upper Middle Class Is Leaving Everyone Else in the Dust, Why That Is a Problem, and What To Do About It* by Richard V. Reeves
- *Learning in Public: Lessons for a Racially Divided America from My Daughter's School* by Courtney E. Martin
- *Race at the Top: Asian Americans and Whites in Pursuit the American Dream in Suburban Schools* by Natasha Warikoo
- *So You Want to Talk About Race* by Ijeoma Oluo
- *Wanting What's Best: Parenting, Privilege, Building a Just World* by Sarah W. Jaffe
- *Why Are All the Black Kids Together in the Cafeteria?: And Other Conversations About Race* by Beverly Daniel Tatum, PhD

ソーシャルメディアについて

推薦図書

・*Behind Their Screens: What Teens Are Facing (and Adults Are Missing)* by Emily Weinstein and Carrie James

・*The Big Disconnect: Protecting Childhood and Family Relationships in the Digital Age* by Catherine Steiner-Adair, EdD, with Teresa H. Barker

・*iGen: Why Today's Super-Connected Kids Are Growing Up Less Rebellious, More Tolerant, Less Happy—and Completely Unprepared for Adulthood* by Jean M. Twenge, PhD

スポーツについて

推薦図書

・*Take Back the Game: How Money and Mania Are Ruining Kids' Sports—and Why It Matters* by Linda Flanagan

（リンダ・フラナガン『子供たちのスポーツを取り戻せ!!』佐伯葉子訳、東洋館出版社、二〇二三年）

・***Whose Game Is It, Anyway? A Guide to Helping Your Child Get the Most from Sports, Organized by Age and Stage*** by Richard D. Ginsburg, PhD, and Stephen Durant, EdD, with Amy Baltzell, EdD

（リチャード・D・ギンズバーグ、ステファン・A・デュラント、エイミー・バルツェル『スポーツペアレンティング――競技に励む子のために知っておくべきこと』来住道子訳、監修：谷口輝世子、

東洋館出版社、二〇二三年）

話しあって理解を深めよう

1 この本の序章で、著者は全国規模で実施されたふたつの調査結果を参照して、「成績優秀校」の生徒が心身の健康面で「危機にある」と述べています。意外な事実でしたか？　あなたの身近なコミュニティで、優秀であれという過剰なプレッシャーがもたらした悪い影響を目撃したことはありますか。

2 第一章で、著者は研究者のスニヤ・ルーサーの主張を考察しています。ルーサーは現代の子どもがさらされているプレッシャーはあらゆる方面から生じていると指摘し、かつては子どもをストレスから守った人間関係――親、コーチ、教師、仲間との関係――が、いまは新たなストレスの源になっていると論じています。同意しますか？　その理由は？

3 第二章で、著者は現代社会が吹きこむメッセージ――欠乏、競争の激化、格差の拡大――をおとながら内面化し、それによって無意識のうちに子どもとの日々のやりとりが変化したと論じています。正しいと思いますか？　あなたの周囲の親が感じている欠乏は、現実のものですか？　それとも想像のものですか？　もっと大きな世界から送られる外向きのメッセージは、毎日の子育てをどのように変えるでしょうか。

4　第三章で、著者は過大な期待と自分の価値を獲得しなければならないという不安が子どもの心のなかの大切という感覚を蝕み、条件を達成してはじめて自分は大切な存在になると認識するようになると論じています。この社会でもっとも大切なのはどういう人物かという問いについて、学校で、コミュニティで、オンラインで、もっと大きな世界で、子どもが耳にしている答えはどういうものでしょうか。

5　何十年にもわたる研究によって、子どもの立ち直る力《レジリエンス》は子どもの主たる養育者であるおとなの立ち直る力によって左右されることが判明しています。意外な事実でしたか？　子どもの苦しみにまっさきに向きあうのが主たる養育者であるならば、養育者は子どものために力を蓄積しておく必要があります。親が自分を優先することをためらう社会からの圧力とはどういうものでしょうか。どうして親はなかなか助けを求められないのでしょうか。自分をまっさきに大事にするとはどういうことでしょうか。

6 進学校で心身が消耗させられる理由の根底には、進学する学校によって人生が決まるという信念があります。著者が調査を実施した際の設問、「有名な大学に入ることは将来の幸せをもたらす重要な要素のひとつであるという考えに、自分のまわりの親はおおむね賛同している」に、七三パーセントの親が同意すると回答しました。この考えに同意しますか？　成功した人生を手に入れるために、子どもはどうすればよいと教えられていますか。有害なメッセージから子どもを守るために、親はどうすればよいでしょうか。

7 第五章で、著者は、大学以降の人生の成功を決定するのは大学の「ランク」ではなく、大学への「適応」だとするデニース・ポープの報告書を取りあげています。つまり、大学生活に対する熱意がその後の人生の成功につながると述べられています。意外な事実でしたか？　大学について話しあう際の主題をどう変えたらよいでしょうか。

8 著者の調査によって、競争が激しい環境で成功する子どもの周囲には、ゼロサム思想に抗うおとなが存在することが判明しました。親、コーチ、教師など、こういった考えを持つおとなが子どもに奨励するのは、クラスメートを応援すること、チームの成功のために自分が犠牲になること、友人を助けると同時に自らも心を開いて助けを求めること、仲間と競争することで生じる気まずさを乗り越えることです。健全な助けあいの能力を身につければ、子どもは恩恵を得ると思いますか？　そう思うのなら、運動場で、教室で、家庭で、私たちはどのように、この心構えを教えればよいでしょうか。

9 子どもに仕事を割りあてることは、親にとって新たな仕事になりかねません。そのため、多くの親が諦めてしまいます。家族に価値を与えるという点において、子どもの頃にどんな仕事を割りあてられましたか。あなたの子どもは家族を支援するためになにをしていますか。子どもに仕事を割りあてる妨げになるのはなんですか。それを克服するためには、どうすればよいでしょうか。

10 現代の子どもが不安とストレスを強く感じているのは、課される勉強や課外活動が多いからだけではなく、そういったものに取り組む目的がわからないからだとウィリアム・デイモンは指摘しています。同意しますか？　同意するのならば、その「目的の欠如」は、学校や課外活動にどのようにあらわれると思いますか。

11 第七章には、タラ・クリスティ・キンゼイがじっくりと考えながら自らの目的について子どもに語りかける場面が描かれています。あなたが自らの目的をつかんだのはどんな場合ですか？　ふり返ってみましょう。あなたの火花はどこから点ったのでしょうか。その火花を炎に変える手助けをしてくれたのは誰ですか。あなたを動かす力となり、社会に対する関心の源になるものについて、子どもと話しあう習慣を作っていますか。子どもが目的を見つけられるように手助けをする時間を作っていますか。

12 大切であることにおいて重要なのは、自分にとってどれだけ大切な存在であるかを相手に伝えることです。現代社会において、私たちが感謝の念を伝えることの障害になるものはなんでしょうか。なにが私たちを押しとどめるのでしょうか。どうすればそういった障害を乗り越えられるでしょうか。

13 この本の最後に、著者は大胆な考えを表明しています。「あなたたちが幸せならばそれでじゅうぶんと語りかけることすらもやめてしまった。幸福や充足というものは、自分の価値を感じて他者に価値を与えながら生きているときに、思いがけず手にする恵みなのだ」。幸福というのは重要な目標でしょうか。その理由は？

14 大切だと感じることを家庭の使命にするには、どうすればよいでしょうか。教室や近所のコミュニティで大切だと感じることを率先して働きかけるとは、どういうことでしょうか。子どもの友人や教師に大切な存在であることを伝えるためには、どうすればよいでしょうか。私たちひとりひとりが、身のまわりのすべての人たちの大切という感覚を解き放つことを自らの使命に定めたならば、世界はどう見えるでしょうか。どう感じられるでしょうか。どんな世界になるでしょうか。

解説

社会的規範から距離を取り、「子育て」を再発見する

作家・教育者
鳥羽和久

本作は、ジャーナリストであり、三人の子どもの母親でもあるジェニファー・ウォレスによる一冊だ。少子高齢化の進む先進国では受験競争が過熱しており、アメリカも例外ではない。現代の中高生はかつてないほどの成功へのプレッシャーに晒され、特に成績優秀校では不安症や鬱病、自傷行為の割合が急増している。この問題に対し、ウォレスは多くの心理学者にインタビューを行い、ハーバード大学教育大学院との共同調査を通じてアッパーミドルクラス（準富裕層）の約六〇〇〇人を対象に教育事情とその問題点を明らかにした。その結果、問題の原因は親個人の教育方針ではなく、社会構造にこそあると指摘している。

受験戦争や競争社会といえば、日本や韓国など東アジアに特有の現象だと思われがちだが、アメリカでも早期エリート教育は苛烈を極めている。子どもを「優秀な」幼稚園に入れるためにコンサルタントを雇う親がいる現状には驚かされるが、本書はそうした現状を克明に描き出している。

親たちは自分の不安を払拭しようと、子どもの生活を細部まで徹底的に管理して、能力を最大限に引き出そうとする。その背景には、子ども時代における早期の成功こそが将来の幸せにつながる最善の道だという強い信念があり、親自身がその環境を整える責務を担っていると信じている。

こうした親の過干渉によって、偶然の要素が入り込む隙のない生活を送る子どもたちは、大人の期待を愛情と勘違いし、大人の期待に応えなければ、優秀で完璧でなければ、私は愛されないと思い込んでしまう。その結果、子どもたちは自分の価値を他者より優れているかどうかで判断し、親との関係を維持するために自分を捨てて「自分ではない者」になろうとする。

こうした内容に胸が痛くなる読者も多いだろう。日本でも、親の過度な期待に応えようとする子どもたちは珍しくない。私自身、日本の教育現場で、能力以上の成果を求められ、時にはカンニングをしてでも親の期待に応えようとする子どもたちを数多く見てきた。その背景には、「理解ある親」であろうとしながらも、冷淡な態度や遠回しな言葉で「もっとできるはずだ」と暗に伝え続ける親たちの姿があった。また、急な不安に駆られて、自分の感情で子どもを振り回す親も少なくなかった。

多くの親は子どもに深い愛情をもっている。それなのに、子どもの否定的な面にばかり目を向けてしまい、そんな自分に自己嫌悪を募らせてしまう。こうした堂々巡りのループによって、親はますますその思考から抜け出せず、ますます子どもを手放せなくなっていく。こうした力の行使を断念することが、子どもを自然に育てるということなのに、それはなんと難しいことか。

本書が読者の心を打つのは、著者自身がウィリアム、キャロライン、ジェイムズという三人の子どもたちを育てている最中にこの本を書き、その経験と愛情が濃く反映されている点にある。心理学者のティム・カッサーとの対話で、超進学校が子どもに悪い影響を与えると知りながら、母親としてのあなたはどうして抜け出さないのかと問われた際に、ウォレス自身が言葉を失ってしまう。この「抜け出せない」という感覚は、読者だけでなく、著者自身も抱えているのだ。

ウォレスの真価は、こうした葛藤を単なる自罰で終わらせず、心理学者たちとの対話や調査を通じて、自身の思い込みが社会構造に根ざしていることを明らかにした点にある。たとえば、多元的無知によって「自分も競争から脱落したくない」と考え、結果的にシステム維持に加担してしまう仕組みや、「ステータス防御」という心理が親たちを追い詰める背景が解説される。また、アメリカ社会におけるマイノリティや女性の立場が母親たちに与える影響についても詳述されている。

このように、本書の成果は、アメリカの教育現場が抱える「有害な達成文化」の現状を明らかにするだけでなく、著者自身の学びと自己変革の過程を描いている点にある。社会的規範から適度な距離を取り、手づくりの子育てを再発見する過程を通じて、ウォレスは読者に希望を与える。

「親が子どもを非難しても、子どもは親を愛するのをやめるとは限らないが、自分を愛することはやめてしまう」というウォレスの指摘は痛切だ。受験競争の中で抱え込んだ「親の期待に応えなければならない」という価値観は、一度根付くと簡単には手放せない。大学生になっても、社会人になってもその枷《かせ》から逃れることはできず、自分を罰し続ける人は多い。親の期待という重荷を下ろすのに何十年もかかる人もいれば、それを抱えたまま一生を終える人さえいる。なんてことだと思う。

本書では、こうした悲劇から子どもを守るための具体的なアドバイスが提示されている。まず、「よい人生とは一本のまっすぐな道である」という固定観念を捨てること。幸福はステータスではなく環境への適応にあると知ること。子どもが自分自身の「大切さ」を実感し、親がどんなときも変わらず愛していると伝えること。無条件の愛を感じることが、子どもにとって何よりも大きな支えになるのだ。そして、自分には生まれつき価値があり、世界に価値を与えられる存在だと理解することで、その思いはさざなみのように広がっていく。

これらの言葉は、著者がアメリカ社会の重い現実と向き合いながら摑み取った真実である。本書が読者に自分を変容させる機会を与え、これまでとは異なるかたちで子どもや他者、そして世界との関わり方をとらえ直すきっかけとなることを願ってやみません。

原　注

序章　目を閉じて走る子どもたち

1. National Academies of Sciences, Engineering, and Medicine, *Vibrant and Healthy Kids: Aligning Science, Practice, and Policy to Advance Health Equity* (Washington, DC: The National Academies Press, 2019), 4–24, https://doi.org/10.17226/25466.
2. 2022 年 9 月 24 日のスニヤ・ルーサーとの会話より。
3. Office of the Surgeon General, "U.S. Surgeon General Issues Advisory on Youth Mental Health Crisis Further Exposed by COVID-19 Pandemic," U.S. Department of Health and Human Services, Dec. 7, 2021, https://www.hhs.gov/about/news/2021/12/07/us-surgeon-general-issues-advisory-on-youth-mental-health-crisis-further-exposed-by-covid-19-pandemic.html.
4. 2020 年の 1 月と 2 月、ハーバード教育大学院の研究者と協力して、全国の 6000 人の親に調査票を配布した。調査票は私の個人的な交友関係のつながりから「雪だるま方式」で拡散した。つまり、回答者に対して調査票を知りあいに拡散してもらうように依頼した。回答率の不均等（たとえば当初の回答群は高収入の親に集中していた）を調整するために、収入、地域、都会と郊外の割合が、国全体の平均と比べて少ないところに重点をおいて再び調査した。調査結果を読み取る際には、調査票で取りあげた問題について、アメリカ人すべての意見を反映しているわけではないと留意することが重要である。
5. 今回の調査によると、それほど競争が激しくない学校に子どもを通わせている親は 60％しか同意しなかったにもかかわらず、「成績優秀校」に子どもを通わせている親は 80％が同意した。この大きな差異は、大学の重要性に関する認識の強さを反映している。
6. それほど競争が激しくない学校の親と「成績優秀校」の親のあいだに大きな差異は見られなかった。現代のすべての親に共通する感情だと言える。
7. この質問においても、それほど競争が激しくない学校の親と「成績優秀校」の親のあいだに大きな差異は見られなかった。

第一章　なぜ現代の子どもは「危機にある」のか？

1. Suniya S. Luthar and Karen D'Avanzo, "Contextual Factors in Substance Use: A

Study of Suburban and Inner-City Adolescents," *Development and Psychopathology* 11 (1999): 845–67.

2. Terese J. Lund and Eric Dearing, "Is Growing Up Affluent Risky for Adolescents or Is the Problem Growing Up in an Affluent Neighborhood?," *Journal of Research on Adolescence* 23, no. 2 (June 2013): 274–82.
3. Mary B. Geisz and Mary Nakashian, *Adolescent Wellness: Current Perspectives and Future Opportunities in Research, Policy, and Practice* (Robert Wood Johnson Foundation, 2018), https://www.rwjf.org/en/insights/our-research/2018/06/inspiring-and-powering-the-future–a-new-view-of-adolescence.html.
4. Geisz and Nakashian, *Adolescent Wellness*, 20.
5. 子育てに関する調査に加えて、優秀であれという風潮が現代の子どもをどれだけ苦しめているのかという問題の理解を深めるために、ベイラー大学の研究者の支援を得て学生を対象とした調査もおこなった。2021 年の 4 月から 5 月にかけて、全国の 18 歳から 30 歳までの 500 人近い学生（そのうち 58 パーセントが女子学生）にオンラインで調査票を配布した。調査票は、私の個人的な交友関係のネットワークから「雪だるま方式」で拡散した。
6. Jennifer Breheny Wallace, "Students in High-Achieving Schools Are Now Named an 'At- Risk' Group, Study Says," *Washington Post*, Sept. 26, 2019, https://www.washingtonpost.com/lifestyle/2019/09/26/students-high-achieving-schools-are-now-named-an-at-risk-group.
7. Nance Roy, "The Rise of Mental Health on College Campuses: Protecting the Emotional Health of Our Nation's College Students," *Higher Education Today*, Dec. 17, 2018, https://www.higheredtoday.org/2018/12/17/rise-mental-health-college-campuses-protecting-emotional-health-nations-college-students.
8. Nate Herpich, "Task Force Offers 8 Recommendations for Harvard as Issues Rise Nationally," *Harvard Gazette*, July 23, 2020, https://news.harvard.edu/gazette/story/2020/07/task-force-recommends-8-ways-to-improve-emotional-wellness.
9. Suniya S. Luthar, Phillip J.Small, and Lucia Ciciolla, "Adolescents from Upper Middle Class Communities: Substance Misuse and Addiction Across Early Adulthood," Corrigendum, *Development and Psychopathology* 30, no. 2 (2018): 715–16, https://doi.org/10.1017/S0954579417001043.
10. Douglas Belkin, Jennifer Levitz, and Melissa Korn, "Many More Students, Especially the Affluent, Get Extra Time to Take the SAT," *Wall Street Journal*, May 21, 2019, https://www.wsj.com/articles/many-more-students-especially-the-affluent-get-extra-time-to-take-the-sat-11558450347.
11. Belkin, Levitz, and Korn, "Many More Students."

12. さらに詳しく知りたい場合は、こちらを参照されたい。Jay J. Coakley, *Sports In Society: Issues And Controversies* (New York: McGraw Hill, 2017).
13. この枠組みはリチャード・ワイズボードとスニヤ・ルーサーの研究から拝借した。
14. Loan Le, "Fighting the Negative 'Tiger Mom' Mentality," *Fairfield Mirror*, Mar. 8, 2012, http://fairfieldmirror.com/news/fighting-the-negative-"tiger-mom"-mentality. エイミー・チュアの公式サイトも参照されたい。Amy Chua Official Website, https://www.amychua.com.
15. Christopher Bjork and William Hoynes, "Youth Sports Needs a Reset. Child Athletes Are Pushed to Professionalize Too Early," *USA Today*, Mar. 24, 2021, https://www.usatoday.com/story/opinion/voices/2021/03/24/youth-sports-competitive-covid-19-expensive-column/4797607001.
16. NJIC Web Master, "NJSIAA Student Athlete Advisory Council Pushes for More Balance," North Jersey Interscholastic Conference, Apr. 17, 2019, https://njicathletics.org/njsiaa-student-athlete-advisory-council-pushes-for-more-balance.
17. Valerie Strauss, "Kindergarten Show Canceled So Kids Can Keep Studying to Become 'College and Career Ready.' Really" *Washington Post*, Apr. 26, 2014, https://www.washingtonpost.com/news/answer-sheet/wp/2014/04/26/kindergarten-show-canceled-so-kids-can-keep-working-to-become-college-and-career-ready-really.
18. David Gleason, *At What Cost: Defending Adolescent Development in Fiercely Competitive Schools* (Concord, MA: Developmental Empathy LLC, 2017), xiii.
19. Hilary Levey Friedman, *Playing to Win: Raising Children in a Competitive Culture* (Berkeley: University of California Press, 2013), xiv.
20. Jordan Fitzgerald, "Yale Admits 2,234 Students, Acceptance Rate Shrinks to 4.46 Percent," *Yale Daily News*, Mar. 31, 2022, https://yaledailynews.com/blog/2022/03/31/yale-admits-2234-students-acceptance-rate-shrinks-to-4-46-percent.
21. "Summary of Yale College Admissions Class of 1980 to Class of 2022," Yale University, Jan. 7, 2019, https://oir.yale.edu/sites/default/files/w033_fresh_admissions.pdf.

第二章　名づけて、飼いならす

1.「名づけて、飼いならす」はダニエル・J・シーゲルとティナ・ペイン・ブライソンの *The Whole-Brain Child: 12 Revolutionary Strategies to Nurture Your Child's Developing Mind* (New York: Bantam Books Trade Paperbacks, 2012) から引用し

ている。（ダニエル・J・シーゲル、ティナ・ペイン・ブライソン『しあわせ育児の脳科学』森内薫訳、早川書房、2012 年）

2. Adam Waytz, "The Psychology of Social Status," *Scientific American*, Dec. 8, 2009, https://www.scientificamerican.com/article/the-psychology-of-social.
3. Sophie Kasakove, "The College Admissions Scandal: Where Some of the Defendants Are Now," *New York Times*, Oct. 9, 2021, https://www.nytimes.com/2021/10/09/us/varsity-blues-scandal-verdict.html.
4. Nicholas Hautman, "Felicity Huffman Details Daughter Sophia's Emotional Reaction to College Scandal: 'Why Didn't You Believe in Me?'," *Us Weekly*, Sept. 6, 2019, https://www.usmagazine.com/celebrity-news/news/felicity-huffman-details-daughters-reaction-to-college-scandal.
5. Cell Press, "Our Own Status Affects the Way Our Brains Respond to Others," *ScienceDaily*, Apr. 28, 2011, https://www.sciencedaily.com/releases/2011/04/110428123936.htm.
6. Loretta Graziano Breuning, *I, Mammal: How to Make Peace with the Animal Urge for Social Power* (Oakland, CA: Inner Mammal Institute, 2011), 7.
7. Arizona State University, "Invisible Labor Can Negatively Impact Well-Being in Mothers: Study Finds Women Who Feel Overly Responsible for Household Management and Parenting Are Less Satisfied with Their Lives and Partnerships," *ScienceDaily*, Jan. 22, 2019, https://www.sciencedaily.com/releases/2019/01/190122092857.htm.
8. Raj Chetty et al., "The Fading American Dream: Trends in Absolute Income Mobility Since 1940," *Science* 356, no. 6336 (Apr. 2017): 398–406, https://doi.org/10.1126/science.aal4617.
9. Christopher Kurz, Geng Li, and Daniel J. Vine, "Are Millennials Different?," *Finance and Economics Discussion Series 2018-080*, Board of Governors of the Federal Reserve System, 2018, https://doi.org/10.17016/FEDS.2018.080.
10. より詳しくはこの本を参照されたい。Sendhil Mullainathan and Eldar Shafir, *Scarcity: The New Science of Having Less and How It Defines Our Lives* (New York: Picador, 2013).（センディル・ムッライナタン、エルダー・シャフィール『いつも「時間がない」あなたに――欠乏の行動経済学』大田直子訳、早川書房、2015 年）
11. Juliana Menasce Horowitz, Ruth Igielnik, and Rakesh Kochhar, "Trends in Income and Wealth Inequality," *Pew Research Center*, Jan. 9, 2020, https://www.pewresearch.org/social-trends/2020/01/09/trends-in-income-and-wealth-inequality.
12. エイミー・チュアによる以下の記事を参照されたい。"Why Chinese Mothers

Are Superior," *Wall Street Journal*, Jan. 8, 2011, https://www.wsj.com/articles/SB10001424052748704111504576059713528698754.
13. Liz Mineo, "Racial Wealth Gap May Be a Key to Other Inequities," *Harvard Gazette*, June 3, 2021, https://news.harvard.edu/gazette/story/2021/06/racial-wealth-gap-may-be-a-key-to-other-inequities.
14. Dedrick Asante-Muhammad and Sally Sim, "Racial Wealth Snapshot: Asian Americans and The Racial Wealth Divide," *National Community Reinvestment Coalition*, May 14, 2020, https://ncrc.org/racial-wealth-snapshot-asian-americans-and-the-racial-wealth-divide.
15. Emily Badger, Claire Cain Miller, Adam Pearce, and Kevin Quealy, "Extensive Data Shows Punishing Reach of Racism for Black Boys," *New York Times*, Mar. 19, 2018, https://www.nytimes.com/interactive/2018/03/19/upshot/race-class-white-and-black-men.html.
16. Caitlin Gibson, "When Parents Are So Desperate to Get Their Kids into College That They Sabotage Other Students," *Washington Post*, Apr. 3, 2019, https://www.washingtonpost.com/lifestyle/on-parenting/when-parents-are-so-desperate-to-get-their-kids-into-college-that-they-sabotage-other-students/2019/04/02/decc6b9e-5159-11e9-88a1-ed346f0ec94f_story.html.
Adam Harris, "Parents Gone Wild: High Drama Inside D.C.'s Most Elite Private School," *The Atlantic*, June 5, 2019, https://www.theatlantic.com/education/archive/2019/06/sidwell-friends-college-admissions-varsity-blues/591124.

第三章　大切という力

1. Jennifer Breheny Wallace, "The Teenage Social-Media Trap," *Wall Street Journal*, May 4, 2018, https://www.wsj.com/articles/the-teenage-social-media-trap-1525444767.
2. Thomas Curran and Andrew P. Hill, "Perfectionism Is Increasing Over Time: A Meta-Analysis of Birth Cohort Differences From 1989 to 2016," *Psychological Bulletin* 145, no. 4 (2019): 410–29, https://doi.org/10.1037/bul0000138.
3. Konrad Piotrowski, Agnieszka Bojanowska, Aleksandra Nowicka, and Bartosz Janasek, "Perfectionism and Community-Identity Integration: The Mediating Role of Shame, Guilt and Self-Esteem," *Current Psychology* 42(2021): 1303-16, https://doi.org/10.1007/s12144-021-01499-9.
4. Morris Rosenberg and B. Claire McCullough, "Mattering: Inferred Significance and Mental Health Among Adolescents," *Research in Community and Mental Health* 2 (1981): 163–82, https://psycnet.apa.org/record/1983-07744-001.

5. 2017年3月31日、コミュニティ・カレッジ・オブ・ロード・アイランドの教職員と職員を対象として、基調講演をおこなったグレゴリー・エリオットも、同様の質問をして大切という感覚を呼びおこそうとした。
6. Rebecca Newberger Goldstein, "The Mattering Instinct," *Edge*, Mar. 16, 2016, https://www.edge.org/conversation/rebecca_newberger_goldstein-the-mattering-instinct.
7. Isaac Prilleltensky, "What It Means to 'Matter,' " *Psychology Today*, Jan. 4, 2022, https://www.psychologytoday.com/us/blog/well-being/202201/what-it-means-matter.
8. Isaac Prilleltensky and Ora Prilleltensky, *How People Matter: Why It Affects Health, Happiness, Love, Work, and Society* (Cambridge: Cambridge University Press, 2021), 5.
9. Mark R. Leary, "Sociometer Theory and the Pursuit of Relational Value: Getting to the Root of Self-Esteem," *European Review of Social Psychology* 16, no. 1 (Jan. 2005): 75–111, https://doi.org/10.1080/10463280540000007.
10. Gordon Flett, *The Psychology of Mattering : Understanding the Human Need to be Significant* (London: Elsevier, 2018), 32.
11. この質問は、〈チャレンジ・サクセス〉の"I Wish"キャンペーンをヒントにした。以下を参照されたい。"'I Wish' Campaign," Challenge Success, Resources, https://challengesuccess.org/resources/i-wish-campaign.
12. Roy F. Baumeister, Ellen Bratslavsky, Catrin Finkenauer, and Kathleen D. Vohs, "Bad Is Stronger Than Good," *Review of General Psychology* 5, no. 4 (2001): 323–370, https://doi.org/10.1037//1089-2680.5.4.323.
13. Timothy Davis, "The Power of Positive Parenting: Gottman's Magic Ratio," *Challenging Boys*, last updated 2022, https://challengingboys.com/the-power-of-positive-parenting-gottmans-magic-ratio.
14. Laura L. Carstensen and Marguerite DeLiema, "The Positivity Effect: A Negativity Bias in Youth Fades with Age," *Current Opinion in Behavioral Sciences* 19, no. 1 (2018): 7–12, https://doi.org/10.1016/j.cobeha.2017.07.009.
15. Suniya S. Luthar and Bronwyn E. Becker, "Privileged but Pressured? A Study of Affluent Youth," *Child Development* 73, no. 5 (Sept. 2002): 1593–1610, https://doi.org/10.1111/1467-8624.00492,
16. Brené Brown, *The Gifts of Imperfection: Let Go of Who You Think You're Supposed To Be and Embrace Who You Are* (Minneapolis: Hazelden Information & Educational Services, 2010).（ブレネー・ブラウン『「ネガティブな感情（こころ）」の魔法――「悩み」や「不安」を希望に変える10の方法』本田健訳、三笠書房、2013年）

17. Gregory C. Elliott, *Family Matters: The Importance of Mattering to Family in Adolescence* (Chichester, UK: Wiley-Blackwell, 2009), 39.
18. Alice Miller, *The Drama of the Gifted Child: The Search for the True Self* (New York: Basic Books, 1997).（アリス・ミラー『才能ある子のドラマ――真の自己を求めて 新版』山下公子訳、新曜社、1996年）より詳しく知りたい場合はこちらも参照されたい。Gabor Maté, *The Myth of Normal: Trauma, Illness, and Healing in a Toxic Culture* (New York: Avery, 2022).
19. Ece Mendi and Jale Eldeleklioğlu, "Parental Conditional Regard, Subjective Well- Being and Self- Esteem: The Mediating Role of Perfectionism," *Psychology* 7, no. 10 (2016): 1276–95, https://doi.org/10.4236/psych.2016.710130.
20. Avi Assor, Guy Roth, and Edward L. Deci, "The Emotional Costs of Parents' Conditional Regard: A Self-Determination Theory Analysis," *Journal of Personality* 72, no. 1 (2004): 47–88, https://doi.org/10.1111/j.0022-3506.2004.00256.x.
21. Dorien Wuyts, Maarten Vansteenkiste, Bart Soenens, and Avi Assor, "An Examination of the Dynamics Involved in Parental Child-Invested Contingent Self- Esteem," *Parenting* 15, no. 2 (2015): 55–74, https://doi.org/10.1080/15295192.2015.1020135.
22. Elliott, *Family Matters*, 187.
23. Madeline Levine, *The Price of Privilege: How Parental Pressure and Material Advantage Are Creating a Generation of Disconnected and Unhappy Kids* (New York: HarperCollins, 2006), 133–40.
24. Levine, *The Price of Privilege*, 146.
25. Richard Weissbourd, *The Parents We Mean to Be: How Well-Intentioned Adults Undermine Children's Moral and Emotional Development* (New York: Mariner Books, 2010).
26. Lea Waters, *The Strength Switch: How the New Science of Strength-Based Parenting Can Help Your Child and Your Teen to Flourish* (New York: Avery, 2017).
27. Michelle McQuaid, "Don't Make a Wish—Try Hope Instead," VIA Institute on Character, Achieving Goals, Jan. 31, 2014, https://www.viacharacter.org/topics/articles/don%27t-make-a-wish-try-hope-instead.
28. "The VIA Character Strengths Survey," VIA Institute on Character, https://www.viacharacter.org/survey/account/Register.
29. Flett, *Psychology of Mattering*, 117.
30. Scott Galloway, *The Algebra of Happiness: Notes on the Pursuit of Success, Love, and Meaning* (New York: Portfolio, 2019), 148–9.（スコット・ギャロウェイ『ニ

ューヨーク大学人気講義 HAPPINESS(ハピネス) ——GAFA時代の人生戦略』渡会圭子訳、東洋経済新報社、2019年)
31. "Parent Touch, Play and Support in Childhood Vital to Well-Being as an Adult," *Notre Dame News,* Dec. 21, 2015, https://news.nd.edu/news/parent-touch-play-and-support-in-childhood-vital-to-well-being-as-an-adult.
32. Bingqing Wang, Laramie Taylor, and Qiusi Sun, "Families that Play Together Stay Together: Investigating Family Bonding through Video Games," *New Media & Society* 20, no. 11 (2018): 4074–94, https://doi.org/10.1177/1461444818767667.
33. Jennifer Breheny Wallace, "The Right Way for Parents to Question Their Teenagers," *Wall Street Journal,* Nov. 23, 2018, https://www.wsj.com/articles/the-right-way-for-parents-to-question-their-teenagers-1542982858.

第四章　まずは自分を大切に

1. Anthony Cilluffo and D'Vera Cohn, "7 Demographic Trends Shaping the U.S. and the World in 2018," Pew Research Center, Apr. 25, 2018, https://www.pewresearch.org/fact-tank/2018/04/25/7-demographic-trends-shaping-the-u-s-and-the-world-in-2018.
2. こちらを参照のこと。William Delgado, "Replication Data for The Education Gradient in Maternal Enjoyment of Time in Childcare," Harvard Dataverse, V1, June 14, 2020. 以下も参照されたい。Ariel Kalil, Susan E. Mayer, William Delgado, and Lisa A. Gennetian, "The Education Gradient in Maternal Enjoyment of Time in Childcare," University of Chicago, Becker Friedman Institute, June 14, 2020.
3. Sharon Hays, *The Cultural Contradictions of Motherhood* (New Haven: Yale University Press, 1996).
4. Charlotte Faircloth, "Intensive Fatherhood? The (Un)involved Dad," in Ellie Lee, Jennie Bristow, Charlotte Faircloth, and Jan Macvarish, *Parenting Culture Studies* (London: Palgrave Macmillan, 2014): 184–99, https://doi.org/10.1057/9781137304612_9.
5. Gretchen Livingston and Kim Parker, "8 Facts about American Dads," Pew Research Center, June 12, 2019, https://www.pewresearch.org/fact-tank/2019/06/12/fathers-day-facts.
6. Lydia Buswell, Ramon B. Zabriskie, Neil Lundberg, and Alan J. Hawkins, "The Relationship Between Father Involvement in Family Leisure and Family Functioning: The Importance of Daily Family Leisure," *Leisure Sciences* 34, no. 2 (Mar. 2012): 172–90, https://doi.org/10.1080/01490400.2012.652510.

7. Maaike van der Vleuten, Eva Jaspers, and Tanja van der Lippe, "Same-Sex Couples' Division of Labor from a Cross-National Perspective," *Journal of GLBT Family Studies* 17, no. 2(Dec. 2020): 150–67, https://doi.org/10.1080/1550428X.2020.1862012.
8. Claire Cain Miller, "How Same- Sex Couples Divide Chores, and What It Reveals About Modern Parenting," *New York Times*, May 16, 2018, https://www.nytimes.com/2018/05/16/upshot/same-sex-couples-divide-chores-much-more-evenly-until-they-become-parents.html.
9. Erika M. Manczak, Anita DeLongis, and Edith Chen, "Does Empathy Have a Cost? Diverging Psychological and Physiological Effects Within Families," *Health Psychology* 35, no. 3 (Mar. 2016): 211–18, https://doi.org/10.1037/hea0000281.
10. "Does Being an Intense Mother Make Women Unhappy?," *Springer via ScienceDaily*, July 5, 2012, https://www.sciencedaily.com/releases/ 2012/07/120705151417.htm.
11. Jennifer Senior, *All Joy and No Fun: The Paradox of Modern Parenthood* (New York: Ecco, 2014), 199.（ジェニファー・シニア『子育てのパラドックス――「親になること」は人生をどう変えるのか』高山真由美訳、英治出版、2015年、255頁）
12. Suniya S. Luthar and Lucia Ciciolla, "What It Feels Like to Be a Mother: Variations by Children's Developmental Stages," *Developmental Psychology* 52, no. 1 (2016): 143–54, https://doi.org/10.1037/dev0000062.
13. Robert D. Putnam, *Bowling Alone: The Collapse and Revival of American Community* (New York: Simon & Schuster, 2001).（ロバート・D・パットナム『孤独なボウリング――米国コミュニティの崩壊と再生』柴内康文訳、柏書房、2006年）
14. ジェネビーブ・イーソンによる以下の記事を参照されたい。"Privileged and Pressured Presentation Summary," Wilton Youth Council, https://www.wiltonyouth.org/privileged-pressured-summary.
15. Flett, *Psychology of Mattering*, 123.
16. "The Most Important Thing We Can Do for Our Children Is to Learn How to Manage OUR Stress," 13D Research, Aug. 9, 2017, https://latest.13d.com/the-most-important-thing-we-can-do-for-our-children-is-learn-how-to-manage-our-stress-62f9031f55c4.
17. Flett, *Psychology of Mattering*, 116. 以下も参照されたい。Brooke Elizabeth Whiting, "Determinants and Consequences of Mattering in the Adolescent's Social World" (PhD diss., University of Maryland College Park, 1982).

18. Jennifer E. DeVoe, Amy Geller, and Yamrot Negussie, eds., *Vibrant and Healthy Kids: Aligning Science, Practice, and Policy to Advance Health Equity* (Washington, DC: The National Academies Press, 2019).
19. Thomas W. Kamarck, Stephen B. Manuck, and J. Richard Jennings, "Social Support Reduces Cardiovascular Reactivity to Psychological Challenge: A Laboratory Model," *Psychosomatic Medicine* 52, no. 1 (1990): 42–58, https://doi.org/10.1097/00006842-199001000-00004.
20. Simone Schnall, Kent D. Harber, Jeanine K. Stefanucci, and Dennis R. Proffitt, "Social Support and the Perception of Geographical Slant," *Journal of Experimental Social Psychology* 44, no. 5 (Sept. 2008): 1246–55, https://doi.org/10.1016/j.jesp.2008.04.011.
21. Suniya S. Luthar et al., "Fostering Resilience among Mothers under Stress: 'Authentic Connections Groups' for Medical Professionals," *Women's Health Issues* 27, no. 3 (May–June 2017): 382–90, https://doi.org/10.1016/j.whi.2017.02.007.
22. Sherry S. Chesak et al., "Authentic Connections Groups: A Pilot Test of an Intervention Aimed at Enhancing Resilience Among Nurse Leader Mothers," *Worldviews on Evidence-Based Nursing* 17, no. 1 (Feb. 2020): 39–48, https://doi.org/10.1111/wvn.12420
23. Suniya S. Luthar, Nina L. Kumar, and Renee Benoit, "Toward Fostering Resilience on a Large Scale: Connecting Communities of Caregivers," *Developmental Psychopathology* 31, no. 5 (Dec. 2019): 1813–25, https://doi.org/10.1017/S0954579419001251.
24. アメリカ公衆衛生局長官であるヴィヴェック・マーシーも同種の経験について著書で述べている。Vivek Murthy, *Together: The Healing Power of Human Connection in a Sometimes Lonely World* (New York: HarperCollins, 2020), 275.（ヴィヴェック・H・マーシー『孤独の本質　つながりの力――見過ごされてきた「健康課題」を解き明かす』樋口武志訳、英治出版、2023年）
25. Senior, *All Joy and No Fun*, 5.（ジェニファー・シニア『子育てのパラドックス』
26. Edward M. Hallowell, *The Childhood Roots of Adult Happiness: Five Steps to Help Kids Create and Sustain Lifelong Joy* (New York: Ballantine Books, 2002).

第五章　やかんを火からおろそう

1. Julia Hess, "Mercer Island Featured as Best Place to Live in Washington," *My Mercer Island*, Jan. 29, 2018, https://mymercerisland.com/mercer-island-best-

place-to-live-washington.
2. Charles Murray, "SuperZips and the Rest of America's Zip Codes," *American Enterprise Institute*, Feb. 13, 2012, https://www.aei.org/research-products/working-paper/superzips-and-the-rest-of-americas-zip-codes.
3. Carol Morello and Ted Mellnik, "Washington: A World Apart," *Washington Post*, Nov. 9, 2013, https://www.washingtonpost.com/sf/local/2013/11/09/washington-a-world-apart/.
4.「アンコール効果」とはゴードン・フレットが名づけた用語であり、優秀な人物が優秀な成果を達成し続けなければならないと感じることから生じるプレッシャーを指している。この用語は高収入を得る者の子どもが感じるプレッシャーにも当てはまるのではないだろうか。
5. Andy Kiersz, "MAP: Here Are The 20 'Super-Zips' Where America's Ultra-Elite Reside," Business Insider, Dec. 9, 2013, https://www.businessinsider.com/map-americas-super-elite-live-in-these-zip-codes-2013-12.
6. Meghana Kakubal, Lila Shroff, and Soraya Marashi, "Pressure, Insomnia and Hospitalization: The New Normal for Students Applying to College," *KUOW RadioActive*, Apr. 3, 2019, https://www.kuow.org/stories/what-students-go-through-to-get-into-college.
7. Lisa Damour, "Why Girls Beat Boys at School and Lose to Them at the Office," *New York Times*, Feb. 7, 2019, https://www.nytimes.com/2019/02/07/opinion/sunday/girls-school-confidence.html.
8. Cynthia Goodwin, "Gearing Up for Summer: Findings and Recommendation on Our Youth Well-Being Student Survey," *Mercer Island Living*, June 2019.
9. Suniya S. Luthar, Samuel H. Barkin, and Elizabeth J. Crossman, " 'I Can, Therefore I Must': Fragility in the Upper-Middle Classes," *Developmental Psychopathology* 25, no. 4, pt. 2 (Nov. 2013): 1529–49, https://doi.org/10.1017/S0954579413000758.
10. Barry Schwartz, *The Paradox of Choice: Why More is Less* (New York: HarperCollins, 2004).（バリー・シュワルツ『なぜ選ぶたびに後悔するのか——オプション過剰時代の賢い選択術　新装版』瑞穂のりこ訳、武田ランダムハウスジャパン、2012 年）
11. Carol S. Dweck, *Mindset: The New Psychology of Success* (New York: Ballantine Books, 2006).（キャロル・S・ドゥエック『マインドセット——「やればできる！」の研究』今西康子訳、草思社、2008 年旧版、2016 年新版）
12. Suniya S. Luthar, Nina L. Kumar, and Nicole Zillmer, "High-Achieving Schools Connote Risks for Adolescents: Problems Documented, Processes Implicated, and Directions for Interventions," *American Psychologist* 75, no. 7 (2020): 983–95,

https://doi.org/10.1037/amp0000556.
13. Paweł A. Atroszko, Cecilie Schou Andreassen, Mark D. Griffiths, and Ståle Pallesen, "Study Addiction—A New Area of Psychological Study: Conceptualization, Assessment, and Preliminary Empirical Findings," *Journal of Behavioral Addictions* 4, no. 2 (2015): 75–84, https://doi.org/10.1556/ 2006.4. 2015.007.
14. Paweł A. Atroszko, Cecilie Schou Andreassen, Mark D. Griffiths, and Ståle Pallesen, "The Relationship Between Study Addiction and Work Addiction: A Cross-Cultural Longitudinal Study," *Journal of Behavioral Addictions* 5, no. 4 (2016): 708–14, https://doi.org/10.1556/2006.5.2016.076.
15. Atroszko et al., "The Relationship Between Study Addiction and Work Addiction."
16. Johann Hari, *Lost Connections: Uncovering the Real Causes of Depression—and the Unexpected Solutions* (New York: Bloomsbury, 2018), 125.（ヨハン・ハリ『うつ病 隠された真実——逃れるための本当の方法』山本規雄訳、作品社、2024年）
17. Evan Nesterak, "Materially False: A Q& A with Tim Kasser about the Pursuit of the Good Life through Goods," *Behavioral Scientist*, Sept. 9, 2014, https://behavioralscientist.org/materially-false-qa-tim-kasser-pursuit-good-goods.
18. Tim Kasser et al., "Changes in Materialism, Changes in Psychological Well-Being: Evidence from Three Longitudinal Studies and an Intervention Experiment," *Motivation and Emotion* 38 (2014): 1–22, https://doi.org/10.1007/s11031-013-9371-4.
19. Paul Tough, *The Inequality Machine: How College Divides Us* (Boston: Houghton Mifflin Harcourt, 2019), 25.
20 "A 'Fit' Over Rankings: Why College Engagement Matters More Than Selectivity," Challenge Success, Resources, May 14, 2021. https://challengesuccess.org/resources/a-fit-over-rankings-why-college-engagement-matters-more-than-selectivity
21. Malcolm Gladwell, "The Order of Things: What College Rankings Really Tell Us," *New Yorker*, Feb. 6, 2011, https://www.newyorker.com/magazine/ 2011/02/14/the-order-of-things.
22. Anemona Hartocollis, "U.S. News Dropped Columbia's Ranking, but Its Own Methods Are Now Questioned," *New York Times*, Sept. 12, 2022, https://www.nytimes.com/2022/09/12/us/columbia-university-us-news-ranking.html.
23. こちらを参照のこと。David Wagner, "Which Schools Aren't Lying Their Way to a Higher U.S. News Ranking?," *The Atlantic*, Feb. 6, 2013, https://www.

theatlantic.com/national/archive/2013/02/which-schools-arent-lying-their-way-higher-us-news-ranking/318621. 以下も参照されたい。Max Kutner, "How to Game the College Rankings," *Boston Magazine*, Aug. 26, 2014, https://www.bostonmagazine.com/news/2014/08/26/how-northeastern-gamed-the-college-rankings.

24. Anna Brown, "Public and Private College Grads Rank about Equally in Life Satisfaction," Pew Research Center, May 19, 2014, https://www.pewresearch.org/fact-tank/2014/05/19/public-and-private-college-grads-rank-about-equally-in-life-satisfaction.
25. "Why You Should Work Less: A Second Look at the 10,000 Hour Rule," The Neuroscience School, 2020, https://neuroscienceschool.com/2020/05/22/why-you-should-work-less.
26 "The Youth Risk Behavior Surveillance System (YRBSS): 2019 National, State, and Local Results," National Center for HIV/ AIDS, Viral Hepatitis, STD, and TB Prevention Division of Adolescent and School Health, 2019, https://www.cdc.gov/healthyyouth/data/yrbs/pdf/2019/2019_Graphs_508.pdf.
27. Andrew J. Fuligni, Erin H. Arruda, Jennifer L. Krull, and Nancy A. Gonzales, "Adolescent Sleep Duration, Variability, and Peak Levels of Achievement and Mental Health," *Child Development* 89, no. 2 (Mar. 2018): 18–28, https://doi.org/10.1111/cdev.12729.
28. Lucia Ciciolla, Alexandria S. Curlee, Jason Karageorge, and Suniya S Luthar, "When Mothers and Fathers Are Seen as Disproportionately Valuing Achievements: Implications for Adjustment Among Upper Middle Class Youth," *Journal of Youth and Adolescence* 46, no. 5 (May 2017): 1057–75, https://doi.org/10.1007/s10964-016-0596-x

第六章　嫉妬

1. Robert H. Frank, *Falling Behind: How Rising Inequality Harms the Middle Class* (Berkeley: University of California Press, 2007), 30.（ロバート・H・フランク『幸せとお金の経済学』金森重樹訳、フォレスト出版、2017 年）
2. Prashant Loyalka, Andrey Zakharov, and Yulia Kusmina, "Catching the Big Fish in the Little Pond Effect: Evidence from 33 Countries and Regions," *Comparative Education Review* 62, no. 4 (Nov. 2018): 542–64, https://doi.org/10.1086/699672.
3. この概念をもっと詳しく知りたい場合は、2008 年 5 月 21 日、デヴィッド・フォスター・ウォレスによるケニオン大学の卒業式スピーチを参照されたい。David Foster Wallace's May 21, 2005, Kenyon College commencement address,

https://people.math.harvard.edu/~ctm/links/culture/dfw_kenyon_commencement.html#:~:text=The%20really%20important%20kind%20of,and%20understanding%20how%20to%20think.（デヴィッド・フォスター・ウォレス『これは水です』阿部重夫訳、田畑書店、2018年）

4. Nicole LaPorte, "This Year's College Admissions Horror Show," *Town & Country*, Apr. 1, 2022, https://www.townandcountrymag.com/society/money-and-power/a39560789/college-admissions-2022-challenge-news.
5. Jean M. Twenge et al., "Worldwide Increases in Adolescent Loneliness," *Journal of Adolescence* 93 (Dec. 2021): 257–69, https://doi.org/10.1016/j.adolescence.2021.06.006.
6. Isaac Lozano, " 'It Literally Consumes You' : A Look into Student Struggles with Mental Health at Stanford," *Stanford Daily*, Apr. 21, 2022, https://stanforddaily.com/2022/04/21/it-literally-consumes-you-a-look-into-student-struggles-with-mental-health-at-stanford.
7. Flett, *Psychology of Mattering*, 31.
8. Julie Newman Kingery, Cynthia A. Erdley, and Katherine C. Marshall, "Peer Acceptance and Friendship as Predictors of Early Adolescents,' Adjustment Across the Middle School Transition," *Merrill-Palmer Quarterly* 57, no. 3 (2011): 215–43, https://doi.org/10.1353/mpq.2011.0012.
9. Rachel K. Narr, Joseph P. Allen, Joseph S. Tan, and Emily L. Loeb, "Close Friendship Strength and Broader Peer Group Desirability as Differential Predictors of Adult Mental Health," *Child Development* 90, no. 1 (Aug. 2017): 298–313, https://doi.org/10.1111/cdev.12905.
10. Elliott, *Family Matters*, 58.
11. Robert E. Coles, "The Hidden Power of Envy," *Harper's Magazine*, Aug. 1995, https://harpers.org/archive/1995/08/the-hidden-power-of-envy.
12. Prilleltensky and Prilleltensky, *How People Matter: Why It Affects Health, Happiness, Love, Work, and Society*, 224–26.
13. Roderick L. Carey, Camila Polanco, and Horatio Blackman, "Black Adolescent Boys' Perceived School Mattering: From Marginalization and Selective Love to Radically Affirming Relationships," *Journal of Research on Adolescence* 32, no. 1 (Dec. 2021): 151–69, https://doi.org/10.1111/jora.12706.
14. Ersilia Menesini, Fulvio Tassi, and Annalaura Nocentini, "The Competitive Attitude Scale (CAS): A Multidimensional Measure of Competitiveness in Adolescence," *Journal of Psychology & Clinical Psychiatry* 9, no. 3 (2018): 240–44, https://doi.org/10.15406/jpcpy.2018.09.00528.
15. Tamara Humphrey and Tracy Vaillancourt, "Longitudinal Relations Between

Hypercompetitiveness, Jealousy, and Aggression Across Adolescence," *Merrill-Palmer Quarterly* 67, no. 3 (July 2021): 237–68, https://doi.org/10.13110/merrpalmquar1982.67.3.0237.
16. Jennifer Breheny Wallace, "Teaching Girls to Be Great Competitors," *Wall Street Journal*, Apr. 12, 2019, https://www.wsj.com/articles/teaching-girls-to-be-great-competitors-11555061400.
17. Simon Sinek, *The Infinite Game* (New York: Portfolio, 2019), さらに詳しく知りたい場合はこちらを参照されたい。Darya Sinusoid, "A Worthy Rival: Learn from the Competition," *Shortform* (blog), June 11, 2021, https://www.shortform.com/blog/worthy-rival.
18. W. Timothy Gallwey, *The Inner Game of Tennis: The Classic Guide to the Mental Side of Peak Performance* (New York: Random House, 1974).（ティモシー・ガルウェイ『新インナーゲーム』後藤新弥訳、日刊スポーツ出版社、2000 年）
19. Breheny Wallace, "Teaching Girls to Be Great Competitors."
20. Renée Spencer, Jill Walsh, Belle Liang, Angela M. Desilva Mousseau, and Terese J. Lund, "Having It All? A Qualitative Examination of Affluent Adolescent Girls' Perceptions of Stress and Their Quests for Success," *Journal of Adolescent Research* 33, no. 1 (Sept. 2016): 3–33, https://doi.org/10.1177/0743558416670990.
21. Breheny Wallace, "Teaching Girls to Be Great Competitors."
22. Amy Tennery, "Athletics–'Iron Sharpens Iron': McLaughlin, Muhammad Hurdle to New Heights," Reuters, Aug. 4, 2021, https://www.reuters.com/lifestyle/sports/athletics-iron-sharpens-iron-mclaughlin-muhammad-hurdle-new-heights-2021-08-04.

第七章　大いなる期待

1. Jean M. Twenge, "How Dare You Say Narcissism Is Increasing?," *Psychology Today*, Aug. 12, 2013, https://www.psychologytoday.com/us/blog/the-narcissism-epidemic/201308/how-dare-you-say-narcissism-is-increasing.
2. Diane Swanbrow, "Empathy: College Students Don't Have as Much as They Used To," *Michigan Today*, June 9, 2010, https://michigantoday.umich.edu/2010/06/09/a7777.
3. Jean M. Twenge and M. Keith Campbell, *The Narcissism Epidemic: Living in the Age of Entitlement* (New York: Atria, 2009).（ジーン・M・トウェンギ、W・キース・キャンベル『自己愛過剰社会』桃井緑美子訳、河出書房新社、2011年）
4. Terri Lobdell, "Driven to Succeed: How We're Depriving Teens of a Sense of Purpose," *Palo Alto Weekly*, Nov. 18, 2011, https://ed.stanford.edu/news/driven-

succeed-how-were-depriving-teens-sense-purpose.
5. Rick Warren, *The Purpose Driven Life: What on Earth Am I Here For?* (Grand Rapids: Zondervan, 2002).（リック・ウォレン『人生を導く５つの目的　増補改訂版――自分らしく生きるための 42 章』尾山清仁・小坂直人訳、パーパス・ドリブン・ジャパン、2015 年）
6. Jennifer Breheny Wallace, "Why Children Need Chores," *Wall Street Journal*, Mar. 13, 2015, https://www.wsj.com/articles/why-children-need-chores-1426262655.
7. Leon F. Seltzer, "Self-Absorption: The Root of All (Psychological) Evil?," *Psychology Today*, Aug. 24, 2016, https://www.psychologytoday.com/us/blog/evolution-the-self/201608/self-absorption-the-root-all-psychological-evil.
8. この研究についてさらに詳しく知りたい場合はこちらを参照されたい。Robert Waldinger, MD, and Marc Schulz, PhD, *The Good Life: Lessons from the World's Longest Scientific Study of Happiness* (New York: Simon & Schuster, 2023).（ロバート・ウォールディンガー、マーク・シュルツ『グッド・ライフ――幸せになるのに、遅すぎることはない』児島修訳、辰巳出版、2023 年）
9. Jennifer Breheny Wallace, "How to Get Your Kids to Do Their Chores," *The Huffington Post*, Apr. 23, 2015, https://www.huffpost.com/entry/how-to-get-your-kids-to-do-their-chores_b_7117102.
10. Prilleltensky and Prilleltensky, *How People Matter: Why It Affects Health, Happiness, Love, Work, and Society* (Cambridge: Cambridge University Press, 2021), 78.
11. William Damon, *The Path to Purpose: How Young People Find Their Calling in Life* (New York: Free Press, 2009), 183–86.
12. Samantha Boardman, *Everyday Vitality: Turning Stress into Strength* (New York: Penguin Books, 2021), 188–89.
13. Damon, *Path to Purpose*, 183–202.
14. William Damon, *Greater Expectations: Overcoming the Culture of Indulgence in Our Homes and Schools* (New York: Free Press Paperbacks, 1995), 31.
15. Christian Smith and Hilary Davidson, *The Paradox of Generosity: Giving We Receive, Grasping We Lose* (Oxford: Oxford University Press, 2014), 71.
16. Christopher Peterson, "Other People Matter: Two Examples," *Psychology Today*, June 17, 2008, https://www.psychologytoday.com/us/blog/the-good-life/200806/other-people-matter-two-examples.

第八章　さざなみ効果

1. Bruce Feiler, *The Council of Dads: My Daughters, My Illness, and the Men Who Could Be Me* (New York: William Morrow, 2010).
2. 以下のサイトからアクセスできる「全国の思春期の子どもからおとなまでを対象とした縦断的研究」を参照のこと。 "Social, Behavioral, and Biological Linkages Across the Life Course," Add Health, https://addhealth.cpc.unc.edu.
3. GOOD Morning Wilton Staff, "Get Ready for Wilton's 2nd Annual Big Block Party Weekend," *GOOD Morning Wilton*, May 29, 2019, https://goodmorningwilton.com/get-ready-for-wiltons-2nd-annual-big-block-party-weekend.

付　録

行動編　家庭でできること

1. こちらを参照されたい。Edward M. Hallowell, *The Childhood Roots of Adult Happiness: Five Steps to Help Kids Create and Sustain Lifelong Joy* (New York: Ballantine Books, 2002).
2. Carin Rubenstein, *The Sacrificial Mother: Escaping the Trap of Self- Denial* (New York: Hachette Books, 1999).（カリン・ルーベンスタイン『愛しすぎる母親たち――子どものために自己犠牲化する女性』神崎康子訳、主婦の友社、1998年）
3.「ほどよい親」とはD.W. ウィニコットが提唱した用語である。この概念についてさらに詳しく知りたい場合は、D.W. ウィニコットによる以下の著書を参照されたい。D.W. Winnicott, *The Child, the Family, and the Outside World* (Harmondsworth, UK: Penguin, 1964).（D・W・ウィニコット『子どもと家族とまわりの世界（上）――ウィニコット博士の育児講義』『子どもはなぜあそぶの――続・ウィニコット博士の育児講義』猪股丈二訳、星和書店、1985、1986年）
4. Jennifer Breheny Wallace, "The Perils of the Child Perfectionist," *Wall Street Journal*, Aug. 31, 2018, https://www.wsj.com/articles/the-perils-of-the-young-perfectionist-1535723813.
5. 感謝についての研究について、さらに詳しく知りたい場合は以下を参照されたい。 Summer Allen, "The Science of Gratitude," Greater Good Science Center, May 2018, https://happierway.org/pillars/well-being/articles/the-science-of-gratitude.

行動編　学校側でできること

6. Flett, *The Psychology of Mattering*: 20– 1.

行動編　大学側でできること

7. Daniel Markovits, *The Meritocracy Trap: How America's Foundational Myth Feeds Inequality, Dismantles the Middle Class, and Devours the Elite* (New York: Penguin Press, 2019), 275–84.

「ほどほど」にできない子《こ》どもたち
達成中毒

2024年12月20日　初版印刷
2024年12月25日　初版発行

＊

著　者　ジェニファー・ウォレス
訳　者　信藤玲子《のぶとうれいこ》
発行者　早　川　　浩

＊

印刷所　三松堂株式会社
製本所　三松堂株式会社

＊

発行所　株式会社　早川書房
東京都千代田区神田多町2－2
電話　03-3252-3111
振替　00160-3-47799
https://www.hayakawa-online.co.jp
定価はカバーに表示してあります
ISBN978-4-15-210389-5　C0037
Printed and bound in Japan
乱丁・落丁本は小社制作部宛お送り下さい。
送料小社負担にてお取りかえいたします。

ハヤカワ・ノンフィクション

エリート過剰生産が国家を滅ぼす

END TIMES
ピーター・ターチン
濱野大道訳
46判上製

そして、内戦が始まる

学歴に見合うポストや報酬が得られず不満を抱いたエリートたちが反エリートに転化するとき、社会は崩壊に向かう――。数理モデルを用いて歴史にパターンを見出す「歴史動力学《クリオダイナミクス》」の第一人者が、様々な時代・地域の分析を通じて現代社会と民主主義の行方を占う！